MARYLAND

Graveyards *and* Gravestones *of* Wicomico

John E. Jacob

HERITAGE BOOKS
2009

HERITAGE BOOKS
AN IMPRINT OF HERITAGE BOOKS, INC.

Books, CDs, and more—Worldwide

For our listing of thousands of titles see our website at
www.HeritageBooks.com

Published 2009 by
HERITAGE BOOKS, INC.
Publishing Division
100 Railroad Ave. #104
Westminster, Maryland 21157

Copyright © 1997 Delmarva Genealogical Society

Other books by the author:
Store Accounts of John Nelms of Salisbury
[Wicomico County, Maryland], 1758-1787

All rights reserved. No part of this book may be reproduced or transmitted in any form or by any means, electronic or mechanical, including photocopying, recording or by any information storage and retrieval system without written permission from the author, except for the inclusion of brief quotations in a review.

International Standard Book Numbers
Paperbound: 978-1-58549-498-9
Clothbound: 978-0-7884-8137-6

John E. Jacob has generously donated the copyright for GRAVEYARDS AND GRAVESTONES OF WICOMICO to the Lower Delmarva Genealogical Society, P. O. Box 3602, Salisbury, Maryland 21802-3602.

Privately copied

1997

FOREWORD

The grave markers of Wicomico County are more than genealogical records. They are records of custom, fashion, economic conditions, even the twang of Wicomico County speech.

Through them the settlement and movement of families can be traced. Epidemics that swept the area. The storms that blasted it. The wars that plagued it. Through our grave markers is revealed much of the history of two hundred years of Wicomico County living as well as dying.

How many cemeteries and family graveyards there are in Wicomico, I do not know. I have visited over six hundred. Nearly two hundred of these are totally without markers or have markers which give no information about the persons buried beneath them. Some show no visible traces of their former use, others are marked only by shallow depressions in the ground. Still others contain brick vaults, the tops of which have caved in leaving their contents exposed to the elements.

The earliest death in the county marked by a still readable inscription dates from 1739, six years after the erection of Old Green Hill Church, in whose churchyard it can be found. Stones that mark deaths before 1800 are rare and all of them are located on the west side of the county. In fact, there is only one gravestone east of Salisbury which marks a death occurring before 1825. And with few exceptions each of these markers is located in a graveyard found within a stone's throw of what was then navigable water.

This does not mean that grave markers were not in use here before 1739. It means the markers themselves have not survived. The use of wooden markers continued past the turn of this century. Of the thousands originally erected, few exist today. Some of these were simple stakes; some, crosses of varying size and crudity. Others were shaped and carved markers of cedar or cypress with an inscription cut into the wood.

Cedar and cypress were Wicomico countians' granite and marble. Forests abounded. Water driven saw mills dotted the area. Local cabinet makers who doubled as coffin makers and undertakers made and carved wooden grave markers as well. One of these, dating from 1871 which now belongs to the Wicomico Historical Society is shown on page . As can be seen from the picture, it had rotted away at ground level. However, the top is still solid and the deeply cut inscription is clearly readable.

Probably as many of these wooden markers have been destroyed by fire as by rot. A great many family graveyards are now in the woods, the houses that once stood nearby, long since gone. In many cases fires have swept these woods during the generations since the last burial was made in the family plot. One man described graphically the explosion of the lightwood markers on one graveyard as fire swept across it.

One type of marker requires special mention, the roof. It was the custom in the eastern section of Wicomico for many years to build a roof over a new grave. The roof was built on an "A" frame, the peak about thirty inches high, with the structure covering the entire grave. The last one standing in Wicomico County is shown on page II. This one was erected at least a hundred years ago according to information from a member of the family.

(1)

Diligent inquiry about the origin of the custom has produced no satisfactory answers. Some people claim they were erected to keep pigs and wild animals from rooting up the bodies. Others have told me they were built to keep people and animals off the graves until the mortar in the shallow arches of the brick vaults had set and hardened.

Neither of these explanations tells the whole story. I believe the custom originated because the families of the deceased felt that the primitive facilities of the time required them to afford the bodies of their loved ones more protection from the seepage of rain and snow into the earth.

Wooden markers have not been the only ones destroyed. Stone ones have been smashed by vandals, broken by the bullets of hunters, and butted into pieces by the horns of cattle. Many have been nicked and broken by the plows of farmers tilling fields where the stones stand.

A surprising number of family graveyards have been plowed over by succeeding owners, the stones hauled into the woods or used for stepping stones. In more recent years, real estate developers have been responsible for the destruction rather than the relocation of a few.

This constant attrition to both stones and graveyards is the primary reason this book has been assembled and published. There is no public record of the births and deaths of the people listed herein, and for many destruction of the gravestone would be destruction of the earthly record of their existence.

Both settlement and prosperity in Wicomico came by water. The first settlements in present Wicomico were on or near the shores of the Wicomico and Nanticoke and the creeks that emptied into them. It was seventy-five years later before the backland areas were more than sparsely populated.

By 1870 the third generation of settlers in these tidewater areas had become sufficiently affluent to order gravestones for their dead. And they were close enough to these rivers and navigable creeks to have the heavy stones freighted almost to the graveyards where they would be erected.

Most of the very early ones were large rectangular ones, designed to lie flat on top of a vault bricked up to ground level or about eighteen inches above. Their original cost and the price of transportation made them available only to the few who combined wealth, filial piety and a growing feeling of family importance.

The use of stone markers increased and spread inland very slowly. It was not until about 1850 that the local demand increased sufficiently to support a stone cutter in Salisbury. The first stone showing the name of a Salisbury stone cutter is dated 1852. Earlier ones showing a cutter's mark were ordered from Baltimore and Philadelphia. From 1800 to 1870 simple, vertically set headstones and footstones were the almost invariable rule. It was not until about the latter date that greater prosperity permitted the erection of carved and ornamental shafts and massive monuments serving entire families. The dates on these new massive stones and shafts almost pinpoints the arrival of the railroad to Salisbury.

From 1800 to 1850 headstones were plain with a high center arch and smaller peaks at each tip. About 1850 this type passed completely out of style. During the next twenty years they were still plain but with either a flat top or a low single curve. After 1870, while the shape remained the same, most stones were carved with designs near the top. Among the most popular of these were the cypress tree and crossed hands.

Not only did increasing wealth and better transportation change the size, type and number of stones; it changed the place of burial. Before 1850 there were few cemeteries, nearly all of these in churchyards. Ninety per cent of the people were buried in family plots. Before then the population had its roots in the soil. The same land was tilled by families for generations. Master and slave were both buried in the same plot, whites at one end, blacks at the other.

By 1850 urban communities began to develop. No longer did many assume that their graves on the family farm would be cared for by succeeding generations. Church and public cemeteries became common. More people were buried in them. While a number of family graveyards are still in use, few have been started in this century. Today probably more than ninety per cent of the people are being buried in public cemeteries endowed for perpetual care.

The fashion of personal epitaphs never caught on in Wicomico. Many contain Biblical verses and sentimental poetry, but the caustic comment frequent in New England never appeared here. The closest to it is the comment, "She hath done what she could."

There are, however, frequent references to military service, membership in fraternal orders, fatal diseases and the causes of accidental death.

Many stones contain amusing errors. Most of these obviously caused by the purchaser's inability to spell. Phonetic spelling is common on stones erected before 1850. One instance puzzled me for months until I realized it was the result of the local pronunciation of the name. Williamanna was once a fairly common woman's name. More often than not it appears on the stones in two words. Frequently as William Anor. When it finally came to me that this was the way the name was pronounced the reason became clear. Such inscriptions were ordered in Baltimore or Philadelphia by word of mouth. The stone cutter cut it the way it sounded, having never seen it spelled.

Few names can be found spread across the whole county. Among the few that are, are White, Bailey and Phillips. Truitts, Holloways, Hamblins and Parsons are found on the east side. Roberts, Bounds and Taylor on the west. Others have even more limited distribution, Covington along the Nanticoke River, Twiford near Sharptown and Walter near Bivalve.

Few Marylanders realize that by 1860 there were more free colored people in Maryland than there were slaves. Nevertheless, I was both pleased and surprised to find a stone marking the burial of a colored person as early as 1842. Since she was buried in what was then a colored churchyard or burying ground, she was undoubtedly free and her family had become sufficiently prosperous to spare the money required for a stone marker.

A word about the contents of the book. In it is all the decipherable information about each individual shown on the stone. In some cases there is more than actually shown. The additional information being shown on other stones in the plot where that person died after my cut-off date of December 31, 1900.

To record the contents of every stone up to the present time would be a monumental task. I should, however, have recorded deaths through

1913 when Maryland's public records begin. However, I did not discover this fact until I was at least halfway through this self-appointed job. So, for the sake of uniformity, I stuck to my previously chosen date of December 31, 1900.

I confess that the book undoubtedly contains errors. Some of these are the result of having to guess because the words or figures were almost illegible. Others are the result of human frailty. I have tried, however, to describe the location of each cemetery or graveyard sufficiently well that anyone interested can find it with the help of some friendly soul in the neighborhood.

I give thanks to the hundreds of people of the county who helped me. Went out of their way to show me graveyards far from highways. Pulled me out when my car was stuck. Collected information for me and found others who could show me the way to graveyards I had previously missed.

The list is too long to name them all; but I must give special thanks to the late Merrill Culver and to Grant Powell, without whose help this record would be much less complete.

BARREN CREEK ELECTION DISTRICT NO. 1

MARDELA CEMETERY

Mardela Springs

Elizabeth Jane Bounds (**Armstrong**), wife of James B. Armstrong, b. May 18, 1839 d. Jan. 31, 1892
George T. Armstrong b. Aug. 25, 1866 d. July 27, 1868
David J. Armstrong b. May 16, 1869 d. Oct. 5, 1881
Mary E. E. **Austin**, wife of Nathaniel Austin, b. May 13, 1818 d. Feb. 11, 1897
Arnold F. **Barrett**, son of T. B. & N. J. Barrett, b. Apr. 4, 1892 d. July 20, 1894
Elizabeth A. **Bennett** 1840 - 1892
John A. Bennett 1876 - 1892
Annie M. **Bethard**, dau. of John E. & Mary E. Hughes Bethard, b. Apr. 18, 1890 d. Mar. 15, 1899
Daniel R. Bethard, son of John E. & Mary E. Hughes Bethard, b. July 9, 1895 d. July 22, 1895
Train A. **Bounds**, b. Mar. 8, 1830 d. Aug. 2, 1891
S. Ellen **Bradley** b. Apr. 15, 1835 d. Jan. 24, 1891
John R. **Budd** b. Dec. 11, 1794 d. Dec. 11, 1872
Martha D. W. **Cooper**, wife of Lambert H. Cooper, b. Feb. 22, 1842 d. Aug. 27, 1896
Benjamin T. **Donoho** b. Dec. 14, 1866 d. Dec. 7, 1895
Rev. James S. **Eaton** b. Nov. 18, 1849 d. July 9, 1899
George Grover Eaton, son of James S. & Ida Eaton, b. Nov. 25, 1884 d. Aug. 12, 1885
Henry E. **Elliott**, son of Eugene & Hessica Elliott, b. Aug. 26, 1897 d. Sept. 22, 1899
Alfred **English** 1814 - 1898
Ibby D. English 1824 - 1891
Dorothy L. **Evans**, dau. of Jefferson D. & Minerva Jane Evans, b. Dec. 12, 1896 d. June 2, 1897
Arthur P. **Eversman**, son of J. E. & Julia H. Eversman, b. Feb. 14, 1898 d. Mar 18, 1900
Infant dau. of J. E. & Julia H. Eversman b. July 3, 1894
Levin **Graham** b. Apr. 11, 1823 d. June 8, 1899
Ehrman Graham, son of Levin & Ellen Graham, b. Sept. 1, 1872 d. Aug. 8, 1899
Levina Graham b. June 22, 1816
Margaret Graham b. 1836
Hester A. Graham, wife of W. J. Graham, b. Apr. 14, 1837
Fannie L. **Holloway**, dau. of Fred H. & Hessie A. Holloway, Sept. 1895 - July 1898
Merle E. **Hopkins**, son of James T. & Cora E. Hopkins, b. Jan. 3, 1900 d. Aug. 8, 1900
Lenora W. **Howard**, b. Mar. 28, 1809 d. Oct. 30, 1899
John G. Howard b. June 24, 1848 d. Oct. 8, 1900
Hiram H. Howard b. Mar. 16, 1836 d. Feb. 13, 1881
Harland P. Howard, son of Hiram H. & Mary H. Howard, b. Dec. 9, 1862 d. Jan. 20, 1870
Luther **Kennerly** b. June 3, 1810 d. Jan. 14, 1896
Eleanor Kennerly, wife of Luther Kennerly, b. Mar. 18, 1818 d. Aug. 22, 1896
B. F. Kennerly b. Dec. 27, 1837 d. Feb. 5, 1867
Emily Crockett **Lankford** b. June 15, 1816 d. Sept. 23, 1893
John T. **Lloyd** 1860 - 1899
Jane **McCallister**, wife of Spencer E. McCallister, b. Sept. 16, 1820 d. Feb. 26, 1872
Samuel James McCallister, son of Spencer E. & Jane James McCallister, b. May 9, 1860 d. Dec. 1, 1866
Maggie Agnes McCallister, dau. of Spencer E. & Jane James McCallister, b. Dec. 16, 1874 d. aged 1 mo. 3 days
Otis **Majors**, son of Silas D. & Bertha M. Majors, d. Dec. 25, 1895 aged 5 weeks
Lillie B. **Messick**, wife of Herbert Messick, b. Mar. 29, 1865 d. Aug. 6, 1900
Sarah E. **Mills**, wife of Isaac E. Mills, b. Aug. 20, 1844 d. Apr. 1, 1891
Keturah **Murphy** b. Mar. 11, 1826
Elizabeth **Phillips** 1862 - 1887
Mary A. Phillips b. Jan. 29, 1846 d. July 23, 1889
Emmeline E. Phillips, wife of James H. Phillips, d. July 24, 1898 aged 72 yrs. 10 mos.
Earnest L. Phillips b. May 18, 1879 d. Nov. 17, 1891
William C. **Pollitt** d. Sept. 1, 1899 aged 65 yrs. 27 dys.
Charles T. **Ralph** b. Jan. 5, 1824 d. Sept. 6, 1898
George T. **Robertson** b. Sept. 18, 1841 d. May 26, 1891
Harry D. Robertson, son of R. G. & Rebecca C. Robertson, b. Dec. 27, 1879 d. Sept. 18, 1890
Florence M. **Sewell** 1895 - 1897
Thomas B. **Shockley** b. Mar. 13, 1831 d. Aug. 10, 1900

Margaret E. Shockley, wife of Thomas B. Shockley, b. Dec. 12, 1833 d. Aug. 13, 1898
John W. **Taylor,** son of J. B. & Mary A. B. Taylor, b. Mar. 27, 1868
Walter Taylor, son of Calvin M. & Minnie A. Taylor, b. Jan. 8, 1890 d. Jan. 20, 1890
Nina Taylor, dau. of Calvin M. & Minnie A. Taylor, b. Aug. 27, 1894 d. Aug. 28, 1894
Nettie C. Taylor b. Oct. 2, 1852 d. Sept. 20, 1894
Infant of J. Harlen & Minnie B. **Twilley** b. Oct. 15, 1898 d. Oct. 26, 1898
Infant dau. of James T. & Elizabeth Z. Bounds **Waller** b. Dec. 6, 1899
Infant son of James T. & Elizabeth Z. Bounds Waller b. Mar. 18, 1884
Infant son of James T. & Elizabeth Z. Bounds Waller b. Nov. 18, 1890
Rev. Andrew J. **Walter,** son of Andrew & Lafemia Walter, b. June 26, 1847 d. May 22, 1899
Hampton Walter b. Feb. 5, 1825 d. Aug. 13, 1898
Edna Lee **Wilson,** dau. of Samuel J. & Ida E. Wilson, b. Sept. 17, 1893 d. Oct. 9, 1895
John W. Wilson b. July 8, 1846 d. Oct. 9, 1891
Julia W. Wilson, dau. of William T. & Samantha E. Wilson, b. July 15, 1897 d. Aug. 30, 1899
Esther K. Wilson, wife of Joseph F. Wilson, b. June 6, 1852 d. Sept. 3, 1893
Levin M. Wilson b. May 8, 1817 d. Jan. 26, 1899
Arelia V. Wilson b. Feb. 21, 1844 d. Jan. 13, 1900

IMMANUEL METHODIST CHURCH CEMETERY

Mardela Springs

William **Bacon** b. Apr. 9, 1815 d. Oct. 17, 1891
Maria J. Bacon, wife of William Bacon, b. July 16, 1818 d. July 12, 1882
John H. Bacon, b. Nov. 27, 1835 d. Apr. 20, 1884
Lenna Bacon, dau. of John H. & Virginia E. Bacon, d. Aug. 25, 1872 aged 5 mos. 21 days
Edgar M. Bacon, son of James E. & Lizzie A. Bacon, b. Mar. 9, 1881 d. Nov. 27, 1887
Ida Belle **Bailey,** wife of Eugene W. Bailey, b. Feb. 8, 1863 d. Apr. 22, 1884
Levin H. **Beach,** b. Dec. 28, 1838 d. Sept. 3, 1896
Amanda C. Beach, wife of Levin H. Beach, b. Aug. 29, 1832 d. Feb. 24, 1895
William A. Beach, son of Levin & Amanda Beach, b. Oct. 15, 1874 d. July 22, 1887
Maggie Lee Beach, wife of J. F. Beach, b. May 30, 1864 d. Apr. 18, 1890
Levin H. **Bennett** b. Apr. 26, 1837 d. Aug. 18, 1882
Elisha P. Bennett b. Jan. 23, 1882 d. July 25, 1885
Edwin Gillis Bennett, son of Gillis E. & Mary H. Bennett, d. Oct. 16, 1885 aged 7 mos. 22 days
Milton L. Bennett, son of Gillis E. & Mary H. Bennett, b. Sept. 29, 1891 d. June 26, 1892
Esther V. Bennett, wife of Ebenezer T. Bennett Jr., b. Mar. 4, 1860 d. Jan. 8, 1897
Harold A. Bennett, son of Ebenezer & Esther Bennett, b. July 25, 1884 d. Apr. 30, 1885
Sadie H. Bennett, dau. Ebenezer & Esther Bennett, b. Sept. 4, 1891 d. Jan. 9, 1893
Corlton W. Bennett, son of Ebenezer & Esther Bennett, b. Mar. 13, 1895 d. Apr. 4, 1896
William J. **Bounds,** son of Marcellus & Mary J. Bounds, b. Feb. 8, 1856 d. Oct. 24, 1880
Rachel Ann Bounds, b. June 20, 1809 d. Oct. 7, 1881
Andrew Ringgold Bounds, b. Dec. 4, 1846 d. Mar. 14, 1875
Elgin Gertrude Bounds, b. Aug. 8, 1875 d. July 7, 1876
Elizabeth Rachel Bounds b. July 12, 1876 d. Sept. 25, 1876
George Franklin Bounds b. July 23, 1877 d. Sept. 18, 1881
Mildred Jane Bounds b. Oct. 9, 1889 d. Nov. 15, 1892
Jeremiah **Bradley** b. Mar. 10, 1820 d. Nov. 13, 1894
Eli H. Bradley b. Nov. 28, 1854 d. Feb. 3, 1890
Olive **Cochel,** dau. of Rev. C. T. & E. A. Cochel, d. June 22, 1871 aged 1 yr. 5 mos. 6 days
Richard P. **Darby** b. Oct. 23, 1814 d. Dec. 8, 1882. Elected Judge of the Orphans Court of Wicomico Co., Md. 1879, held the office until his death.
Polly P. **Elliott** b. Jan. 9, 1804 d. Oct. 5, 1883
Infant son of Isaac Levin & Martha E. **English** b. Aug. 15, 1897 d. Nov. 6, 1897
Benjamin H. **Graham** d. Sept. 20, 1881 aged 33 yrs.
Forris Graham, son of L. H. & Naomi Graham, b. May 9, 1889 d. Aug. 31, 1890
Rev. William G. **Holmes** d. Dec. 31, 1900 aged 78 yrs. 9 mos. 24 days
Mary C. Holmes, wife of Rev. William G. Holmes, d. Sept. 17, 1885 aged 53 yrs. 5 mos. 26 days
Florence **Hopkins,** dau. of Joshua J. & Sarah M. Hopkins, d. Dec. 12, 1884 aged 7 yrs. 10 mos. 10 days
William E. **Jackson,** son of William J. & Louisa J. Jackson, d. Sept. 20, 1884 aged 16 yrs. 5 mos. 26 days

William Marion Jackson b. & d. Mar. 12, 1898
Lena Elva Jackson b. Jan. 25, 1900 d. July 4, 1900
Thomas L. Jackson b. Oct. 23, 1825   married Jan. 10, 1854   d. Feb. 11, 1878
Ira Oswald **Melvin**, son of Rev. A. F. & S. R. Melvin, d. Aug. 23, 1872
    aged 3 mos. 24 days
Virginia E. Wright (**Mitchell**), wife of W. W. Mitchell, b. Aug. 5, 1850
    d. June 5, 1897
Eliza **Phillips** b. Sept. 19, 1817 d. Aug. 9, 1886
Bertie Lee **Smith**, dau. of John H. & Ellen H. Smith, d. July 24, 1881
    aged 7 yrs. 15 days
Maggie **Tarr** d. Jan. 16, 1896   aged 25 yrs. 6 mos. 9 days
S. Jane Taylor, wife of William P. Taylor, b. Jan. 1, 1836 d. July 17, 1876
Franklin W. **Taylor**, son of William P. & S. Jane Taylor, b. Mar. 6, 1871
    d. Oct. 16, 1872
Thomas M. Taylor, son of William P. & S. Jane Taylor, b. Sept. 7, 1873
    d. Aug. 22, 1874
S. Jane Taylor, dau. of William P. & S. Jane Taylor, b. & d. July 13, 1876
Sarinda G. **Weatherly**, wife of Thomas Weatherly, b. Feb. 16, 1826 d. Apr. 8, 1894
Benjamin F. **Wilson**, son of I. Watson & Nancy M. Wilson, b. Apr. 19, 1882
    d. Nov 8, 1887
Noah B. **Wright** b. Aug. 23, 1836 d. Apr. 28, 1885
Elizabeth Wright, wife of Clement M. Wright, b. Mar. 29, 1821 d. June 21, 1892.
Elizabeth M. Wright, wife of Isaac J. Wright, b. Sept. 3, 1855 d. June 21, 1881.
William P. Wright 1857 — 1900

MARDELA PRESBYTERIAN CHURCH CEMETERY

Mardela Springs

John **Elliott** b. Mar. 14, 1823 killed by lightning Apr. 16, 1868
Mary Eleanor Handy (**Elliott**), wife of John Elliott, b. May 11, 1830
    d. Sept. 8, 1869
Nancy **Wright** d. July 5, 1850   aged 78 yrs. 9 mos. 22 days
Hettie Wright b. June 6, 1808 d. June 29, 1896

COX'S CEMETERY

East side George Cox Rd. ¼ mile North of Hurley's Neck Rd., Athol

Ichabod D. **Evans** b. May 4, 1820 d. Oct. 28, 1887
Eliza J. Evans b. Dec. 11, 1833 d. Apr. 24, 1877
William J. F. Evans b. Mar. 15, 1840 d. Feb. 24, 1894
Charles H Evans b. Mar. 22, 1877 d. Aug. 1, 1894
Eliza A. Evans b. Oct. 16, 1898 d. Sept. 12, 1899
Rodney Evans b. July 18, 1884 d. Jan. 1, 1888
George W. **Jenkins** b. Sept. 15, 1842 d. Dec. 21, 1866
Samuel R. P. Jenkins b. Sept. 27, 1844 d. July 14, 1877
Susan P. **Majors** b. July 8, 1844 d. Dec. 6, 1900
Hester E. Majors, wife of W. C. Majors, b. Apr. 28, 1844 d. Sept. 9, 1899
Mary Majors b. Feb. 27, 1867 d. July 27, 1878
Ross Majors, son of W. R. & A. Majors d. Jan. 10, 1890 aged 10 days
Mattie Marie Majors, dau. of J. J. & S. E. Majors d. Jan. 12, 1899   aged 15 days
Robert **Russell** d. Mar. 11, 1866   aged 61 yrs. 6 mos. 5 days
Hetty Russell b. Mar. 6, 1803 d. Sept. 21, 1871

REWASTICO BAPTIST CHURCH CEMETERY

West side Athol Baptist Church Rd. ¼ mile Southwest of Athol Rd., Athol

Mary A. **Howard** b. May 27, 1890 d. Nov. 23, 1892
Goldie Hatton **Maddox** 1889 — 1900
George H. **Riggin**, husband of Roxie Riggin, b. Sept. 23, 1847 d. Apr. 10, 1895
Thomas E. Riggin, son of George H. & Roxie Riggin, b. Aug. 11, 1876
    d. Dec. 31, 1885
Mary C. Riggin, dau. of George H. & Roxie Riggin, b. Mar. 6, 1881
    d. Oct. 28, 1896
Levin A. **Sewell** d. May 26, 1888   aged 61 yrs. 9 mos. 11 days

JOHN WESLEY METHODIST CHURCH CEMETERY
South side Athol Rd. ½ mile East of Bridge St. near Mardela

Emily E. **Dickerson**, wife of Oliver Dickerson, d. May 16, 1899 aged 30 yrs. 7 mos. 6 days
Sinia H. **Hull**, wife of Ephraim Hull, b. Aug. 22, 1830 d. May 16, 1894
Josiah H. **Johnson** b. Mar. 23, 1879 d. Feb. 27, 1893
Wilhelmina **Rider**, wife of Charles Rider, b. Jan. 24, 1868 d. July 15, 1893

SPRING GROVE CHURCH CEMETERY
East side Spring Grove Rd. ½ mile South of Old Bradley Rd.

F. B. **Roberson** b. May 15, 1836 d. Nov. 24, 1894
H. A. **Venables** b. Feb. 22, 1810 d. Feb. 15, 1892
Rosa A. Venables, wife of H. A. Venables, b. Jan. 1, 1812 d. Dec. 26, 1898

WILLIAM PHILLIPS FAMILY GRAVEYARD
Northeast side U. S. 50 & west side Sneathen Rd.

L. C. **Bennett**, son of Thomas W. & Mary Ellen Bennett, b. May 9, 1886 d. July 13, 1887
William M. **Phillips** b. Apr. 17, 1821 d. Aug. 17, 1871
Holiday H. Phillips, son of William M. & Sallie E. Phillips, b. July 3, 1858 d. Aug. 12, 1880
Virginia E. Phillips, dau. of William M. & Sallie E. Phillips, d. Oct. 3, 1856 aged 3 yrs. 2 mos. 2 days
Mary Ann Phillips, dau. of William M. & Sallie E. Phillips, b. Jan. 17, 1856 d. Oct. 6, 1862

BAILEY FAMILY GRAVEYARD
Southwest side U. S. 50 ½ mile Southeast of Riggin Filling Station Rd.

Theodore T. **Bailey** b. Dec. 26, 1836 d. Nov. 2, 1882
George S. Bailey, son of Theodore & Sarah Eliz. Bailey, b. Feb. 2, 1861 d. Sept. 5, 1861
Mary E. K. Bailey, dau. of Theodore & Sarah Eliz. Bailey, d. Dec. 22, 1871 aged 3 yrs. 6 mos. 13 days
Mary Adoria M. Bailey, dau. of Theodore & Sarah Eliz. Bailey, d. June 18, 1874 aged 1 yr. 1 mo. 5 days
Mary F. Bailey, wife of Marcellus W. Bailey, b. Aug. 1, 1839 d. May 25, 1882
Otis Franklin Bailey, son of Marcellus & Mary Bailey, d. Sept. 11, 1869 aged 8 mos. 16 days
Addie C. Bailey, dau. of Marcellus & Mary Bailey, d. Sept. 22, 1872 aged 1 yr. 10 mos. 28 days
Adie Frances Bailey, dau. of Marcellus & Mary Bailey, d. Sept. 12, 1873 aged 4 mos. 16 days
Hester P. **Bennett** b. Feb. 12, 1841 d. Dec. 20, 1887
Mary E. **Darby** b. Feb. 22, 1819 d. Oct. 25, 1891
George D. Darby, son of William C. & Mary E. Darby, b. Sept. 18, 1853 d. Aug. 13, 1859

JAMES BENNETT FAMILY GRAVEYARD
Northeast side U. S. 50 ½ mile Southeast of Athol Rd.

James **Bennett** d. Mar. 12, 1875 aged 53 yrs. 4 mos. 21 days
Elizabeth Bennett b. May 22, 1831 d. Jan. 4, 1882
Noah S. Bennett b. Aug. 18, 1850 d. July 22, 1877
Louella Bennett, dau. of Noah S. & Mary E. Bennett, d. July 7, 1874 aged 1 yr. 3 mos. 13 days
Mary E. Bennett d. July 31, 1861 aged 3 yrs. 10 mos. 3 days
Henry James Bennett d. Oct. 10, 1862 aged 2 yrs. 8 mos. 10 days
William Bennett d. June 20, 1888 aged 65
James Lay Bennett, son of William & Ann M. Bennett, b. Oct. 28, 1871 d. Nov. 13, 1881

Sallie Bennett, mother of Jennie H. Headly, 1858 — 1886
Willie H. **Bradshaw**, son of Charles H. & Laura Bradshaw, b. Oct. 11, 1877
  d. Aug. 5, 1879
Leonia I. **Graham**, wife of William G. Graham, b. Jan. 30, 1869 d. Apr. 12, 1891

BEAUCHAMP HOWARD FAMILY GRAVEYARD
North side May Twilley Rd. .1 mile from Norris Twilley Rd.

John Wesly **Bailey**, son of Stephen T. & Sallie A. Bailey, d. Nov. 11, 1875
  aged 22 yrs. 1 mo. 11 days
Stephen T. Bailey, d. Aug. 5, 1872   aged 14 yrs. 7 mos. 26 days
Roxy A. **Bennett**, wife of John T. Bennett, b. April 21, 1859 d. Mar. 5, 1888
Beauchamp **Howard**, d. Oct. 20, 1868   aged 66 yrs. 11 mos. 16 days
Mahala Howard, wife of Beauchamp Howard, b. Sept. 30, 1805 d. Mar. 6, 1888
Joseph H. Howard b. Nov. 30, 1832 d. Mar. 23, 1889
Sara Nicholson d. Sept. 23, 1867   aged 79 yrs. 6 mos. 6 days

WILLIAM WRIGHT FAMILY GRAVEYARD
North side Delmar-Mardela Rd. ½ mile west of Middle Point marker

William **Wright** d. Apr. 10, 1849   aged 55 yrs. 7 mos. 21 days
Nancy Wright, wife of William Wright, b. Apr. 10, 1794 d. Aug. 12, 1882

JOSEPH PHILLIPS FAMILY GRAVEYARD
Northeast side U. S. 50 ¼ mile northwest of Sneathen Rd.

Sallie S. **Bradley**, wife of Daniel D. Bradley, b. July 8, 1842 d. Feb. 6, 1864
Samuel M. **Hurst** b. July 1, 1826 d. Sept. 11, 1853
Joseph A. **Phillips** b. Jan. 3, 1819 d. Nov. 27, 1872
Mary D. Phillips, wife of Joseph A. Phillips, b. Mar. 7, 1824 d. Aug. 18, 1851

NOAH HOWARD FAMILY GRAVEYARD
South side Double Mills Dam

Infant son of John W. & Clarra W. **Bailey** b. July 7, 1895 d. July 14, 1895
Noah H. **Howard** d. Dec. 12, 1865   aged 65 yrs. 5 mos. 20 days
Hetty Howard b. Jan. 16, 1803 d. Oct. 2, 1871
John Howard b. Dec. 22, 1829 d. Apr. 8, 1883
George Howard b. Dec. 22, 1829 d. Oct. 3, 1871
Noah E. Howard, son of George & Elyzer Ann Howard, b. Dec. 14, 1855
  d. Oct. 21, 1862
Levin T. Howard d. Oct. 20, 1877   aged 41 yrs. 9 mos. 6 days
Henry H. **Howard** b. Feb. 11, 1841 d. Jan. 29, 1885
Margaret P. Howard, wife of Henry H. Howard, d. Apr. 12, 1883 aged 41 yrs.
  8 mos. 5 days
Infant dau. of Henry H. & Margaret P. Howard, b. Sept. 30, 1872 d. May 11, 1873
Infant dau. of Henry H. & Margaret P. Howard b. and d. Sept. 11, 1873
Kerr W. Howard, son of Levin J. & Lizzie E Howard, b.. Sept. 22, 1896
  d. June 28, 1897
Ira C. Howard, son of Noah J. & Rachel Ann Howard, b. Feb. 1, 1864
  d. Sept. 11, 1883
Sally E. Howard, dau. of Noah J. & Rachel Ann Howard, b. Dec. 12, 1874
  d. Mar. 10, 1879
Woodland W. Howard, son of Noah J. & Rachel Ann Howard, b. Feb. 3, 1878
  d. Oct. 8, 1878
Infant **Taylor** d. Apr. 7, 1870   aged 15 days
Infant Taylor b. & d. Nov. 9, 1873
Infant Taylor b. & d. Nov. 11, 1874
E. May Taylor b. May 5, 1880 d. June 9, 1886
Emily E. **Twilley**, dau. of Daniel J. & Lizzie E. Twilley, b. May 15, 1881
  d. July 25, 1881
John R. Twilley, son of Daniel J. & Lizzie E. Twilley, b. June 1, 1883
  d. Jan. 18, 1884
Myrtle B. Twilley, dau. of Daniel J. & Lizzie E. Twilley, b. Dec. 9, 1887
  d. Jan. 17, 1889
Ruby Twilley, dau. of Daniel J. & Lizzie E. Twilley, b. Oct. 12, 1897
  d. July 25, 1898

DORMAN - ROBERTSON FAMILY GRAVEYARD
North side Brown Rd. .4 mile Southeast of Riggin Filling Station Rd.

M. Emeline **Dorman**, wife of Matthias Dorman, d. Oct. 5, 1829   aged 19 yrs. 6 mos. 24 days
Matilda Susan Holt **Robertson** b. Oct. 16, 1838 d. June 24, 1873
Samuel Walter Robertson Jr. b. Oct. 12, 1872 d. July 15, 1873

VARDEN BRADLEY FAMILY GRAVEYARD
East side Taylor Trail 1½ miles north of Athol

Maria E. **Bradley**, wife of Varden W. Bradley, b. May 28, 1852 d. Jan. 4, 1900

WALTER WALKER FAMILY GRAVEYARD
West side Old Bradley Rd. 1.6 miles Southwest of Spring Grove Rd.

Walter **Walker** b. Jan. 27, 1800 d. July 7, 1864
Sarah A. Walker, wife of Walter Walker, b. Apr. 1, 1823 d. May 12, 1875

LOWE FAMILY GRAVEYARD
Deep in woods on the bank of Rewastico Creek South of Hurley's Neck Rd.

James R. **Bounds** d. Feb. 14, 1885   aged 62
Margaret E. Bounds, wife of James R. Bounds, b. Jan. 6, 1823 d. Jan. 17, 1853
Eleanor E. J. Bounds b. Feb. 14, 1827 d. Aug. 14, 1891
Christianna James (**Crawford**), wife of Andrew J. Crawford, d. Apr. 5, 1862 aged 20 yrs. 7 mos. 13 days
Major Ralph **Lowe**, b. July 2, 1791 d. Sept. 27, 1872
Biddy B. Lowe, wife of Major R. Lowe, b. Nov. 13, 1800 d. Oct. 1, 1831
Elizabeth Lowe, wife of Major R. Lowe, b. 1818 d. Apr. 19, 1845
James L. Lowe, son of Major R. & Biddy B. Lowe, b. Jan. 26, 1820 d. Jan. 1, 1832
William B. Lowe, son of Major R. & Biddy B. Lowe, b. Apr. 22, 1825 d. June 10, 1847
Zipporah L. Lowe, dau. of Major R. & Biddy B. Lowe, b. Feb. 21, 1830 d. Sept. 15, 1846
Levin D. Lowe, son of Major R. & Elizabeth Lowe, b. Feb. 3, 1837 d. Jan. 11, 1839
Isabela Lowe, dau. of Major R. & Elizabeth Lowe, b. Dec. 31, 1838 d. Jan. 11, 1839
James R. Lowe, son of Major R. & Elizabeth Lowe, b. Jan. 2, 1845 d. July 22, 1845

THOMAS ENGLISH FAMILY GRAVEYARD
West side Old Bradley Rd. .9 miles Southwest of Spring Grove Rd.

Infant son of Levin T. & Mary L. English **Beach** b. & d. Oct. 5, 1897
Elisha T. **Bennett** d. June 18, 1859   aged 7 yrs. 2 mos. 25 days
Jonathan W. Bennett d. July 8, 1859   aged 1 yr. 15 days
Sarah English Bennett d. Nov. 5, 1879   aged 47 yrs. 13 days
Thomas **English** d. Nov. 17, 1856   aged 54 yrs. 6 mos. 23 days
Mary A. English, consort of Thomas English, d. June 22, 1874   aged 72 yrs. 5 mos.
Cornelius W. English b. Aug. 16, 1829 d. Jan. 20, 1894
Infant son of Cornelius W. & Louisa H. English d. June 9, 1867   aged 1 day
Mary Lillie English, dau. of Cornelius W. & Louisa H. English, d. July 17, 1872 aged 9 mos. 13 days
Thomas Webster English, son of Cornelius W. & Louisa H. English, d. June 18, 1874 aged 1 yr. 5 days
Levin Oswood English, son of Cornelius W. & Louisa H. English, b. Aug. 28, 1879 d. Oct. 21, 1895
Ivison W. English, son of Isaac Levin & Martha E. English, d. Apr. 18, 1876 aged 5 mos.

COVINGTON'S CHAPEL CEMETERY
West side Athol Rd. 100 yds. South of Ed Taylor Rd.

Charles D. **Bradley** b. Feb. 15, 1820 d. Sept. 8, 1876
Margaret E. **Gillis**, wife of Washington Gillis, b. May 20, 1849 d. Jan. 17, 1880

ELLIOTT - HURLEY FAMILY GRAVEYARD
Deep in woods South of the intersection of Athol Baptist Church Rd. & Hurley's Neck Rd.

James M. Elliott b. Apr. 6, 1809 d. Dec. 16, 1871
Maria Elliott b. Oct. 10, 1807 d. Jan. 21, 1882
Margaret E. Elliott, wife of J. P. Elliott, b. July 13, 1841 d. Nov. 6, 1873
Ann Maria Elliott b. May 3, 1864 d. Oct. 17, 1880
William G. W. Elliott, son of James H. & Margaret Elliott, b. Dec. 27, 1865 d. July 10, 1866
Ann Maria Hurley, wife of Henry Hurley, d. Jan. 25, 1858 aged 25 yrs. 5 days
James M. Hurley b. Oct. 23, 1857 d. July 21, 1872

JOHN GRAHAM FAMILY GRAVEYARD
West side Athol Church Rd. ¼ mile North of Hurley's Neck Rd.

John T. Graham b. May 31, 1827 d. Feb. 2, 1871
John P. Graham d. Sept. 9, 1859 aged 9 yrs. 10 mos. 26 days
John W. Graham d. July 20, 1864 aged 1 yr. 10 mos. 4 days

LLOYD - PHILLIPS FAMILY GRAVEYARD
In woods South side Hurley's Neck Rd. ½ mile northwest of Athol Baptist Church Rd.

Laura V. Green, dau. of J. & L. E. Green, b. Feb. 23, 1896 d. Nov. 19, 1899
John Lloyd d. Sept. 6, 1859 aged 44 yrs. 21 days
Martha A. Lloyd d. Dec. 22, 1841 aged 25 yrs.
Ezekiel J. Phillips b. Jan. 15, 1817 d. May 24, 1886
Mariah D. Phillips, wife of Ezekiel Phillips, b. Mar. 10, 1819 d. Sept. 19, 1889
William O. D. Phillips b. Nov. 4, 1815 d. June 18, 1876

JOHN BRADLEY FAMILY GRAVEYARD
In woods at edge of electric transmission line right-of-way, South of Scott Bennett Rd. & between Spring Grove Rd. & Sharptown-Mardela Rd.

Capt. John Bradley b. Dec. 23, 1807 d. Apr. 27, 1864
Elizabeth Bradley d. June 23, 1870 aged 61 yrs. 6 mos.
Lemuel Bradley b. Nov. 11, 1832 d. Dec. 11, 1868
Eleanor Shockley d. June 5, 1883 aged 73 yrs.

WRIGHT - BROWN FAMILY GRAVEYARD
East side Sharptown-Mardela Rd. 100 feet North of Scott Bennett Rd.

William H. Brown b. Oct. 24, 1829 d. Aug. 11, 1899
Eliza A. Brown, wife of William H. Brown, b. Feb. 7, 1835 d. Aug. 30, 1897
Laura Eleanor Wright Darby, dau. of Isaac K. & Patience W. Wright & wife of W. M. T. Darby, b. Nov. 19, 1849 d. Sept. 18, 1870
Isaac K. Wright b. Dec. 18, 1817 d. May 17, 1865
Patience Wright, wife of Isaac K. Wright, b. July 20, 1820 d. Nov. 14, 1897
Albion R. Wright b. Sept. 27, 1852 d. Feb. 21, 1886
Mary Hester Jane Wright, dau. of Isaac K. & Patience W. Wright, b. June 26, 1859 d. July 16, 1862

TWILLEY - WALTER FAMILY GRAVEYARD
Northeast side of Barren Creek Mill Rd. 100 yds. North of U. S. 50

Rebecca Twilley, consort of George W. Twilley, d. Dec. 16, 1844 in the 20th yr. of her age
Rachael M. Walter, consort of Jesse Walter, b. Sept. 9, 1801 d. Oct. 16, 1842
Elizabeth A. Way, wife of Rev. E. J. Way, d. May 19, 1843 in the 23rd yr. of her age

WRIGHT - TWILLEY FAMILY GRAVEYARD
South side Snethen Church R. ¼ mile East of Cross Rd.

Joseph P. Twilley b. Jan. 12, 1833 d. Apr. 27, 1892
Hester A. Wright Twilley, wife of Joseph P. Twilley, d. May 19, 1877 aged 39 yrs. 1 mo. 27 days

Levin W. **Wright** b. Jan. 28, 1813 d. Oct. 1, 1883
Rachael Anna Wright b. Apr. 27, 1847 d. June 6, 1851

BENNETT - BRADLEY FAMILY GRAVEYARD
East side of Ryan Rd. & South side of Cross Rd.

Elisha **Bennett** d. Mar. 20, 1837 aged 6- yrs. 8 mos. 15 days
Nancy Bennett b. Mar. 13, 1797 d. Dec. 13, 1869
Gillis Bennett d. Feb. 14, 1853 aged 29 yrs. 8 mos. 26 days
Edward J. Bennett, son of Asbury (?) J. & Georgette Bennett d. July 6, 1863 aged 5 mos. 26 days
Mary A. D. **Bradley**, wife of Jeremiah Bradley, b. Feb. 16, 1825 d. Dec. 18, 1865
Levi R. Bradley b. Sept. 3, 1852 d. Nov. 15, 1872
Nancy **Taylor** d. Aug. 23, 1855 aged 25 yrs. 5 mos. 2 days

BRATTAN FAMILY GRAVEYARD
North side Mardela-Delmar Rd. .3 mile East of Sharptown Rd.

Joshua **Brattan** b. Jan. 27, 1784 d. Nov. 29, 1838
Nancy Porter (Brattan), wife of Joshua Brattan, b. Apr. 6, 1781 d. Oct. 8, 1838
Joseph Brattan b. Sept. 28, 1816 d. Aug. 15, 1885. He was a Presbyterian elder for 40 yrs. near here. A good man — kind husband and father and did his duty as a citizen and neighbor
Elizabeth H. Brattan d. Aug. 22, 1866 aged 44 yrs. 8 mos. 21 days
Helen Maria Brattan, dau. of Joseph & Susan A. Brattan, b. Feb. 9, 1872 d. June 16, 1873
Margaret E. Brattan, wife of Samuel Brattan, d. Jan. 22, 1850 in the 26th yr. of her age

RUSSELL FAMILY GRAVEYARD
West side Mardela-Sharptown Rd. .1 mile south of Scott Bennett Rd.

Aljah **Russell** b. May 25, 1784 d. Sept. 5, 1848
Elizabeth Russell b. Feb. 12, 1798 d. Feb. 18, 1861
Capt. William Russell b. Aug. 21, 1818 d. June 13, 1886
Thomas J. R. Russell b. May 24, 1847 d. Oct. 10, 1859
William E. Russell b. May 22, 1856 d. Dec. 7, 1895

MARK WALKER FAMILY GRAVEYARD
East side Mardela-Sharptown Rd. .4 mile North of Scott Bennett Rd.

Mark **Walker** b. May 5, 1775 d. Dec. 1, 1851
Elizabeth Walker, b. June 14, 1789 d. Apr. 22, 1842
Mary A. Walker, wife of Charles Walker, b. July 15, 1822 d. Mar. 11, 1856
Charles W. Walker, son of Charles & Mary A. Walker, b. Nov. 7, 1847 d. July 7, 1864

GRAVENER - BENNETT FAMILY GRAVEYARD
North side Old Bradley Rd. .2 mile West of Spring Grove Rd.

Jonathan N. **Bennett** d. Apr. 3, 1889 aged 71 yrs. 3 mos. 16 days
George W. Bennett b. July 17, 1855 d. May 22, 1900
Thomas A. Bennett b. June 10, 1864 d. Sept. 29, 1881
Grafton J. Bennett, son of W. H. & Rebecca Bennett, b. Nov. 18, 1870 d. Nov. 12, 1871
Edward H. Bennett, son of W. H. & Rebecca Bennett, b. Mar. 2, 1878 d. July 28, 1879
Roland E. Bennett, son of W. H. & Rebecca Bennett, b. May 21, 1887 d. July 21, 1887
Charlotte **Bradley**, wife of John W. Bradley, b. Feb. 20, 1808 d. Sept. 11, 1861
Thomas **Gravener** b. Feb. 18, 1801 d. Feb. 23, 1865
Margaret Gravenor, wife of Thomas Gravenor, b. Nov. 27, 1806 d. May 31, 1870
Leah Gravener, wife of Benjamin T. Gravener, b. June 23, 1837 d. Dec. 11, 1875

GRAVENER - TAYLOR FAMILY CEMETERY
East side Spring Grove Rd. ¼ mile North of Old Bradley Rd.

Benjamin Gravener d. Feb. 26, 1857 aged 59 yrs. 5 mos. 26 days
Mary Gravener b. Nov. 11, 1795 d. Sept. 27, 1861
Elizabeth Anna Gravener b. Mar. 28, 1861 d. Aug. 3, 1862
William H. J. H. Gravener b. Aug. 14, 1863 d. Sept. 3, 1864
Nancy Taylor, wife of Benjamin Taylor, d. Sept. 19, 1857 aged 72 yrs.

LEVIN COOPER FAMILY GRAVEYARD
East side Snethen Rd. at Grapevine Rd.

Infant son of Leland M. & Lola C. Adkins (no dates)
Levin Cooper b. Dec. 25, 1811 d. Jan. 26, 1892
Samuel J. C. Cooper, b. Sept. 27, 1852 d. Jan. 30, 1864
Levin W. Cooper b. Aug. 24, 1858 d. Sept. 8, 1877
Emily E Howard, wife of L. J. Howard, b. Dec. 16, 1850 d. Nov. 16, 1872

GRAHAM - KENNERLY FAMILY GRAVEYARD
West side of Spring Grove Rd. .3 mile South of Scott Bennett Rd. in woods to left of dirt road leading east opposite church

John James Graham b. Oct. 23, 1831 d. Jan. 24, 1892
Mary L. Graham, wife of John J. Graham, b. May 18, 1836 d. July 19, 1874
Patty Ann Graham, dau. of John J. & Mary L. Graham, b. Oct. 2, 1866 d. Oct. 11, 1866
Nancy Ellen Graham, dau. of John J. & Mary L. Graham, b. Apr. 22, 1871 d. May 10, 1875
Thomas B. Kennerly, husband of Elizabeth Kennerly, 1827 — 1898

BROWN FAMILY GRAVEYARD
West side Taylor's Trail ¾ mile north of Hurley's Neck Rd.

George W. Bradley b. Aug. 9, 1879 d. Apr. 3, 1900
Melissa J. Bradley b. Feb. 15, 1884 d. June 17, 1893
John W. Brown b. May 3, 1816 d. Aug. 3, 1882
Sarah J. Brown b. June 21, 1818 d. Sept. 11, 1893
Mary Jane Brown, wife of Capt. Samuel Brown, b. Jan. 31, 1831 d. Apr. 1, 1862
John C. Horsman b. Feb. 14, 1834 d. Apr. 15, 1897
Sallie A. Horsman, wife of John C. Horsman, b. Dec. 1, 1844 d. Sept. 20, 1899

CALLAWAY FAMILY GRAVEYARD
West side Athol Rd. ½ mile north of Athol Baptist Church Rd. back from road on east side of a field rd.

Aaron H. Callaway d. Sept. 30, 1900 aged 79 yrs.
Lee Truitt, son of J. C. & Maggie E. Truitt, d. Apr. 30, 1899 aged 2 yrs. 2 mos. 14 days

DONOHO FAMILY GRAVEYARD
South side Hurley's Neck Rd. ¼ mile East of George Cox Rd. in woods

William D. Donoho, husband of Sarah P. Donoho, b. Dec. 18, 1824 d. Dec. 3, 1865
Mary E. Donoho, dau. of William F. & Sarah E. Donoho, b. Dec. 1, 1870 d. Aug. 20, 1872
Stella Donoho, dau. of William F. & Sarah Donoho, b. Apr. 17, 1880 d. Oct. 24, 1881
Emely A. Donoho, dau. of William F. & Sarah E. Donoho, b. Feb. 25, 1891 d. Oct. 7, 1891

BEDSWORTH - LANGSDALE - WALLER FAMILY GRAVEYARD
East side of a farm rd. running between north and south parts of Hurley's Neck Loop and parallel to Athol Baptist Church Rd. and west of it.

Anna Bedsworth b. Jan. 27, 1786 d. Mar. 31, 1864
Robert Langsdale d. Oct. 10, 1857 aged 45 yrs. 1 mo. 4 days
William A. E. Walter, wife of Levin A. H. Walter, b. July 5, 1838 d. May 26, 1866

GEORGE JACKSON FAMILY GRAVEYARD
West side Taylor's Trail ¼ mile north of Hurley's Neck Rd. deep in woods

George W. **Jackson** d. Jan. 10, 1883 aged 79 yrs. 4 mos. 12 days
Polly A. Green (Jackson), wife of George W. Jackson, d. Feb. 13, 1883 aged 76 yrs. 3 mos. 29 days

SAMUEL JACKSON FAMILY GRAVEYARD
North side Hurley's Neck Rd. 1 mile west of Athol Baptist Church Rd.

Samuel **Jackson** d. July 10, 1868 aged 73 yrs.
Alfred E. Jackson drowned 1866 aged 2 yrs.
George W. G. Jackson d. Apr. 12, 1894 aged 29 yrs.

SEABREASE FAMILY GRAVEYARD
East side of a lane running south from Hurley's Neck Rd. opposite George Cox Rd.

Henry C. **Seabrease** b. Aug. 14, 1859 drowned May 16, 1881

DASHIELDS - WALLER FAMILY GRAVEYARD
South side Delmar-Mardela Rd. 100 yds. east of Ryan Rd.

John W. **Dashields** d. Jan. 23, 1877 aged 28 yrs. 8 mos. 21 days
Handy **Waller** d. July 14, 1889 aged 73 yrs.
Isaac J. Waller d. Nov. 23, 1890 in his 51st yr.

BACON FAMILY GRAVEYARD
South side Bacon St., Mardela

William Winder **Bacon**, son of William & Maria Bacon, b. Apr. 9, 1841 d. Aug. 10, 1859

LEVIN PHILLIPS FAMILY GRAVEYARD
North side Athol Rd. .3 mile east of Bridge St., Mardela

Levin **Phillips** b. May 18, 1796 d. July 15, 1863
Mary A. J. Phillips b. Mar. 4, 1814 d. July 12, 1857
Sallie E. V. Phillips b. Apr. 29, 1842 d. Dec. 30, 1842
John Richard Phillips b. June 25, 1844 d. Oct. 24, 1845

PORTER FAMILY GRAVEYARD
North side Porter Mill Rd. northwest side Rewastico Creek

Mary F. **Porter**, dau. of Richard R. & Mary Porter, b. Apr. 1, 1815 d. Feb. 17, 1838

JACKSON FAMILY GRAVEYARD
East side Taylor's Trail & North side Hurley's Neck Rd.

Maria **Jackson**, wife of Samuel Jackson, b. Dec. 19, 1800 d. Dec. 25, 1856

PETER GRAHAM FAMILY GRAVEYARD
West side Taylor's Trail .8 mile north of Hurley's Neck Rd.

Peter **Graham** b. Jan. 17, 1825 d. Oct. 16, 1880
Sallie J. Graham b. Dec. 25, 1833 d. Dec. 19, 1891

THOMAS ROBERTSON FAMILY GRAVEYARD
At Northwest corner of Taylor's Trail, 1½ miles west of Athol Rd.

Thomas **Robertson** b. July 11, 1816 d. July 26, 1889
Leah E. Robertson b. Aug. 17, 1819 d. Apr. 23, 1883

JOHN WILSON FAMILY GRAVEYARD
South side Taylor's Trail 1.2 miles west of Athol Rd.

John Wilson d. Jan. 1, 1893 aged 87
Anne M. Wilson d. Apr. 26, 1888 aged 80 yrs.

TRAIN ACWORTH FAMILY GRAVEYARD
East side Athol Rd. at Taylor's Trail

Train Acworth b. June 15, 1790 d. Dec. 4, 1853

GOSLEE FAMILY GRAVEYARD
West side Athol-Quantico Rd. & South side Little Creek

Mary A. Goslee d. Jan. 27, 1855 aged 46 yrs.
Susan E. Goslee d. Sept. 25, 1854 aged 24 yrs.

WILSON FAMILY GRAVEYARD
Northeast side U. S. 50 .6 mile west of Snethen Rd.

William T. Wilson d. March 1, 1857 aged 5 yrs. 2 mos. 17 days
Alice Donalson Wilson, dau. of Thomas W. & Eliza A. Wilson, d. Aug. 15, 1859 aged 3 yrs. 6 mos. 20 days

HUFFINGTON - ROBERTSON FAMILY GRAVEYARD
South side W. Main St. Ext., Mardela .2 mile East of U. S. 50

James Huffington b. May 23, 1808 d. Apr. 17, 1860
Reettah L. Huffington b. May 1, 1816 d. Apr. 10, 1857
Samuel Walter Robertson b. Sept. 15, 1820 d. June 17, 1885
Elenor W. Robertson b. Dec. 26, 1826 d. July 12, 1866
George B. Robertson, son of Samuel W. & Eleanor W. Robertson, b. Aug. 17, 1848 d. Aug. 25, 1848
Samuel T. Robertson, son of Samuel W. & Eleanor W. Robertson, b. & d. Feb. 10, 1858
Thomas Richard Robertson, son of Samuel W. & Eleanor W. Robertson, b. Sept. 25, 1861 d. July 27, 1862

LEVIN BENNETT FAMILY GRAVEYARD
West side Spring Grove Rd. 1.5 miles North of U. S. 50

Levin Bennett d. Mar. 26, 1859 aged 60 yrs. 2 mos. 16 days
John W. Bradley, son of Lemuel & Margaret Bradley, d. Feb. 17, 1857 aged 3 mos. 12 days
Sarah B. Taylor, wife of Isaac T. Taylor, d. Oct. 2, 1865 in the 30th yr. of her age
Caroline E. H. Taylor, wife of John C. Taylor, d. Aug. 9, 1863 aged 23 yrs. 3 mos. 18 days
William Albert Taylor, son of John C. & Caroline E. H. Taylor, d. Jan. 5, 1863 aged 1 yr. 8 mos. 1 day

QUANTICO ELECTION DISTRICT NO. 2
GREEN HILL METHODIST CHURCH CEMETERY
West side Whitehaven Rd. & North side Green Hill Creek

Thomas C. **Calloway** b. Mar. 11, 1843 d. Dec. 22, 1900
Claton W. **Calloway**, son of Thomas C. & S. M. Calloway, b. July 18, 1878 d. Sept. 2, 1882
Mary E. **Darby**, wife of John T. Darby, b. Nov. 24, 1818 d. Aug. 7, 1878
Richard J. **Darby** 1841 — 1893
Laura E. **Darby**, dau. of Richard J. & Laura G. Darby, b. Nov. 28, 1878 d. Nov. 12, 1879
Richard W. **Darby**, son of Richard J. & Laura G. Darby, b. Sept. 22, 1880 d. Oct. 25, 1881
James N. **Darby**, son of Richard J. & Laura G. Darby, b. Feb. 11, 1886 d. June 25, 1886
Eliza G. **Darby**, dau. of Richard J. & Laura G. Darby, b. Feb. 11, 1886 d. Nov. 7, 1888
Ryland Burton **Dashiell**, son of M. Edward & Olivia F. Dashiell, b. Mar. 19, 1900 d. July 8, 1900
Ethel V. **Elliott** 1874 — 1893
G. C. **Evans** b. July 29, 1845 d. Oct. 18, 1880
Carrie E. **Evans**, dau. of G. C. & Victoria Evans, b. July 24, 1878 d. Oct. 25, 1878
Madolian E. **Evans**, dau. of G. C. & Victoria Evans, b. Dec. 21, 1879 d. Feb. 20, 1882
Alison T. **Giles** d. Dec. 28, 1878 (birth date obscured by concrete)
Beulah A. **Giles** b. Sept. 27, 1877 d. Feb. 25, 1882
Mary E. **Holliday** 1864 — 1899
John R. **Ingersoll** b. June 28, 1824 d. Oct. 7, 1890
Alphus Leewood **Insley**, son of Alphus D. & Martha Z. Insley, b. Dec. 19, 1876 d. Nov. 4, 1898
Joshua Herman **Kenney** b. Sept. 12, 1874 d. May 24, 1898
Georgie A. **Knowls** July 15, 1850
Rufus H. **Layfield**, son of William J. & Mary A. Layfield, b. Oct. 12, 1872 d. Aug. 5, 1879
John W. **Moore**, son of Joshua & Margaritt P. Moore, b. Dec. 31, 1838 d. July 10, 1898
Laura H. **Moore**, wife of John W. Moore, b. June 12, 1851 d. Aug. 6, 1879
Willie E. **Moore**, son of John W. & Laura H. Moore, b. Jan. 30, 1875 d. Feb. 17, 1895
Pearl C. **Taylor**, dau. of Eugene N. & Sarah C. Taylor, b. Aug. 31, 1886 d. Dec. 16, 1894
Rhodella G. **Taylor**, wife of William H. Taylor, b. June 22, 1862 d. July 29, 1891
Mollie A. **Taylor**, wife of William H. Taylor, b. Sept. 26, 1854 d. June 1, 1877
Isabella **Taylor** 1821 — 1897
James T. **Taylor** 1815 — 1896
Benjamin W. **Truitt** b. Aug. 25, 1819 d. Jan. 1, 1882
Martha W. **Truitt**, wife of Benjamin W. Truitt, b. Jan. 6, 1833 d. Apr. 12, 1892
Queen L. **Truitt**, dau. of Benjamin W. & Martha W. Truitt, b. Jan. 10, 1876 d. Aug. 25, 1882
Ethel Clarence **Truitt**, dau. of John W. & Mary E. Truitt, b. Feb. 24, 1880 d. Aug. 18, 1886
Lulo Edna **Truitt**, dau. of John W. & Mary E. Truitt, b. May 11, 1886 d. Sept. 5, 1886
George H. **Washburn**, son of William J. & Rebecca Washburn, b. Sept. 22, 1864 d. Nov. 28, 1867
Lenard T. **Washburn**, son of William J. & Rebecca Washburn, b. Jan. 10, 1879 d. Jan. 20, 1893
Infant child of William J. & Rebecca Washburn, b. Feb. 23, 1883 d. Mar. 2, 1883
John B. **Wilson**, son of Covington & Bell Wilson, b. Sept. 25, 1865 d. Jan. 10, 1880
Charley Strachun **Wilson**, son of Covington & Bell Wilson, b. Sept. 22, 1874 d. Feb. 1875
Nancy **Wingate** b. Feb. 14, 1813 d. July 30, 1892
Sadie **Wingate**, dau. of John & Georgia Wingate, b. Aug. 28, 1877 d. Sept. 24, 1880

ST. PHILLIPS EPISCOPAL CHURCH & QUANTICO PUBLIC CEMETERIES
Quantico

Robert **Anderson** b. Mar. 22, 1826 d. Aug. 8, 1886
Maria **Anderson** d. 1896 aged 92 yrs. 8 mos.

Jesse L. **Bailey** 1900 — 1900
Lemuel J. **Bishop** d. 1882 aged 32 yrs.
Emma Leona Farrington (Bishop), wife of Lemuel J. Bishop, dau. of William H. &
  Zenophine Farrington, b. Oct. 26, 1851 d. Dec. 25, 1880
Emma F. Bishop, dau. of Lemuel J. & Emma L. Bishop, b. Dec. 25, 1880
  d. Dec. 30, 1884
Mrs. Nellie **Bounds** d. Oct. 9, 1872 aged 77 yrs.
William J. Bounds b. Nov. 23, 1851 d. Oct. 3, 1893
Prof. Leon Langsdale Bounds, son of George A. & Mary A. Bounds, b. Dec. 14, 1871
  d. May 12, 1892
Elisha T. **Bradley** d. Feb. 7, 1892 aged 26 yrs. 1 mo. 22 days
C. Rebecca Bradley, wife of Elisha T. Bradley, d. Jan. 12, 1892
  aged 31 yrs. 6 mos. 13 days
Nellie Wilson Bradley, dau. of Elisha T. & Rebecca Bradley, b. Sept. 9, 1888
  d. Oct. 22, 1894
Osborn A. F. **Brady** 1820 — 1882
Annie Elizabeth Brady 1864 — 1865
Samuel Osborn Brady 1872 — 1873
Rev. Robert F. **Cluff**, LL.D., b. Oct. 23, 1829 d. Nov. 15, 1892
Miranda W. Collier, wife of John F. Collier, b. Aug. 6, 1818 d. Aug. 16, 1869
Silliman I. Collier b. Nov. 1, 1844 d. Sept. 2, 1845
Margaret Elizabeth Collier, dau. of John F. & Miranda Collier, b. Nov. 17, 1846
  d. June 12, 1850
John Francis Collier, son of John F. & Miranda Collier, b. Dec. 24, 1849
  d. Feb. 18, 1851
Emory J. Collier, son of John F. & Miranda Collier, b. Oct. 21, 1854 d. Sept. 28, 1856
Francis Miranda Collier, dau. of Eusebius & Martha Simpson Collier, b. Oct. 9, 1874
  d. Oct. 22, 1874
Elmon Westwood Collier, son of Eusebius & Martha Simpson Collier, b. Nov. 7, 1881
  d. Sept. 1, 1882
Andrew J. **Crawford** b. June 9, 1828 d. Jan. 29, 1897
Matthias **Dashiell** b. Dec. 27, 1802 d. July 14, 1885
William H. Dashiell b. May 22, 1837 d. Feb. 14, 1891
Edwin Dashiell 1806 — 1868
Eliza Dashiell 1812 — 1876
Henrietta Dashiell 1836 — 1855
Winfield T. Dashiell 1852 — 1885
Susie T. Dashiell, wife of Dr. W. H. H. Dashiell, b. Dec. 1, 1844 d. July 10, 1876
Esther A. E. Dashiell, dau. of Edwin & Harriett Dashiell, b. June 23, 1871
  d. Dec. 10, 1900
Mary Eleanor Dashiell, wife of Hampden H. Dashiell, d. Oct. 13, 1849
  aged 23 yrs. 9 mos.
Clarietta Ellen Dashiell, dau. of Edwin & Ellen L. Dashiell, b. Mar. 10, 1852
  d. Oct. 27, 1857
Nathaniel P. Dashiell b. Sept. 18, 1831 d. Mar. 26, 1877
Clarissa Dashiell, wife of Nathaniel P. Dashiell, d. July 22, 1866
  aged 30 yrs. 9 mos. 26 days
Robert Lee Dashiell aged 3 yrs. 11 mos. 4 days
George E. **Davis** 1842 — 1898
W. Wesley **Disharoon**, husband of Jane Disharoon, b. Oct. 19, 1832 d. Mar. 12, 1900
Ulysses M. Disharoon, son of T. F. & Elizabeth B. Disharoon, b. Nov. 13, 1867
  d. May 31, 1894
Stengle A. Disharoon, son of T. F. & Elizabeth B. Disharoon, d. Nov. 18, 1894
  aged 18 yrs. 2 mos. 1 day
Laura E. Langsdale (**Dorman**), wife of John Dorman, d. Jan. 4, 1870 aged 24 yrs.
Benjamin T. **Eversman** b. Feb. 8, 1846 d. Aug. 20, 1886
Capt. John E. Eversman d. Oct. 20, 1859 aged 47 yrs. 6 mos.
William H. **Farrington** b. Sept. 18, 1829 d. Nov. 11, 1879
Zenophine Farrington, wife of William H. Farrington, b. Oct. 16, 1830 d. Jan. 8, 1900
Zenobia Farrington, dau. of William H. & Zenophine Farrington, b. June 23, 1849
  d. Feb. 10, 1865
Marrie S. **Fletcher**, wife of William T. Fletcher, b. Sept. 17, 1842 d. July 7, 1892
James McR. **Fontaine**, M.D., d. May 21, 1855 aged 26
Mary Ann Fontaine, dau. of James M. & Virginia Fontaine, b. Dec. 30, 1854
  d. Mar. 7, 1855
Peter **Freeny** b. Oct. 15, 1810 d. Aug. 14, 1896
Frederick M. **Friend** 1879 — 1881
Thomas M. **Giles**, husband of Clara Giles, b. Aug. 24, 1827 d. Dec. 9, 1900
Wesley T. Giles, son of Thomas & Clara Giles, b. Feb. 26, 1867 d. Nov. 11, 1897

Thomas C. C. **Gilliss** 1827 — 1876
George A. Gilliss 1853 — 1855
Ida F. Gilliss 1854 — 1855
G. Alpheus Gilliss 1856 — 1862
Rollie T. Gilliss 1864 — 1884
Levin Ernest **Gordy,** son of T. W. & B. F. Gordy, b. & d. Jan. 14, 1897
Levin Ames Gordy, son of T. W. & B. F. Gordy, b. Jan. 30, 1898 d. Feb. 3, 1899
Sarah **Graham** b. Dec. 12, 1777 d. Dec. 22, 1861
Leah J. Graham, wife of John T. Graham, b. Nov. 20, 1825 d. Feb. 14, 1894
Elizabeth C. **Hopkins** b. Sept. 17, 1783, d. Mar. 8, 1852
Charles **Horsey** b. Jan. 31, 1786 d. July 17, 1869
Milcah Horsey, wife of Charles Horsey, b. June 28, 1807 d. Apr. 27, 1873
Columbus G. Horsey, son of Charles & Milcah Horsey, d. Apr. 23, 1867 aged 30 yrs. 23 days
Laurinda J. Horsey, dau. of Charles & Milcah Horsey, d. Apr. 6, 1859 aged 17 yrs. 27 days
William **Howard** b. Apr. 12, 1827 d. Feb. 20, 1898
Katie Lay Howard, dau. of William & Patty Howard, d. Aug. 15, 1890 aged 21
James Mc. **Jones** d. May 21, 1876 aged 65
Cornelia E. Jones, dau. of James & Mary A. Jones, d. May 19, 1863 aged 4 yrs. 6 mos. 13 days
Eglantine K. Jones 1829 — 1877
Samuel D. Jones 1810 — 1891
Florence Jones 1868 — 1881
Woodland C. Jones 1855 — 1872
George Waller **Jones,** son of Thomas Rodney & Julia D. Jones, b. Oct. 4, 1899 d. July 12, 1900
Denwood Jones 1888 aged 6 wks.
Martha K. Gordy Jones, wife of Joseph Jones, 1857 — 1884
Infant child of Joseph & Martha Jones 1884
Caleb **Kennerly** b. Nov. 20, 1782 d. May 20, 1847
Henry Kennerly Nov. 19, 1801 d. Dec. 23, 1872
Mary Ann Kennerly b. Feb. 2, 1805 d. June 5, 1887
Henry Harrison Kennerly b. Aug. 9, 1840 d. Dec. 10, 1881
Columbus Kennerly b. Apr. 25, 1825 d. Mar. 23, 1866
Eleanora E. **Lloyd** 1839 — 1887
Helen H. **Lowe,** dau. of W. S. & Hettie Lowe, b. Sept. 9, 1899 d. Oct. 7, 1900
Clara **Mezick,** dau. of Warren & Octavia E. Mezick, d. Oct. 3, 1867 aged 1 yr. 11 days
Infant son of Joseph A. & Letitia A. **Phillips** b. Jan. 23, 1885 d. Feb. 23, 1885
Anne M. **Rider,** wife of Charles Rider, d. Dec. 27, 1864 aged 68 yrs.
Cecilia A. **Taylor,** dau. of William P. & Eleanor Taylor, b. Feb. 12, 1846 d. Oct. 21, 1861
William Anor **Toadvine,** wife of Matthias J. Toadvine, b. Apr. 30, 1834 d. Oct. 13, 1870
Albion **Turpin,** son of Thomas James & Ellmandia Turpin, 1860 — 1867
Zenophine Turpin, dau. of Thomas James & Ellmandia Turpin, 1869 — 1879
Walter Clifton Turpin, son of Thomas James & Ellmandia Turpin, 1875 — 1892
Bridget **Venables** b. July 4, 1791 d. Sept. 10, 1871
Richard Venables b. July 23, 1820 d. Sept. 1, 1885
Elizabeth Gordon (Venables) b. Oct. 18, 1828 d. Dec. 12, 1899
Robert Venables, son of Richard & Elizabeth Venables, b. Aug. 16, 1848 d. Jan. 31, 1858
James R. Venables, son of Richard & Elizabeth Venables, b. Feb. 2, 1852 d. Feb. 1, 1858
Samuel B. Venables, son of Richard & Elizabeth Venables, b. July 21, 1856 d. Nov. 6, 1875
Infant child of Richard & Elizabeth Venables b. Mar. 16, 1860 d. Mar. 21, 1860
Jefferson D. Venables, son of Richard & Elizabeth Venables, b. July 22, 1861 d. Aug. 25, 1894
Infant child of Richard & Elizabeth Venables b. Mar. 20, 1870 d. Apr. 7, 1870
George Ballard Venables, b. Aug. 3, 1816 d. Apr. 3, 1888
Elizabeth Venables, wife of George B. Venables, b. Sept. 17, 1820 d. Mar. 13, 1900
Samuel W. **Wilson** d. Mar. 23, 1863 aged 42 yrs. 4 mos. 6 days
Infant son of Samuel W. & Olevia M. E. Wilson, b. May 13, 1862 d. May 14, 1862
Samuel H. Bell Wilson, son of Samuel W. & Olevia M. E. Wilson, aged 1 yr. 10 mos. 28 days (no dates)
Harland V. **Wimbrow,** son of R. T. & Letitia A. Wimbrow, b. Aug. 29, 1870 d. Jan. 3, 1895
George Levin H. **Woolford** b. May 7, 1803 d. Dec. 18, 1874

Mary Adaline Amanda Woolford, dau. of George Levin & Eleanor Woolford,
  b. Nov. 10, 1827 d. Jan. 24, 1845

MOUNT ZION METHODIST CHURCH CEMETERY
Quantico

J. L. **Johnson** U. S. Navy b. March, 1838 d. Feb. 16, 1894
George C. **Price** b. July 15, 1867 d. May 10, 1900

LYNCH - MITCHELL FAMILY GRAVEYARD
North side of Salisbury-Nanticoke Rd. ¼ mile west of Rockawalkin Rd.

Joseph E. **Lynch** b. Jan. 21, 1824 d. Apr. 19, 1870
Sarah E. Lynch, wife of Joseph E. Lynch, b. Oct. 18, 1831 d. Aug. 19, 1894
Sallie E. Lynch, dau. of Joseph E. & Sarah E. Lynch, b. June 18, 1859
  d. Nov. 13, 1835
Thomas J. Lynch, son of Joseph E. & Sarah E. Lynch, b. Sept. 12, 1861
  d. Dec. 29, 1863
Samuel W. Lynch b. Dec. 10, 1863 d. Jan. 25, 1885
Joseph M. Lynch, son of Joseph E. & Sarah E. Lynch, b. Apr. 7, 1866
  d. Oct. 19, 1867
Thomas **Mitchell** Sr. b. Apr. 16, 1802 d. Feb. 3, 1870
Sarah Mitchell, wife of Thomas Mitchell, b. Aug. 24, 1802 d. Nov. 13, 1885

JOSEPHUS HUMPHREYS FAMILY GRAVEYARD
West side Rockawalkin Rd. ½ mile North of Salisbury-Nanticoke Rd.

Mary Ann **Humphries**, consort of Josephus Humphreys, b. Oct. 31, 1803
  d. Mar. 3, 1834
Archelaus E. Humphreys b. Apr. 21, 1807 d. Mar. 14, 1849
Elijah Humphreys, d. May 5, 1855 aged 17 yrs. 5 mos. 12 days
Marrietta T. Humphriss, dau. of Archelias B. & Margaret A. W. Humphriss,
  d. Feb. 13, 1858 aged 15 yrs. 2 mos. 20 days

LEVIN I. POLLITT FAMILY GRAVEYARD
East side Firetower Rd. ½ mile north of Salisbury-Nanticoke Rd.

Levin Irving **Pollitt** b. Nov. 24, 1814 d. July 21, 1892
Charlotte A. Pollitt, consort of Levin Pollitt, b. Dec. 28, 1814 d. May 26, 1856
Anna M. Ralph Pollitt, wife of Levin Pollitt, b. Oct. 3, 1832 d. Mar. 4, 1898

JAMES GOSLEE FAMILY GRAVEYARD
North side Salisbury-Nanticoke Rd. 2 miles West of Quantico

Sarah P. **Fletcher**, wife of Thomas W. Fletcher, d. Aug. 16, 1891 aged 78 yrs.
Henry **Gale** d. Apr. 8, 1846 in his 64th yr.
James **Goslee** d. Sept. 6, 1832 in his 55th yr.
Sarah L. Goslee d. Sept. 5, 1865 aged 78 yrs. 8 mos.
Lemuel R. Goslee d. July 31, 1822 in his 16th yr.
Samuel T. Goslee d. Mar. 14, 1847 in his 28th yr.

HUMPHRISS FAMILY GRAVEYARD
North side Salisbury-Nanticoke Rd. East side Royal Oak Rd.

J. Adaline **Humphriss**, wife of William E. Humphriss, b. May 9, 1829
  d. Oct. 26, 1852

JOHN TWILLEY FAMILY GRAVEYARD
On Quantico Creek at end of first road west of Poplar Hill Labor Camp

John W. **Twilley** b. Dec. 25, 1822 d. Dec. 20, 1896
Leah Caroline Twilley, wife of John W. Twilley, b. Mar. 30, 1826 d. Oct. 7, 1898

HUGHES - JONES FAMILY GRAVEYARD
East side Whitehaven Rd. 1.8 miles south of Salisbury-Nanticoke Rd.

Caleb Edgar Alonzo **Horsey**, son of Edmund C. & Eglantine Horsey, b. Dec. 2, 1846
  d. Aug. 30, 1857

Henrietta E. **Hughes**, consort of Levin Hughes, b. Apr. 29, 1819 d. Nov. 1, 1840
Maria S. **Jones**, wife of S. B. D. Jones, b. June 2, 1812 d. Feb. 4, 1854
Maria Eglantine Jones, dau. of S. B. D. & Eglantine Jones, b. Jan. 14, 1860
  d. Oct. 7, 1861

CRAWFORD FAMILY GRAVEYARD
East side Whitehaven Rd. 2.4 miles South of Salisbury-Nanticoke Rd.

Henry **Crawford** d. 1836
Mary Crawford d. 1836
Henry Crawford Jr. b. Jan. 8, 1818 d. Mar. 13, 1883
Margaret S. Dickerson (Crawford), wife of Henry Crawford, b. Mar. 5, 1825
  d. Apr. 9, 1891
Horatio Nelson Crawford, youngest son of H. N. & Lizzie A. Crawford,
  d. Sept. 22, 1881 aged 6 yrs. 1 mo. 7 days
Mary Virginia Crawford, dau. of Andrew J. & William Anna Carolina Crawford,
  b. Feb. 18, 1853 d. Sept. 7, 1853
William C. Crawford d. Aug. 14, 1853 aged 21 yrs. 5 mos. 23 days

BOUNDS - GORDY FAMILY GRAVEYARD
North side Cherrywalk & West side Main St., Quantico

Marcellas **Bounds** b. Nov. 26, 1829 d. July 24, 1861
James Bounds d. June 25, 1852 aged about 59 yrs.
Mary J. Bounds, wife of James Bounds, d. Mar. 28, 1849 aged about 22 yrs.
Elizabeth Bounds, wife of James Bounds, d. Aug. 30, 1830 in the 29th yr. of her age
Mrs. Martha A. Bounds d. Oct. 22, 1881 aged 46
Thomas B. **Gordy** d. June 10, 1889 aged 46
Harry Dashiell Gordy, son of Thomas B. & Janie M. Gordy, d. Sept. 22, 1879
  aged 1 yr. 4 mos. 6 days

ACWORTH FAMILY GRAVEYARD
South side Nutter's Neck Rd. 2 miles from Cherrywalk

William H. **Acworth** d. Apr. 29, 1861 aged 51 yrs. 6 mos. 16 days
William W. Ackworth, son of William H. & Ellen Acworth, b. Sept. 1834
  d. Oct. 21, 1900
James P. Acworth, son of William H. & Ellen Acworth, b. July 1842 d. Apr. 21, 1874

LANGSDALE - TAYLOR FAMILY GRAVEYARD
West side Quantico-Athol Rd. & south side Rewastico Creek

Levin E. **Langsdale**, son of Henry J. & Annie M. Langsdale, b. Mar. 28, 1866
  d. Apr. 2, 1899
Maude T. Langsdale, dau. of Henry J. & Annie M. Langsdale, b. Aug. 11, 1874
  d. June 5, 1876
Jonathan B. **Phillips** d. Dec. 13, 1837 aged 44 yrs. 7 mos. 10 days
Elizabeth M. Phillips, consort of Jonathan Phillips, d. Aug. 19, 1836
  aged 31 yrs. 1 mo. 24 days
Samuel W. Phillips. d. Aug. 2, 184? aged 17 yrs. 5 mos. 2 days
John **Taylor** of William d. July 1, 1843 aged 72 yrs. 7 mos. 17 days
Anna Taylor d. Feb. 4, 1846 aged 61 yrs. 10 mos. 6 days
Dr. John W. Taylor b. Oct. 11, 1811 d. June 26, 1865
Mary W. Taylor, wife of John W. Taylor, b. Oct. 29, 1816 d. Sept. 6, 1877
John W. Taylor Jr., son of John W. & Mary W. Taylor, b. Jan. 18, 1850
  d. with malignant scarlet fever Nov. 11, 1857
Roland B. Taylor, son of John W. and Mary W. Taylor, b. Oct. 25, 1851
  d. Jan. 23, 1853
William W. Taylor, son of John W. & Mary W. Taylor, b. Mar. 1, 1853
  d. with malignant scarlet fever Dec. 5, 1857

JACOB FAMILY GRAVEYARD
South side Salisbury-Nanticoke State Rd. ¼ mile west of Rockawalkin Rd.

Mar   **Jacob**, wife of   ip Jacob, d. Aug. 29, 1816 aged 25 yrs. 7 mos. 19 days

THOMAS MOORE FAMILY GRAVEYARD
East side Main Street, Quantico

Rachel W. Moore, wife of Thomas B. Moore, d. July 16, 1887
aged 59 yrs. 11 mos. 11 days
Mary Elizabeth Moore, dau. of Thomas B. & Rachel W. Moore, d. May 29, 1855
aged 4 yrs. 11 mos. 9 days
Thomas B. Moore Jr. (no dates)

JOHN WATERS FAMILY GRAVEYARD
South side Nutter's Neck Rd. ¼ mile west of its intersection with Cherry Walk

Mrs. Sarah Dennis, the truly pious and excellent wife of Robert Dennis, Esq., here rests with her virtuous parents Mr. John & Mrs. Elizabeth Waters, b. July 10, 1757, married Mar. 4, 1786, d. Oct. 6, ???0

WILLIAM GILES FAMILY GRAVEYARD
North side Hebron-Quantico Rd. ⅔ mile east of Athol Rd.

William Giles d. June 2, 1872 aged 76 yrs. 7 mos. 23 days
Keturah Giles, consort of William Giles, b. Oct. 12, 1794 d. Nov. 14, 1862
aged 68 yrs. 1 mo. 2 days

RIDER FAMILY GRAVEYARD
South side Hebron-Quantico Rd., opposite intersection with Athol Rd.

Noah Rider b. 1828 d. Sept. 4, 1888

TYASKIN ELECTION DISTRICT NO. 3
ST. MARY'S EPISCOPAL CHURCH CEMETERY
North side Salisbury-Nanticoke Rd. ¼ mile east of Jesterville Rd.

George D. Atkinson d. Oct. 6, 1824 aged 48 yrs. 4 days
Pearl Brewington, dau. of C. & L. Brewington, b. Sept. 5, 1872 d. Mar. 26, 1873
Dr. George R. Cooper b. July 20, 1829 d. July 20, 1857
Gertrude L. Covington d. May 27, 1878 aged 17 yrs. 11 mos. 17 days
Willie P. Covington, son of W. E. R. & Gertrude L. Covington, b. May 3, 1876 d. Nov. 11, 1890
John Dougherty b. July 15, 1778 d. Oct. 27, 1849
Hetty Dougherty, consort of John Dougherty, d. Sept. 2, 1854 aged 52 yrs. 6 mos. 7 days
Mary Catherine Dougherty, consort of John W. Dougherty, b. Feb. 11, 1832 d. Aug. 20, 1852
William Fowler d. Apr. 27, 1837 aged 50 yrs.
Sarah Fowler, wife of William Fowler, d. Aug. 11, 1861 in the 75th yr. of her age.
Sarah A. Furniss d. May 13, 1828 in the 25th yr. of her age
George H. Gale d. Nov. 9, 1821 aged 26 yrs.
Mary E. Hughes, consort of Thomas B. F. Hughes, b. Jan. 8, 1829 d. July 15, 1855
Charlotte Hughes d. Dec. 23, 1868 aged 75 yrs.
Caleb Hughes d. Jan 3, 1869 aged 82 yrs.
Capt. Jesse Hughes b. Jan. 29, 1767 d. Nov. 29, 1838
Sarah H. Hughes, wife of Jesse Hughes, d. Apr. 12, 1810 aged 36 yrs. 3 mos. 26 days
Margaret Hughes, wife of Jesse Hughes, d. Dec. 8, 1830 aged 50 yrs.
Mary P. Hyland d. Nov. 17, 1855 aged 2 yrs. 3 mos. 15 days
Alfred M. Jarrett d. July 5, 1890 aged 73 yrs.
Charlotte Jarrett b. Dec. 15, 1815 d. Apr. 10, 1896
Jesse H. Jones d. Aug. 24, 1821
Mary A. H. Jones, dau. of Marcellus Jones & Mary, his wife, granddau. of Jesse Hughes, d. Dec. 25, 1832 aged 16 yrs. 10 mos. 8 days
George W. S. Jones d. Sept. 28, 1822 aged 5 yrs.
Capt. Marcellus Jones b. 1786 d. Apr. 16, 1846
Mary Hughes (Jones), wife of Marcellus Jones, b. Oct. 15, 1792 d. Aug. 12, 1863
Delia Margaret Jones, dau. of Marcellus & Mary Jones, b. Aug. 17, 1821 d. Sept. 16, 1842
Samuel A. Langrall, son of W. J. & M. I. Langrall, b. Feb. 24, 1854 d. May 14, 1859
John Larmore of Elijah d. Mar. 2, 1838 in his 57th yr.
Margaret Larmore d. Apr. 21, 1851 aged 63 yrs. 6 mos. 14 days
Susannah M. Larmore, dau. of William P. M. & M. F. Larmore, d. Jan. 30, 1886 aged 8 yrs. 9 mos. 16 days
Sarah Ann Leatherbury d. Feb. 21, 1824 aged 22 yrs. 11 mos.
John Mezick b. Sept. 26, 1829 d. Jan. 28, 1861
Albert Preston Mezick, son of John S. & Mary Mezick, d. Jan. 27, 1879 in the 22nd yr. of his age
Gertrude Moore, dau. of John W. & Delia Moore, aged 11 yrs. 7 mos. 24 days (no dates)
George Riall 1802 - 1871
Luisa M. Riall 1811 - 1892
George H. Riall d. June 23, 1861 aged 31 yrs. 2 mos. 21 days
Julius Riall d. Aug. 12, 1861 aged 22 yrs. 10 mos. 25 days
George H. Riall, son of John W. J. & Sarah E. A. Riall, b. May 11, 1859 d. May 21, 1861
William Riall d. May 12, 1854 aged 76 yrs.
Mary Riall d. Apr. 1, 1853 aged 52 yrs.
George Walter d. Mar. 16, 1848 aged 73 yrs. 5 mos. 10 days
Elizabeth Walter, wife of George Walter, b. May 31, 1793 d. Mar. 9, 1866
Edgar Franklin Walter, son of Robert F. & Annie L. Walter, b. Oct. 12, 1892 d. Jan. 22, 1894
Annie Gertrude Walter, dau. of Robert F. & Annie L. Walter, b. Feb. 28, 1898 d. July 31, 1898
Colonel James Walter d. Sept. 2, 1827 aged 56 yrs.
Georgia L. B. Walter d. Dec. 25, 1832 aged 14 yrs.
Ann M. D. Walter d. Dec. 25, 1832 aged 19 yrs.
Margaret E. Walters b. Jan. 20, 1807 d. Nov. 15, 1855
Elizabeth Walter b. Jan. 17, 1812 d. July 18, 1887
William Walter b. Nov. 19, 1810 d. June 14, 1881

Levin Walter d. Aug. 3, 1875 aged 67 yrs. 1 mo. 8 days
Priscilla Walter d. July 20, 1857 in the 88th yr. of her age
Maria Walter b. Nov. 17, 1800 d. Aug. 21, 1883
Minnie Garnett **White**, dau. of Gustavus & Laura White, b. Jan. 1871 d. Sept. 1872
Mary E. White b. Jan. 24, 1845 d. Oct. 15, 1845
James E. White d. Nov. 15, 1850 aged 1 mo. 12 days
Laura V. White b. Dec. 5, 1851 d. June 26, 1853
Ware **Willing** d. Jan. 3, 1859 aged 44 yrs.
Rebecca Willing, consort of Ware Willing, b. Feb. 22, 1822 d. Aug. 1, 1850
Dr. James A. J. Willing b. June 20, 1832 d. June 27, 1877
Mary Elizabeth Willing, wife of Dr. J. A. J. Willing, b. Aug. 9, 1842 d. Mar. 12, 1888
Cora May Willing, dau. of James A. J. & Mary E. Willing, b. Sept. 24, 1870 d. Oct. 31, 1871
Infant dau. of Maurice B. & Mary A. Willing b. Apr. 12, 1898 d. Oct. 12, 1898

GREEN HILL EPISCOPAL CHURCH CEMETERY
Northeast side Green Hill Church Rd.

Lambert H. **Dashiell** b. Aug. 8, 1808 d. June 20, 1851
Eliza J. Dashiell b. Aug. 22, 1813 d. Nov. 28, 1886
R. Marion Dashiell 1869 - 1893
Clarence W. Dashiell b. June 6, 1890 d. Aug. 25, 1890
Elizabeth **Lowe**, dau. of Henry & Esther Lowe, d. Nov. 13, 1739 aged 1 yr. 10 mos.
Dorothy Lowe, dau. of Henry & Esther Lowe, d. May 14, 1747 aged 7 yrs. 9 mos.
Nancy **Parker**, wife of Capt. John Parker, born in the county of Hampshire, England in 1713 d. Oct. 29, 1766
Martha Helen **Waller** b. Feb. 15, 1874 d. May 22, 1876
Thomas Hendricks Waller b. Oct. 24, 1880 d. July 15, 1881
George E. **Wingate** b. Feb. 12, 1822 d. Sept. 4, 1887

DOLBEY CEMETERY
White Haven

Infant son of J. D. & Fannie L. **Dolbey** b. Mar. 2, 1893 d. Aug. 12, 1893

WETIPQUIN METHODIST CHURCH CEMETERY
Wetipquin

Julius **Catlin** b. Sept. 22, 1847 d. Nov. 1, 1891
Isaac Henry Catlin, son of Thomas G. & June C. Catlin, b. Dec. 19, 1844 d. Aug. 5, 1855
George William Catlin b. Oct. 28, 1858 d. Feb. 24, 1864
George **Furbush** b. in Somerset Co., Md. Oct. 23, 1777 d. Dec. 14, 1851
Thomas **Hambury** d. May 6, 1894 aged 70 yrs.
Alice J. Hambury d. Sept. 16, 1894 aged 60 yrs.
Albert M. Hambury d. Oct. 7, 1899 aged 36 yrs. 2 mos. 19 days
Elsie M. Hambury d. July 24, 1897 aged 20 yrs. 9 mos. 28 days
William T. Hambury d. Sept. 6, 1889 aged 7 yrs. 10 mos. 23 days
Ira Willis **Mezick**, son of F. A. & Elizabeth A. Mezick, b. July 22, 1869 d. July 23, 1871
Etta May Mezick, dau. of F. A. & Elizabeth A. Mezick, b. June 30, 1873 d. Sept. 13, 1878
Martin Jackson Mezick, son of F. A. & Elizabeth A. Mezick, b. Mar. 5, 1880 d. Oct. 24, 1881
Amos Mezick, son of F. A. & Elizabeth A. Mezick, b. & d. Nov. 6, 1885
Francis Asbury Mezick, son of F. A. & Elizabeth A. Mezick, b. July 18, 1887 d. June 27, 1890
Sarah J. **Newton**, wife of Levin B. Newton, b. May 27, 1839 d. Nov. 29, 1896
W. Harley **Phillips** 1875 - 1885
Thomas Cecil **Wilson**, son of William H. & Mary V. Wilson, d. July 2, 1872 aged 11 mos. 19 days

WETIPQUIN COLORED METHODIST CHURCH CEMETERY
Wetipquin

James H. **Biddle**, son of M. E. Biddle, b. June 19, 1890 d. Sept. 8, 1898
Stephen S. **Cook** b. June 30, 1820 d. Mar. 25, 1899
Hettie L. H. **Moore** b. Nov. 28, 1883 d. Jan. 25, 1896

WETIPQUIN BAPTIST CHURCH CEMETERY
North side Wetipquin Rd. 1¼ miles from Salisbury-Nanticoke Rd.

Leah A. **Hopkins** d. Dec. 23, 1862 aged 54 yrs. 4 mos. 13 days
Elizabeth R. **Jackson** b. Mar. 13, 1839 d. Nov. 16, 1874
Annie **Jackson** b. Dec. 30, 1866 d. Sept. 1, 1880
Elisha G. **Owens** b. June 21, 1810 d. Jan. 16, 1887

DONOHO CEMETERY
North side Wetipquin Rd. ½ mile southeast of Royal Oak Rd.

Patty **Batley** b. Feb. 20, 1807 d. Oct. 8, 1818
Martha W. **Conway** b. May 20, 1814 d. July 6, 1854
Winfield S. **Conway**, son of James R. W. & Martha W. Conway, b. July 17, 1847 d. Nov. 2, 1899
Rebecca Smith **Conway** b. Mar. 13, 1819 d. Nov. 12, 1893
George W. **Culver** b. Jan. 1, 1881 d. Apr. 12, 1900
John B. **Davis** b. Jan. 12, 1813 d. Dec. 13, 1893
Lucinda L. **Davis** b. Mar. 23, 1826 d. May 11, 1888
Mary A. I. **Dickerson**, consort of A. L. Dickerson, b. May 1, 1811 d. June 10, 1849
Samuel J. **Riggin** d. July 7, 1900 aged 68 yrs. 7 mos. 14 days
Marion E. **Riggin**, son of Samuel J. & Emily Riggin, b. Jan. 31, 1868 d. Feb. 2, 1895
Henry C. **Smith** b. Nov. 14, 1823 d. Dec. 14, 1900
Levin G. **Smith** b. Jan. 22, 1810 d. Mar. 11, 1879
Eliza A. **Smith** b. Mar. 17, 1835 d. Sept. 9, 1864

TYASKIN METHODIST CHURCH CEMETERY
Tyaskin

Francis M. **Dickerson** b. Aug. 10, 1828 d. Sept. 19, 1893
Mary T. **Dorman**, wife of John R. Dorman, b. Mar. 22, 1850 d. Aug. 28, 1898
Margaret F. **Heath**, wife of Samuel H. Heath, b. June 2, 1862 d. Aug. 28, 1900
Marcellus W. J. **Larmore** b. June 17, 1826 d. Apr. 26, 1896
Mary E. **Larmore**, dau. of Samuel H. W. & Mary Ellen Larmore, b. 1899 d. 1899
Oliver M. **Messick** 1886 - 1900
Albert H. **Riall**, husband of Martha Davis Riall, b. Oct. 11, 1853 d. Oct. 4, 1895
Maggie E. **Roberts**, dau. of B. O. & Ellen Roberts, b. May 21, 1873 d. Apr. 28, 1895
John R. **Taylor** b. Mar. 27, 1862 d. Apr. 10, 1896
Henry T. **Toadvine** b. Nov. 29, 1826 d. Feb. 20, 1878
Paul Bruce **Toadvine**, son of Greensbury A. & Laura F. Toadvine, b. July 28, 1881 d. Aug. 20, 1881
James **Turner** d. Feb. 20, 1895 aged about 60 yrs.
Lelia **Turner**, dau. of William K. & Maggie S. Turner, 1895 - 1897
Lola F. **Willey**, wife of Alonzo B. Willey, b. Mar. 29, 1873 d. May 10, 1898
Mattie **Windsor**, dau. of Marcellus & Hattie I. Windsor, b. Jan. 21, 1895 d. July 1, 1896
Taylor **Windsor**, son of Marcellus & Hattie I. Windsor, b. Apr. 26, 1897 d. July 2, 1897

CONWAY - DONOHO FAMILY GRAVEYARD
North side Royal Oak Rd. ¼ mile east of Sandy Hill Rd.

Ruth **Conway**, dau. of Samuel J. & Ida A. Conway, b. May 9, 1895 d. Aug. 26, 1895
Deborah Emiline Penn **Donoho**, dau. of Alexander & Mary K. Donoho, b. Sept. 10, 1840 d. Sept. 29, 1844
Sophiah Eleanor Precilla **Donoho**, dau. of Alexander & Mary K. Donoho, b. 1838 d. Nov. 28, 1844
William Alexander Benjamin Cinncinnatus **Donoho**, son of Alexander & Mary K. Donoho, b. Aug. 26, 1843 d. Nov. 29, 1844
Alexander Cyrus **Donoho**, son of Alexander & Mary K. Donoho, b. Feb. 16, 1848 d. June 12, 1848

FURBUSH FAMILY GRAVEYARD
West side of dirt public road running between the Royal Oak Rd. & Sandy Hill Rd.

George W. **Furbush** b. Feb. 8, 1809 d. Apr. 29, 1863
Mary R. **Furbush** b. Jan. 14, 1815 d. July 29, 1892

BEDSWORTH FAMILY GRAVEYARD

In woods southeast side Wetipquin Rd. ¾ mile northeast Wetipquin Creek Bridge

James L. **Bedsworth,** husband of Elizabeth J. Bedsworth, b. Dec. 30, 1828 d. June 19, 1894

DASHIELL FAMILY GRAVEYARD

At Long Hills, lane leads in from the south side of Wetipquin Rd. ¼ mile southeast of its intersection with Royal Oak Rd.

Gen. Matthias **Dashiell** d. Oct. 1, 1835 aged 57 yrs. 4 days
Rebecca E. Dashiell d. June 15, 1842 aged 49 yrs. 3 mos. 13 days
Emily Dashiell d. Oct. 23, 1818 aged 2 yrs. 6 mos. 7 days
Rufus Dashiell d. Apr. 16, 1839 aged 20 yrs. 9 mos. 22 days
Martha F. Dashiell d. July 25, 1837 aged 7 yrs. 4 mos.
Susan A. E. Dashiell d. Aug. 24, 1835 aged 3 yrs. 3 mos.
Matthias Dashiell d. Oct. 17, 1836 aged 1 yr. 7 mos.
Mary Frances Dashiell, dau. of Cadmus & Harriet T. W. Dashiell, b. July 27, 1840 d. Nov. 7, 1844
Nathan Rufus Dashiell, son of Cadmus & Harriett T. W. Dashiell, b. Mar. 6, 1842 d. Sept. 16, 1842
Ann Dashiell, dau. of Cadmus & Harriet T. W. Dashiell, b. Sept. 4, 1843 d. Sept. 11, 1843
Martha Dashiell, dau. of Cadmus & Harriet T. W. Dashiell, b. Aug. 2, 1844 d. Aug. 9, 1844
George M. Dashiell b. Oct. 25, 1845 d. Sept. 8, 1865
Sarah P. Dashiell b. Oct. 17, 1854 d. July 3, 1856
Harriett E. Dashiell b. Mar. 4, 1862 d. Aug. 2, 1862
Capt. Alexander **Stewart,** son of Col. John Stewart & Elizabeth, his wife, d. July 22, 1810 aged 36 yrs. 2 mos. 9 days

BENJAMIN WHITE FAMILY GRAVEYARD

Northwest side Wetipquin Rd. .6 mile northeast of Wetipquin Creek Bridge

S. Elizabeth **White** b. Sept. 2, 1844 d. July 27, 1883
Rosella E. White, dau. of Benjamin F. & Mary E. White, b. Aug. 30, 1891 d. June 14, 1894

MITCHELL FAMILY GRAVEYARD

Northwest of Wetipquin Rd. ¾ mile Northeast of Wetipquin Creek Bridge

James **Mitchell** b. Nov. 30, 1795 d. Aug. 14, 1862
Anna Mitchell, wife of James Mitchell, b. Dec. 18, 1797 d. Feb. 24, 1853
Joseph W. Mitchell b. Sept. 7, 1833 d. Dec. 18, 1860
Sarah E. Mitchell, wife of Joseph W. Mitchell, b. Dec. 15, 1833 d. Feb. 23, 1858
Robert James Mitchell, son of Joseph W. & Sarah E. Mitchell, b. Jan. 22, 1857 d. Sept. 12, 1857
George Henry Mitchell, son of Joseph W. & Sarah E. Mitchell, b. Feb. 5, 1858 d. Feb. 8, 1858
Hattie V. Mitchell, youngest dau. of Dr. George L. & Elizabeth Mitchell, b. Mar. 7, 1856 d. Aug. 8, 1857
Agnes R. Mitchell, dau. of I. W. & E. L. Mitchell, b. June 6, 1863 d. July 3, 1864
Minnie Augusta Mitchell, dau. of I. W. & E. L. Mitchell, b. July 18, 1864 d. Aug. 2, 1865

NOAH WHITE FAMILY GRAVEYARD

Northwest side Wetipquin Rd. .6 mile northeast Wetipquin Creek Bridge

Lula B. **White,** dau. of Noah H. & Mary J. White, b. Sept. 24, 1871 d. Jan. 22, 1900

JONATHAN JACKSON FAMILY GRAVEYARD

Runaway Point, Sandy Hill

Jonathan **Jackson** d. July 18, 1825 aged 60 yrs. 2 mos. 6 days. This engraved for you to see, that you will die as well as me.

PHILLIPS FAMILY GRAVEYARD

North side Royal Oak Rd. 2 miles west of Nanticoke Rd. deep in woods at edge of Quantico Creek

Esther Mezick d. Feb. 4, 1837 aged 19 yrs. 10 mos. 2 days
Asa Phillips d. Mar. 17, 1852 aged 64 yrs. 8 mos. 20 days
Eleanor Phillips b. Mar. 17, 1791 d. Jan. 31, 1837
Rachel Phillips, wife of Urias Phillips, d. Aug. 23, 1877 aged 56 yrs. 1 mo. 29 days
Asa Jonathan Phillips, son of Urias & Rachel Phillips, b. Dec. 12, 1846 d. Sept. 10, 1858
Esther Anna Phillips, dau. of Urias & Rachel Phillips, d. Sept. 26, 1853 aged 4 yrs. 3 mos. 2 days
Margaret E. Phillips, dau. of Urias & Rachel Phillips, d. Dec. 26, 1854 aged 2 yrs. 9 mos. 17 days

WHITE - SMITH FAMILY GRAVEYARD

East side Royal Oak Rd. deep in woods at edge of marsh 1½ miles West of Salisbury-Nanticoke Rd.

Lauisa White d. Mar. 22, 1847 aged 49 yrs. 3 mos. 30 days
James F. White b. Sept. 19, 1824 d. Jan. 14, 1887
Sarah C. White, wife of James F. White, b. May 26, 1827 d. Mar. 10, 1889
Sharlotte J. White d. Mar. 20, 1839 aged 8 yrs. 4 mos. 15 days

HARRIS - RENCHER - HEARN FAMILY GRAVEYARD

East side Royal Oak Rd. deep in woods near Quantico Creek 1 mile west of Salisbury-Nanticoke Rd.

I. H. 1852
Ephraim K. Harris d. Sept. 30, 1832 aged 52 yrs. 9 mos. 17 days
Elizabeth Harris d. Sept. 23, 1838 aged 67 yrs. 7 mos. 29 days
Kezia Harris d. Oct. 26, 1828 aged 24 yrs. 7 mos. 26 days
Ichabod Hearn d. Feb. 5, 1852 aged 43 yrs. 9 mos. 25 days
Luchretia C. Hearn d. Jan. 1, 1847 aged 39 yrs. 1 mo. 20 days
Cadmus D. Hearn b. Feb. 11, 1840 d. Oct. 12, 1859
Betsy J. Ingersoll, wife of John R. Ingersoll, b. June 30, 1835 d. July 6, 1877
John Rencher b. Apr. 14, 1801 d. Jan. 31, 1841
Elizabeth Rencher b. June 18, 1805 d. July 17, 1862
Clarence Elmswood Rencher, son of Alphus J. & Anna S. Rencher, d. Sept. 10, 1875 aged 1 yr. 1 mo. 2 days
Ephraim H. Rencher b. Feb. 3, 1829 d. May 12, 1883
Mary Ellen Rencher, wife of Ephraim H. Rencher, d. Mar. 27, 1875 aged 29 yrs. 6 mos. 11 days

WILLIAM DONOHO FAMILY GRAVEYARD

North side Wetipquin Rd. .8 mile southeast of Royal Oak Rd. behind and northwest of Colored Cemetery

William Donoho b. July 16, 1763 d. Mar. 11, 1823 in memory of which his sons Alexander & William have erected this stone
William R. Donoho b. Aug. 19, 1800 d. Jan. 5, 1837
Elizabeth Donoho, wife of William R. Donoho, b. Aug. 29, 1800 d. Jan. 21, 1837
Second son of Alexander & Mary Donoho (no dates)

STEWART - HARRIS FAMILY GRAVEYARD

South side Wetipquin Rd. ¾ mile west of Salisbury-Nanticoke Rd. on Wetipquin Creek

William Harris b. Feb. 14, 1807 d. Jan. 7, 1878
Mary L. Harris, wife of William Harris, b. Oct. 20, 1811 d. Jan. 1, 1852
Littleton P. Harris b. Oct. 3, 1834 d. May 19, 1900
Georgia A. Harris, wife of James B. Harris, b. Oct. 30, 1861 d. July 12, 1894
Mrs. Nancy J. Stewart, wife of Col. Robert Stewart, d. Nov. 21, 1837 aged 47 yrs.

HOPKINS FAMILY GRAVEYARD
North side Deep Branch Rd. ¾ mile west of Salisbury-Nanticoke Rd.

Matthias D. Hopkins b. Aug. 31, 1778 d. Sept. 16, 1824   This stone is placed to perpetuate his memory by his children, George, William, Jane, Mary & Isaac Hopkins
Nelly Hopkins, wife of Matthias D. Hopkins, b. June 6, 1772 d. Nov. 16, 1822
Matthias D. Hopkins Jr. b. Oct. 30, 1811 d. Dec. 29, 1814

LANGSDALE FAMILY GRAVEYARD
North side Deep Branch Rd. 1.5 miles west of Salisbury-Nanticoke Rd.

Elizabeth E. J. Langsdale, consort of James R. Langsdale, d. Feb. 28, 1839 aged 25 yrs. 5 mos. 21 days

WAINWRIGHT FAMILY GRAVEYARD
North side Tyaskin Creek — enter from dirt lane running north from Salisbury-Nanticoke Rd. ½ mile east of St. Mary's Church

Jane E. B. Hopkins, dau. of Levin & Hettie Winwright, b. Mar. 15, 1805 d. June 9, 1876
Levin Winwright b. Mar. 1 ,1772 d. Jan. 4, 1836
Hetty Winwright b. Oct. 8, 1775 d. Dec. 11, 1846
Washington Winwright, son of Levin & Hetty Winwright (no dates)
George H. Wainwright b. Nov. 21, 1802 d. May 20, 1853
Biddy Wainwright b. Oct. 19, 1783 d. Oct. 12, 1861
John A. Wainwright b. June 6, 1809 d. Nov. 29, 1879
Matthias D. Wainwright b. Dec. 15, 1815 d. June 12, 1863

COVINGTON - STREET FAMILY GRAVEYARD
Next to Election Hall, Tyaskin

Phillip Covington b. Jan. 5, 1808 d. May 7, 1892
Mary C. Covington, wife of Phillips Covington, b. July 16, 1818 d. Mar. 3, 1881
Thomas C. Street b. Mar. 15, 1811 d. Apr. 6, 1898
Ann Street b. Sept. 30, 1813 d. Sept. 11, 1891

LARMORE FAMILY GRAVEYARD
North side Tyaskin Church Rd. first lane east of church ½ mile from road

James S. E. Larmore d. Mar. 10, 1833 in the 64th yr. of his age
Louisa Larmore d. Nov. 23, 1838 aged 64 yrs. 9 mos. 3 days
Reuben D. Larmore d. Aug. 11, 1863 in the 70th yr. of his age
Nancy Larmour b. Apr. 30, 1782 d. Sept. 14, 1864
Hezron D. Larmore, son of Reuben D. & Nancy Larmore, d. Oct. 18, 1854 aged 34 yrs. 6 days
John D. Larmore b. Feb. 22, 1799 d. Jan. 13, 1858
Sarah Rebecca Riall, dau. of George & Louisa M. Riall, d. Nov. 24, 1840 aged 7 mos. 24 days

DESHIELD - TILGHMAN GRAVEYARD
At edge of marsh behind St. Mary's Episcopal Church

E. D. d. July 7, 1833 aged 47 yrs.
Rachel DeShield d. Apr. 17, 1882 aged 68 yrs.
Howard Tilghman d. Aug. 14, 1881 aged 10 yrs. 5 mos. 13 days

MEZICK FAMILY GRAVEYARD
On hill at Hat Crown Point .4 mile south of Tyaskin

Margaret S. Mezick d. Mar. 29, 1828 aged 22 yrs. 11 mos. 8 days

CATLIN FAMILY GRAVEYARD
South side Capitola Rd. ¼ mile southeast of Cox's Corner

William Catlin b. Aug. 15, 1812 d. Jan. 7, 1871
Virginia S. A. Catlin, dau. of William & Elizabeth A. C. Catlin, d. Jan. 24, 1856 aged 7 yrs.

WALTER FAMILY GRAVEYARD
North side Capitola Rd. ½ mile southeast of Cox's Corner

Levin Walter b. June 14, 1779 d. June 7, 1848
Rosa K. Walter b. Nov. 6, 1785 d. Sept. 30, 1864
James H. Walter b. Mar. 29, 1818 d. Mar. 9, 1852

MOORE - WHITE FAMILY GRAVEYARD
South side Capitola Rd. 1½ miles southeast of Cox's Corner

Naaman William Moore, son of George W. & Mary Christianna Moore,
    b. Nov. 20, 1875 d. Jan. 14, 1899
John T. White, b. Oct. 4, 1823 d. May 26, 1868
Betsey A. White b. Feb. 1, 1813 d. Oct. 31, 1875
Capt. Samuel White d. Mar. 24, 1861 aged 60 yrs. 1 mo. 11 days
Mary V. C. White, dau. of Henry J. & Margaret F. White, d. Sept. 9, 1854
    aged 18 mos.

MEZICK FAMILY GRAVEYARD
South side Capitola Rd. .8 mile west of Whitehaven Rd.

Francis Mezick 1805 - 1863
Ann Mezick 1812 - 1883
Ruby Mezick 1881 - 1883
Vaughn Mezick, son of Thomas L. & Annie Mezick, b. Dec. 21, 1890 d. July 23, 1893

GOODMAN FAMILY GRAVEYARD
East side Whitehaven Rd. ¼ mile south of Capitola Rd.

Joseph O. Goodman b. Sept. 1, 1848 d. Jan. 2, 1881

SCOTT FAMILY GRAVEYARD
West side Green Hill Church Rd. ¼ mile South of Green Hill Church

Mary C. L. Palmore b. Sept. 2, 1862 d. Aug. 9, 1863
Alice Scott, wife of Day Scott, d. Mar. 20, 1744 aged 32 yrs.
Esther Scott, wife of Day Scott, d. Dec. 17, 1748 in the 29th yr. of her age

ELLIOTT FAMILY GRAVEYARD
East side Whitehaven Rd. & South side Green Hill Creek

James H. Elliott b. Feb. 7, 1830 d. July 28, 1882
Julia Elliott, wife of James H. Elliott, d. Jan. 7, 1875 aged 51 yrs. 10 mos. 29 days
Samuel V. Elliott, b. Dec. 25, 1864 d. Feb. 18, 1867
Emma V. Elliott b. Oct. 7, 1869 d. Mar. 16, 1872

CATLIN - HEARN FAMILY GRAVEYARD
North side Capitola Rd. 1½ miles Southeast of Cox's Corner

Edward W. Catlin b. Nov. 20, 1814 d. July 6, 1882
Mary A. Catlin, wife of Edward W. Catlin, b. Aug. 31, 1841 d. Mar. 3, 1864
Archie A. Hearn, son of John A. S. and Alice Catlin Hearn, b. Sept. 16, 1876
    d. June 30, 1900
Caroline L. Catlin Robertson, wife of J. W. T. Robertson, b. 1851 d. 1880

PITTSBURG ELECTION DISTRICT NO. 4

FARLOW CEMETERY
West side Pittsville-Gumboro St. Rd. .1 miles south of Cobbs Hill Rd.

William J. **Ake**, son of Hiram J. & Mary G. Ake, b. July 11, 1876 d. July 27, 1876
John H. D. Ake, son of Hiram J. & Mary G. Ake (no dates)
Hiram W. **Bowden**, son of Chas. G. & Minerva E. Bowden, b. Nov. 14, 1886 d. Apr. 6, 1887
W. Herman **Bowden**, son of Charles G. & Minerva E. Bowden, b. June 10, 1896 d. July 7, 1898
Mary **Farlow**, wife of Benjamin Farlow, b. May 27, 1814 d. Nov. 23, 1881
Phedosha L. Farlow, wife of Hiram W. Farlow, b. May 10, 1846 d. Apr. 13, 1872
Charley H. Farlow, son of William F. & Elizabeth Farlow, b. Apr. 20, 1870 d. Oct. 23, 1870
Lloyda E. Farlow, son of J. R. & Elitea E. S. Farlow, b. May 19, 1875 d. Oct. 3, 1875
George R. Farlow, husband of Clara Farlow, b. June 20, 1823 d. Sept. 27, 1894
Clara Farlow, wife of George R. Farlow, b. May 10, 1822 d. Dec. 30, 1895
Stansbury H. Farlow, son of George R. & Clarissa Farlow, b. June 3, 1864 d. Mar. 25, 1865
Amanda M. Farlow, dau. of George R. & Clarissa Farlow, b. June 3, 1864 d. July 12, 1864
Infant son of John W. & Lucy E. Farlow b. Aug. 21, 1882 d. Aug. 25, 1882
Infant son of John W. & Lucy E. Farlow b. Oct. 21, 1883 d. Oct. 23, 1883
Infant dau. of John W. & Lucy E. Farlow b. June 13, 1890 d. June 18, 1890
Billy **Fooks** Farlow b. Aug. 30, 1789 d. Aug. 25, 1853
Sarah Farlow, wife of Billy F. Farlow & dau. of Billy & Turner Fooks, b. June 28, 1794 d. Aug. 26, 1884
Isaac T. **Hamblin**, son of J. J. & S. M. Hamblin, b. Aug. 23, 1883 d. May 25, 1900
Jacob H. Hamblin b. July 31, 1857 d. Dec. 6, 1893
Bessie E. Hamblin, dau. of Jacob H. & L. E. Hamblin, b. Nov. 10, 1889 d. May 24, 1892
Nancy E. **Holloway**, first wife of Daniel R. Holloway, b. Nov. 11, 1850 d. Jan. 15, 1879
Grove Carline Holloway, son of Daniel R. & Sarah J. Holloway, b. Feb. 28, 1886 d. Jan. 19, 1887
Mary T. Holloway, wife of Joshua Holloway & Dau. of Billy & Sarah Farlow, b. Apr. 25, 1817 marr. Apr. 2, 1834 d. Jan. 21, 1887
Joshua Holloway, husband of Mary T. Holloway, b. May 16, 1812 marr. Apr. 2, 1834 d. Nov. 12, 1889
George T. **Parker**, son of John W. & Margaret E. Parker, b. Sept. 18, 1889 d. Aug. 23, 1894
Elisha E. Parker, son of John W. & Margaret E. Parker, b. Mar. 5, 1898 d. Oct. 30, 1898
Joshua R. Parker d. Jan. 15, 1861 aged 40 yrs. 6 mos. 9 days
Catty M. Parker, wife of Joshua R. Parker, d. Jan. 15, 1889 aged 63 yrs. 37 days
Rosa M. **Parsons**, dau. of Joseph W. & Mary A. C. Parsons, b. Nov. 22, 1883 d. July 10, 1886
Baby son of Joseph W. & Mary A. C. Parsons, b. May 7, 1886 d. May 7, 1886
Virgel **Truitt**, son of Dora & Anna Truitt, b. Sept. 29, 1883 d. July 5, 1884
Willie Truitt, son of Dora & Anna Truitt, b. Feb. 21, 1898 d. Nov. 19, 1899

JERUSALEM METHODIST CHURCH CEMETERY
Parsonsburg

Marria E. **Adkins**, wife of N. James Adkins, b. June 5, 1860 d. Apr. 27, 1896
Levi O. **Arvey**, husband of Sallie E. Arvey, d. Sept. 1, 1887 aged 75 yrs.
Annie E. **Bond**, wife of George L. Bond, b. Feb. 23, 1830 d. Apr. 13, 1892
James W. **Campbell** b. Oct. 18, 1854 d. July 25, 1894
Mary A. **Davis**, dau. of Phoebe M. & Samson Davis, b. Oct. 18, 1855 d. Nov. 12, 1878
James **Disharoon** b. Sept. 27, 1819 d. Jan. 13, 1896
Zenia S. **Gibbons**, wife of John E. Gibbons & dau. of John S. & Elizabeth Parsons, b. Nov. 5, 1821 d. Aug. 2, 1896
Mary E. **Hastings**, wife of Levin W. Hastings, b. Dec. 16, 1852 d. Mar. 19, 1874
Carl **Hayman**, son of Benjamin F. & Mary H. Hayman, b. June 22, 1879 d. Nov. 4, 1879
Mary Hayman, dau. of F. E. & Annie Hayman, b. Nov. 28, 1896 d. June 30, 1898
Infant dau. of E. V. & Lissie **Hearn** Sept. 12, 1898
Oleavia A. Hearn 1861 — 1898

Willie Hearn, son of Oleavia A. Hearn, 1880 — 1891
Bessie C. Hearn, dau. of Oleavia A. Hearn, 1883 — 1896
Evie C. Hearn, dau. of Oleavia A. Hearn, 1885 — 1886
Nattie Hearn, son of Oleavia A. Hearn, 1887 — 1887
Johnnie Lee **Jackson**, son of Eben & Louisa Jackson (no dates)
Sarah Anne Jackson, wife of Benjamin Jackson, d. Sept. 14, 1895 aged 61 yrs.
Mary F. Jackson, dau. of Benjamin & Sarah Anne Jackson, b. Feb. 18, 1854
   d. Dec. 26, 1870
Sarah E. Jackson, dau. of Benjamin & Sarah Anne Jackson, b. Nov. 27, 1863
   d. Nov. 11, 1884
Elihu Jackson b. Aug. 13, 1823 d. Sept. 24, 1885
Lewis G. **Jones** b. July 3, 1897 d. Jan. 10, 1899
Edna M. Jones b. May 29, 1893 d. July 13, 1897
William W. **Layfield** b. Mar. 7, 1813 d. Oct. 15, 1888
Maria Layfield b. July 24, 1815 d. Oct. 18, 1872
George W. Layfield b. Jan. 2, 1856 d. May 12, 1867
Ida M. Layfield, dau. of George W. & Laura A. Parsons Layfield, b. Apr. 6, 1863
   d. Aug. 20, 1891
Julia Ann Layfield, wife of George B. Layfield, b. Oct. 7, 1819 d. Mar. 10, 1898
John H. Layfield, son of Samuel T. & Martha J. Layfield, b. Aug. 8, 1889
   d. Nov. 28, 1890
Oscar C. Layfield, son of Samuel T. & Martha J. Layfield, b. Mar. 2, 1884
   d. July 30, 1885
Vicey **Morris** d. July 7, 1898 aged 71 yrs.
Annie P. **Parker**, wife of William H. Parker, b. Mar. 27, 1877 d. Jan. 30, 1895
Mary H. Parker, dau. of G. H. & A. Parker, b. Oct. 23, 1860 d. Nov. 28, 1895
Jonathan S. **Parsons** b. Feb. 26, 1775 d. Feb. 28, 1849
James A. Parsons b. Aug. 19, 1858 d. Oct. 24, 1894
Annie E. Parsons, dau. of E. W. & Martha E. Parsons, b. Aug. 16, 1870
   d. Aug. 29, 1895
Nancy T. Holloway (Parsons), wife of William W. Parsons, b. May 15, 1870
   d. June 7, 1898
Horace W. Parsons, son of William W. & Nancy T. Parsons, b. Aug. 23, 1897
   d. July 28, 1898
Leila Parsons, dau. of Samuel P. & Lizzie M. Parsons, b. Aug. 9, 1879 d. Sept. 4, 1879
Elisha G. Parsons, d. Apr. 4, 1887 aged 79 yrs. 8 mos. 5 days
Mary Parsons, wife of Elisha G. Parsons, d. Jan. 9, 1876 aged 79 yrs.
James S. Parsons d. July 18, 1875 aged 45 yrs. 7 mos.
Jiddiah D. Parsons, wife of James S. Parsons, b. Sept. 10, 1831 d. Apr. 23, 1894
Virginia Parsons, dau. of Daniel E. & Elizabeth A. Parsons, b. Oct. 4, 1856
   d. Mar. 3, 1871
Peter E. Parsons b. Mar. 14, 1831 d. Mar. 6, 1881
Elizabeth Parsons, wife of John S. Parsons, b. Aug. 16, 1795 d. June 26, 1873,
   member of Old School Baptist Church for 40 yrs.
William H. Parsons d. Feb. 26, 1871 aged 56 yrs. 2 mos. 19 days
Mary Parsons, wife of William H. Parsons, b. Sept. 9, 1797 d. Jan. 17, 1884
Isaac H. Parsons d. June 17, 1899 aged 80 yrs. 1 mo. 17 days
Kate Parsons, wife of Isaac H. Parsons, d. Aug. 21, 1871 aged 62 yrs. 2 mos. 19 days
Emma Parsons, wife of Samuel P. Parsons, d. Oct. 28, 1872 aged 22 yrs. 6 mos. 9 days
Hubert A. Parsons, son of Samuel P. & Emma Parsons, b. Feb. 29, 1872
   d. Aug. 25, 1894
Ada B. Parsons, dau. of Denard B. & Jennie A. Parsons, b. Aug. 15, 1885
   d. Oct. 3, 1885
Harold Lancaster Parsons, son of Denard B. & Jennie A. Parsons, b. Nov. 5, 1886
   d. July 16, 1887
Guy H. Parsons, son of Denard B. & Jennie A. Parsons, b. Jan. 29, 1890
   d. Feb. 14, 1890
Hazel G. Parsons, dau. of Denard B. & Jennie A. Parsons, b. Oct. 18, 1891
   d. Apr. 15, 1893
Nora Ethel Parsons, dau. of George B. & Annie E. Parsons, b. May 28, 1885
   d. Dec. 22, 1886
Henrietta M. Melson (Parsons), wife of George W. Parsons, b. Mar. 17, 1844
   d. Sept. 12, 1878
Ann Mariah **Perdue**, wife of R. A. Perdue, b. Sept. 3, 1874 d. Nov. 24, 1900
George K. Perdue b. Apr. 29, 1807 d. Dec. 28, 1898
Katherine Perdue, wife of George K. Perdue, b. Dec. 3, 1811 d. Sept. 27, 1879
Jonathan P. **Pollett** b. May 13, 1825 d. Jan. 11, 1892
Zora **Potts**, son of M. J. & S. W. Potts, b. July 1, 1872 d. Feb. 10, 1873
Martha A. S. **Riggin**, wife of Jacob W. Riggin, b. Nov. 1, 1851 d. Nov. 13, 1888

Maria J. **Smith,** wife of Robert H. Smith, d. Aug. 1, 1894 aged 47 yrs. 2 mos. 14 days
A. A. Smith, son of Robert H. & Maria J. Smith, d. Aug. 3, 1897
  aged 23 yrs. 5 mos. 10 days
Sarah A. Smith, wife of Jacob Smith, b. Sept. 21, 1853 d. Mar. 13, 1873
James Smith b. Mar. 14, 1819 d. Nov. 15, 1890
James S. **Truitt** b. July 16, 1836 d. Sept. 29, 1891
Samuel P. Truitt b. Dec. 31, 1800 d. Feb. 18, 1889
Eliza M. Truitt, wife of Samuel P. Truitt, b. Aug. 20, 1820 d. Aug. 18, 1896
Elisha J. **White** b. Aug. 16, 1851 d. June 23, 1888
Della M. **Wimbrow,** dau. of John W. & Mary E. Wimbrow, b. Jan. 12, 1872
  d. Dec. 6, 1890
Susan C. Wimbrow, dau. of John W. & Mary E. Wimbrow, b. Aug. 13, 1875
  d. June 1, 1888

PITTSVILLE CEMETERY
Pittsville

Maria B. **Baker** b. July 16, 1829 d. June 7, 1899
Infant dau. of P. Taylor & Annie D. Baker, d. Oct. 3, 1887
Rida May Baker, dau. of P. Taylor & Annie D. Baker, b. Sept. 17, 1896
  d. Jan. 1, 1897
Infant of A. W. & L. B. **Bowden** b. & d. May 19, 1894
Infant of A. W. & L. B. Bowden b. & d. June 18, 1897
Irma Pearl **Campbell** 1895 — 1897
Annie May **Davis,** dau. of Minos A. & Kate Davis, b. Nov. 17, 1885 d. Jan. 24, 1892
William Alfred Davis, son of Minos A. & Kate Davis, b. Oct. 16, 1897
  d. June 15, 1899
Joseph Ames Davis, son of Joseph G. & Gattie E. Davis, b. Mar. 22, 1876
  d. July 8, 1894
Ebenezer **Dennis** b. Jan. 10, 1840 d. July 4, 1896
Two infant children of Ebenezer & Nancy L. Dennis, d. Mar. 13, 1865
Julia A. E. Dennis, dau. of Ebenezer & Nancy L. Dennis, d. Jan. 6, 1864 aged 1 mo.
Evie B. Dennis, dau. of Ebenezer & Nancy L. Dennis, d. Sept. 20, 1874
  aged 3 mos. 9 days
Infant dau. of Ebenezer & Nancy L. Dennis b. June 12, 1878 d. June 20, 1878
Larry E. Dennis, son of John A. & Mary E. Dennis, b. June 20, 1876 d. July 12, 1894
William T. Dennis b. July 15, 1841 d. Feb. 8, 1869
John Dennis, son of Thomas & Mary Dennis, husband of Nancy Eliza Dennis,
  b. May 15, 1794 d. Feb. 19, 1855
Nancy Eliza Dennis, wife of John Dennis of T., b. Aug. 29, 1813 d. Oct. 1, 1869
Cornelia C. M. **Farlow,** dau. of Benjamin D. & Louisiana R. Farlow, b. Feb. 21, 1877
  d. May 1, 1881
Hurl W. Farlow, son of Benjamin D. & Louisiana R. Farlow, b. Sept. 30, 1891
  d. Feb. 14, 1892
Lizzie **Hudson,** wife of David W. Hudson, b. Oct. 31, 1862 d. Jan. 25, 1891
Carrie E. Hudson, dau. of David W. & Lizzie Hudson, b. Feb. 10, 1885
  d. Apr. 20, 1888
Infant son of David W. & Annie E. Hudson, b. May 9, 1892 d. May 10, 1892
Sarah J. Hudson, wife of John H. Hudson, d. 1886 aged 28
Annie Stella Hudson, dau. of John H. & Annie M. Hudson, b. Mar. 27, 1896
  d. July 20, 1897
John E. Hudson, son of John H. & Annie M. Hudson, b. July 30, 1891
  d. Mar. 23, 1895
George R. Hudson, son of John S. & Isabell Hudson, b. Mar. 17, 1869
  d. Sept. 12, 1896
Alvin Raymond **Littleton,** son of Thomas Asbury & Sarah Maria Littleton,
  b. Sept. 20, 1896 d. Mar. 3, 1898
George A. **Middleton,** son of William T. & Maria Middleton Sr., b. July 2, 1898
  d. July 20, 1899
William Lee **Moore** b. Sept. 18, 1882 d. Nov. 15, 1900
Thomas M. **Parker** 1814 — 1866
Elizabeth Parker 1824 — 1895
James Mc. **Parsons** b. Sept. 27, 1867 d. in Pueblo, Colo., Dec. 6, 1900
Gertie E. Parsons, wife of George L. Parsons, b. Apr. 12, 1828 d. Feb. 18, 1898
Firm Clarence **Richardson** b. Aug. 21, 1872 d. July 26, 1894
Alice Davis Richardson b. July 12, 1876 d. July 26, 1894
Edna Mae **Riggin** b. May 12, 1885 d. July 21, 1885
Ida May **Smith,** dau. of John W. & Anna W. Smith, b. Oct. 27, 1868 d. Nov. 9, 1869
Ralph **Timmons** 1895 — 1895

William S. **Truitt** b. Nov. 9, 1870 d. Dec. 4, 1895
Walter B. Truitt, son of William S. & George Anna Truitt, b. Oct. 14, 1894 d. Jan. 27, 1896
Laura J. Truitt b. Oct. 28, 1872 d. May 1, 1898
Horace C. Truitt, son of L. T. & Emma C. Truitt, b. Apr. 20, 1893 d. Sept. 27, 1894
Kendal Truitt b. Jan. 10, 1820 d. Dec. 15, 1893

LINE METHODIST CHURCH CEMETERY (Maryland side) Whitesville, Del.

Carl Nelson **Baker**, son of Nelson & Annie Baker, b. Feb. 1, 1894 d. June 30, 1896
Georgie A. **Brittingham**, dau. of Southey E. & Alice B. Brittingham, b. Aug. 11, 1895 d. Dec. 24, 1895
Laurah E. Brittingham, dau. of Southey E. & Alice B. Brittingham, b. Jan. 23, 1899 d. Aug. 18, 1899
Etta M. **Collins**, dau. of A. P. & Martha E. Collins, b. Jan. 13, 1885 d. Sept. 3, 1899
Nancy Ann **Cordrey**, wife of Benjamin Cordrey, d. Aug. 26, 1880 aged about 64
Joseph H. Cordrey 1898 — 1899
Infant son of W. F. & E. H. **Dawson** b. July 13, 1897
Tom **Foskey** 1858 — 1883
John C. Foskey 1861 — 1899
Howard W. Foskey 1890 — 1890
Edna M. Foskey 1892 — 1900
P. Elizabeth Fosky b. Aug. 21, 1881 d. Apr. 6, 1898
William J. **Haddock**, son of Leven J. & Elizabeth Haddock, b. Apr. 3, 1878 d. July 20, 1900
Alexander Haddock, son of Leven J. & Elizabeth Haddock, b. Aug. 7, 1880 d. July 7, 1881
Mary A. Haddock b. 1824 d. Nov. 2, 1889
Edward H. Haddock b. July 7, 1849 d. July 22, 1889
Mary J. **Haddock**, wife of Edward H. Haddock, 1850 — 1896
Willie E. Haddock, son of Edward H. & Mary J. Haddock, b. Oct. 4, 1876 d. Nov. 1, 1889
Nathaniel **Hall** b. May 16, 1846 d. Apr. 15, 1899
Mary E. Hall, wife of Nathaniel Hall, d. Jan. 22, 1895 aged 49 yrs. 9 mos. 15 days
Louisa E. Hall, dau. of Nathaniel & Emma Hall, killed by a gun Dec. 21, 1885 aged 7 yrs. 4 mos. 1 day
Infant dau. of Nathaniel & Emma Hall b. Oct. 23, 1880 d. Nov. 10, 1880
Laura L. Hall, dau. of Nathaniel & Mary Hall, d. Feb. 14, 1891 aged 7 yrs. 11 mos. 10 days
Lelia B. Hall, dau. of Nathaniel & Mary Hall, d. Feb. 12, 1890 aged 1 yr. 8 mos. 16 days
Infant son of Felix W. & Lillie Hall Sept. 27, 1890
Sarah C. Hall, wife of Nathan C. Hall, b. Aug. 4, 1869 d. Sept. 14, 1889
Samuel A. **Hastings** b. Apr. 29, 1863 d. Sept. 28, 1891
Harriet A. F. **Hearn**, dau. of Isaac N. & Mary H. Hearn, b. Feb. 8, 1865 d. Feb. 21, 1891
Effie R. Hearn, dau. of Isaac N. & Mary H. Hearn, b. Feb. 25, 1872 d. Nov. 17, 1886
Ann E. **Jones** 1846 — 1879
Charles Franklin Jones, son of J. B. & Mary J. Jones, b. July 20, 1876 d. Oct. 16, 1879
Olevia Alice Jones, dau. of J. B. & Mary J. Jones, b. Jan. 2, 1870 d. May 21, 1880
Jeremiah Jones b. June 12, 1776 d. Sept. 23, 1856
Elizabeth Jones, wife of Jeremiah Jones, b. Mar. 20, 1786 d. Aug. 25, 1839
Polly R. Jones, dau. of Jeremiah & Elizabeth Jones, b. Apr. 16, 1809 d. Mar. 16, 1885
Unicy D. Jones, dau. of Jeremiah & Elizabeth Jones, b. Sept. 27, 1815 d. June 7, 1857
Julia A. Jones, dau. of Elizabeth Jones (no dates)
Jacob R. Jones b. May 9, 1824 d. Dec. 30, 1885
James R. **LeCates** b. Apr. 6, 1826 d. Sept. 17, 1887
Jerry M. LeCates, son of James R. & Eliza J. LeCates, b. May 26, 1866 d. May 17, 1869
Homer W. LeCates, son of James H. & Ida F. LeCates, b. Mar. 7, 1891 d. Jan. 2, 1893
Rebecca **Melson**, wife of John H. Melson, b. June 24, 1862 d. Aug. 10, 1892
Luther H. **Niblett** 1884 — 1885
John A. **Parsons** b. Sept. 19, 1803 d. Sept. 11, 1885
Infant son of William P. & Sallie A. Parsons b. June 23, 1889
William T. **Penuel** b. Jan. 8, 1847 d. Oct. 10, 1889

Nat T. **Phillips**, son of James S. & Mariah E. Phillips, b. Mar. 4, 1878 d. May 11, 1880
Infant dau. of James S. & Mariah E. Phillips, b. Aug. 25, 1879 aged 20 days
William F. Phillips, son of James S. & Mariah E. Phillips, b. Dec. 16, 1882
    d. June 5, 1884
John Phillips b. Oct. 10, 1812 d. Aug. 31, 1887
Sallie Phillips, wife of John Phillips, b. Aug. 10, 1810 d. July 19, 1887
Infant son of J. W. & Lavenia R. Phillips b. Jan. 29, 1899 d. Mar. 30, 1899
Winnia A. P. **Sturgis**, wife of Elijah P. Sturgis, b. May 13, 1851 d. Dec. 29, 1885
Laura May Sturgis, dau. of Elijah P. & Winnia Sturgis, d. Mar. 7, 1884
    aged 3 yrs. 11 mos. 18 days
Infant son of Elijah P. & Laura C. Sturgis b. May 25, 1888
Gurnie B. Sturgis, son of Elijah P. & Laura C. Sturgis, b. Sept. 18, 1894
    d. May 12, 1895
Howard E. **Truitt**, son of Solomon G. & Hannah M. Truitt, b. Apr. 2, 1888
    d. July 7, 1889
Mary L. Truitt, dau. of Solomon G. & Hannah M. Truitt, b. Jan. 22, 1892
    d. July 8, 1893
Bessie V. Truitt, dau. of Solomon G. & Hannah M. Truitt, b. Dec. 26, 1895
    d. July 25, 1897
Henrietta B. Truitt, wife of Silas J. Truitt, b. Nov. 14, 1825 d. Mar. 30, 1893
Southey L. Truitt b. Dec. 21, 1821 d. Mar. 25, 1887
Elizabeth I. Truitt, wife of Southey Truitt, b. Dec. 2, 1820 d. Apr. 4, 1890
Olevia E. Truitte, dau. of S. J. & Sally A. Truitte, b. July 23, 1871 d. Oct. 11, 1878
Isaac H. Truitte, son of S. J. & Sally A. Truitte, b. June 10, 1882 d. Mar. 29, 1883
Infant son of S. J. & Sally A. Truitte b. & d. May 15, 1884
Ettie V. **Waddell**, dau. of Rev. D. F. & D. R. Waddell, d. Nov. 5, 1886
    aged 1 yr. 7 mos. 25 days
Julia A. **Wells** 1841 — 1882
Larey B. **West**, son of W. S. & Mary J. West, d. Aug. 14, 1889 aged 9 yrs. 11 mos.
Ernest C. O. West, son of W. S. & Mary J. West, d. July 24, 1881 aged 8 mos.
Alfred L. West, son of W. S. & Mary J. West, d. Dec. 12, 1882 aged 9 mos.
Spicer M. **White** 1803 — 1885
Elizabeth H. White 1811 — 1899
Annie E. White 1885 — 1889
James T. White, son of Joseph G. & Levenia A. B. White, b. Nov. 27, 1850
    d. Oct. 6, 1875
Infant son of Eh N. & Cordelia J. White b. Aug. 30, 1886
Infant son of Eh N. & Cordelia J. White, b. Aug. 23, 1887
Garretson H. White b. Feb. 2, 1846 d. July 8, 1882
Laura A. White, wife of Garretson H. White, d. July 23, 1878 aged 24 yrs. 20 days
Elijah A. **White**, son of William B. & Sarah E. White, b. Apr. 8, 1856
    killed by the explosion of a boiler May 18, 1877
Robert C. White b. June 29, 1853 d. Oct. 22, 1890
Levia A. **Wootten**, wife of James E. Wootten, b. Sept. 25, 1869 d. Dec. 29, 1892

GLASS HILL CEMETERY
Southwest side Glass Hill Rd. near dead end

Jacob W. **Bishop** b. Dec. 13, 1832 d. Dec. 21, 1887
George W. Bishop b. Dec. 12, 1845 d. May 25, 1881
Jennie A. **Corday** b. July 10, 1858 d. May 24, 1889
George **Mitchell**, husband of Sarah Mitchell, b. May 6, 1843 d. June 16, 1894
William R. **Parker** b. Oct. 18, 1819 d. May 24, 1884

PARKER - MELSON FAMILY GRAVEYARD
East side Parsonsburg-Melson Rd. ¼ mile south of Melson Church

Mary E. **Dennis**, wife of Henry C. Dennis, b. Aug. 22, 1846 d. Mar. 17, 1883
Rev. Samuel **Melson** b. Sept. 1, 1785 d. Apr. 12, 1849
Grace Melson b. Nov. 11, 1780 d. Dec. 26, 1861
Henry S. **Parker** b. Apr. 5, 1808 d. Oct. 1, 1898
Cathy C. Parker, dau. of Henry S. & Matilda A. Parker, b. Aug. 4, 1863
    d. Aug. 25, 1863
Mary C. Parker b. Feb. 13, 1857 d. July 10, 1888
William H. Parker b. Oct. 23, 1881 d. Mar. 1, 1895
John T. Parker b. Aug. 25, 1891 d. Sept. 13, 1891
Allen B. Parker b. Aug. 4, 1893 d. Oct. 31, 1893
Esther R. Parker b. July 21, 1890 d. Aug. 12, 1890
Clarance P. Truitt b. Sept. 30, 1875 d. Apr. 22, 1877

Lucy B. Truitt b. Sept. 3, 1878 d. July 21, 1879

ELIJAH MELSON FAMILY GRAVEYARD
South side Roy West Rd. at Melson

Elijah Melson b. Apr. 15, 1800 d. Nov. 2, 1868
Eliza Melson b. Oct. 10, 1803 d. June 7, 1865
Mahala Lizzie Melson, dau. of Ezekiel A. & Rebecca A. Melson, b. May 30, 1875 d. July 30, 1875
Maggie A. Melson, dau. of Ezekiel A. & Rebecca A. Melson, d. July 20, 1878 aged 1 mo. 1 day
Lizzie Melson, dau. of Levin S. & Mary C. Melson, b. July 14, 1867 d. Feb. 6, 1869

MANAAN TINGLE FAMILY GRAVEYARD
East side Roy West Rd. just inside woods

Mary Tingle, wife of Manaan Tingle, b. Aug. 18, 1828 d. Oct. 27, 1897

JAMES RILEY FAMILY GRAVEYARD
East side of Melson Rd. & north side of Dagsboro Rd.

James D. Riley b. May 21, 1825 d. May 15, 1893

WILLIAM WEST FAMILY GRAVEYARD
North side Tingle Store Rd. ¼ mile west of Pittsville-Gumboro Rd.

William S. West b. Apr. 3, 1794 d. Dec. 8, 1862
Mary Gordy West, wife of William S. West, b. Feb. 7, 1798 d. Oct. 20, 1871

ISAIAH SMITH FAMILY GRAVEYARD
Northeast side Pittsville-Melson Rd. at Bob Shockley Rd.

John W. Haddock, son of James & Mary Haddock, b. Oct. 19, 1862 d. Oct. 10, 1882
Isaiah Smith b. Aug. 4, 1773 d. Nov. 16, 1817
Sarah Smith, wife of Henry I. B. Smith, d. Dec. 21, 1867 aged 40 yrs. 8 mos. 21 days
Isaiah T. L. Smith, son of Henry I. B. Smith & Sarah Smith, b. Dec. 10, 1849 d. June 6, 1869

GEORGE FARLOW FAMILY GRAVEYARD
West side Whitesville Rd. & North side Shockley Rd.

Abigail Fooks Farlow, wife of George Farlow, b. Feb. 26, 1798 d. Jan. 29, 1865
Billy Handy Farlow b. Oct. 4, 1825 d. Dec. 10, 1892
Tabitha Parker Farlow b. Nov. 1, 1826 d. Aug. 14, 1887

WEST FAMILY GRAVEYARD
South side Line Rd. West side Pittsville-Gumboro Rd.

Ralph West, son of James H. & Mary E. West, b. Mar. 23, 1876 d. July 22, 1876
Mary E. West, dau. of James H. & Mary E. West, b. Mar. 23, 1876 d. July 18, 1876

WILLIAM FOOKS FAMILY GRAVEYARD
Northwest corner Ennis Workman Rd.

Rebecca Link Demory b. Feb. 11, 1795 d. Apr. 7, 1877
William Fooks b. Jan. 27, 1765 d. Aug. 22, 1823
Turner Fooks b. Aug. 2, 1767 d. Dec. 19, 1860
James Fooks b. Nov. 23, 1804 d. Dec. 26, 1857
Nancy Fooks, wife of James Fooks, b. May 20, 1801 d. Nov. 7, 1865
Ritchie Fooks b. Aug. 11, 1811 d. Dec. 25, 1877
Eliza Fooks, wife of Richard Fooks, b. Jan. 15, 1818 d. June 30, 1886
Eliza Jane Alice Fooks, dau. of Ritchie & Eliza Fooks, b. Jan. 27, 1852 d. Nov. 28, 1864
Mary Virginia Marshall, dau. of Albert G. & Julia T. Marshall, b. Apr. 11, 1865 d. Aug. 14, 1866
Robert Lee Marshall, son of Albert G. & Julia T. Marshall, b. Oct. 17, 1867 d. Aug. 11, 1868

Eliza Brenizer Marshall, dau. of Albert G. & Julia T. Marshall, b. Dec. 18, 1876 d. July 18, 1885

JOSEPH COLLINS FAMILY GRAVEYARD
East side Henry Rounds Rd. .9 mile north of Salisbury-Pittsville Rd.

Jane H. **Collins**, b. Feb. 13, 1818 d. June 26, 1842
John B. Collins, son of Joseph R. & Jane H. Collins, b. Oct. 23, 1837 d. Dec. 7, 1873
Amanda J. R. Collins, wife of John B. Collins, b. Nov. 20, 1847 d. May 26, 1874

STEPHEN MOORE FAMILY GRAVEYARD
Southeast side Middleton Rd. .2 mile south of Salisbury-Pittsville Rd.

Sallie L. **Moore**, wife of Stephen P. D. Moore, b. Dec. 23, 1834 d. Aug. 1, 1883
Edna Moore 1891 — 1892

WHITE - ADKINS FAMILY GRAVEYARD
North side Willis Morris Rd. .1 mile east of Manlius Morris Rd. in edge of woods back from road

Milbourn J. **White**, infant son of George W. C. & Sarah E. B. White (no dates)

THOMAS WHITE FAMILY GRAVEYARD
East side Parsonsburg-Melson Rd. .2 mile north of Dagsboro Rd.

Thomas H. **White**, Co. D Purnell Legion Md. Infantry (no dates)

WILLIAM DOWNING FAMILY GRAVEYARD
North side Bob Smith Rd. ¼ mile east of Parsonsburg-Melson Rd. inside edge of the woods back from road

William J. **Downing** b. Sept. 27, 1793 d. Apr. 9, 1851
Hannah J. Downing, wife of William J. Downing, b. July 16, 1800 d. July 26, 1879

DAVIS - BRITTINGHAM FAMILY GRAVEYARD
East side Sixty Foot Rd. .6 mile South new U. S. Rt. 50

Wilson A. **Davis**, husband of Martha A. Davis, b. Sept. 1, 1816 d. Feb. 10, 1893

GEORGE W. RIGGIN FAMILY GRAVEYARD
South side former Parsonsburg-Powellville County Rd. .5 mile east of Sixty Foot Road in woods

George W. **Riggin**, d. December 19, 1891, Aged 83 years and 9 months
Martha Riggin, wife of George W. Riggin, d. June 27, 1868, Aged 64 years and four months

PARSONS - WARREN FAMILY GRAVEYARD
East side Sixty Foot Rd. .4 mile south of Warren Farm Rd.

Martha E. **Holloway**, wife of Edward J. Holloway, b. March 9, 1860, d. August 22, 1897
Peter R. **Parsons**, husband of Elizabeth P. Parsons, b. June 4, 1811, d. June 4, 1893
Elijah A. Parsons, b. September 9, 1849 d. June 4, 1878
Stanton J. Parsons, b. May 15, 1851, d. September 26, 1890
Nancy M. Parsons, b. October 17, 1862, d. December 24, 1888
John R. Parsons, b. January 17, 1852, d. December 8, 1869
Amelia **Riggin**, wife of Jacob W. Riggin, b. June 22, 1847, d. October 22, 1874
Henry S. **Warren**, son of Edward H. & Julia C. Parsons Warren, b. May 6, 1895, d. February 17, 1896

PARSONS ELECTION DISTRICT NO. 5

SALISBURY OLD SCHOOL BAPTIST CHURCH CEMETERY
East Church & Baptist Streets, Salisbury

Polly **Anderson** b. Oct. 7, 1792 d. Mar. 23, 1885
William A. **Bell** b. Oct. 15, 1818 d. Oct. 21, 1857
Amanda E. J. Dashiell (Bell), wife of William A. Bell, b. Oct. 23, 1814 d. July 16, 1892
Thomas Bell, son of Peter & Ann Bell, drowned Mar. 6, 1826 aged 3 yrs. 10 mos.
Joseph C. Bell b. Feb. 3, 1836 d. Dec. 7, 1887
William B. Bell b. Jan. 17, 1782 d. Apr. 25, 1857
Charles **Chatham** b. Aug. 9, 1807 d. Feb. 20, 1893
Henrietta Chatham b. Aug. 5, 1801 d. Jan. 20, 1868
Mrs. Patty **Christopher** b. 1779 d. Oct. 1, 1818
Samuel **Daugherty** b. Mar. 20, 1821 d. June 22, 1858
George Daugherty b. Oct. 16, 1781 d. July 27, 1849
Hetty Maddix (Daugherty), wife of George Daugherty, b. Dec. 10, 1785 d. Nov. 19, 1855
Amanda **Davis** d. 1858 aged 1 yr.
Sallie C. Davis b. Feb. 5, 1823 d. Mar. 15, 1856
Daniel Davis, Pastor of Baptist Church of Salisbury for 33 yrs., b. Jan. 16, 1780 d. Nov. 21, 1856
Sallie A. Morris (**Fooks**), wife of Jehu Fooks, b. Feb. 20, 1853 d. June 20, 1892
S. W. **Hudson** b. May 14, 1844 d. Jan. 31, 1889
Mrs. Elizabeth **Humphreys** b. Mar. 15, 1827 d. Sept. 25, 1881
Maria J. **Huston**, wife of Samuel J. Huston, b. Dec. 6, 1838 d. Feb. 10, 1883
Annie M. Huston, dau. of William C. & Elizabeth A. Huston, b. Nov. 27, 1867 d. Oct. 2, 1885
George W. **Laws** b. Aug. 29, 1867 d. Aug. 30, 1892
Richard **Layfield** b. Sept. 22, 1800 d. July 27, 1859
Mary Jane Layfield, dau. of Richard & Hetty Layfield, b. Oct. 4, 1825 d. Feb. 21, 1848
Nellie F. **Lednum** b. 1803 d. Nov. 28, 1886
Dr. Richard **Lemmon** b. June 9, 1791 d. July 9, 1860
George **Lowe** b. Mar. 4, 1807 d. Jan. 5, 1898
Mary A. Lowe, wife of George Lowe, b. Aug. 19, 1824 d. Nov. 12, 1894
Mrs. Shady Lowe d. Sept. 20, 1857 aged 62 yrs. 7 mos.
Benjamin **Morris** b. Nov. 19, 1817 d. Apr. 18, 1878
Drucilla Morris b. Sept. 11, 1828 d. Sept. 2, 1880
Hulda **Owens** d. Sept. 27, 1881 aged 80 yrs.
Theodore **Parsons** b. July 8, 1812 d. May 17, 1880
Margaret E. Bell (Parsons), wife of Theodore Parsons, b. Apr. 13, 1820 d. Feb. 20, 1899
Sallie W. Parsons b. May 22, 1832 d. Sept. 16, 1866
Nancy Parsons b. Aug. 19, 1806 d. Sept. 6, 1889
Lourama G. **Piper**, wife of George Piper, b. Mar. 27, 1847 d. Oct. 2, 1881
Willard S. **Records** b. Oct. 28, 1855 d. Feb. 28, 1894
Nancy **Riggin** b. June 27, 1799 d. Sept. 12, 1880
John **Serman** Sr. d. Apr. 16, 1871 aged 46 yrs.
Theodosia E. Serman b. Dec. 6, 1831 d. June 25, 1866
Robert Thomas **Smith** b. May 18, 1828 d. Oct. 5, 1898
Zadock **Stevenson** b. Feb. 21, 1807 d. June 22, 1892
Leah Stevenson d. Oct. 8, 1861 aged 98 yrs.
Sophia Stevinson b. May 15, 1795 d. Apr. 6, 1872
Oliver W. **Tilghman** d. Dec. 19, 1865 aged 44 yrs. 3 mos. 4 days
Rufus K. **Truitt** b. Nov. 27, 1822 d. July 9, 1891
Mary Ann Truitt, consort of Rufus K. Truitt, b. Oct. 18, 1819 d. Nov. 26, 1861
David G. **White** b. Oct. 14, 1821 d. Apr. 15, 1859
Lena White, dau. of David G. & Edith White, b. Oct. 4, 1851 d. Aug. 10, 1856
Mrs. Ellen White, dau. of Shady Lowe, d. Aug. 10, 1857 aged 35 yrs. 2 mos.

WICOMICO PRESBYTERIAN CHURCH CEMETERY
North side Salisbury Parkway at Baptist St., Salisbury

Elizabeth McB. **Acworth** (no dates)
Robert H. **Adkins** b. June 28, 1831 d. June 7, 1879
Kate Savage (Adkins), wife of Robert H. Adkins, b. July 16, 1839 d. June 7, 1879
Cecil Naisby **Benjamin** d. June 20, 1876 aged 2 mos.

I. M(?) Benjamin, son of Albert Benjamin, b. Aug. 31, 1863 d. Sept. 2, 1869
Mariana **Brattan**, dau. of Joseph & Elizabeth Brattan, b. Apr. 14, 1857
   d. Oct. 28, 1897
Rosie F. **Cathell**, wife of L. James Cathell, b. Feb. 19, 1836 d. June 20, 1869
Levin D. **Collier** b. Aug. 11, 1799 d. Jan. 18, 1856
Alice Collier b. Apr. 12, 1801 d. Oct. 20, 1870
Eliza A. **Davis** (formerly Todd) b. Sept. 24, 1820 d. July 31, 1840
Infant son of Roy Mervin & Soe T. **Eckels** d. Sept. 25, 1886
William **Freeny**
Anne Maria Freeny, wife of William Freeny, b. Nov. 3, 1818 d. May 4, 1887
Samuel **Gordy** b. Jan. 2, 1807 d. Oct. 17, 1870
Leah Murray Gordy b. May 16, 1816 d. Oct. 11, 1871
Martha E. **Hill**, dau. of A. W. & M. Hill, b. Feb. 23, 1869 d. Aug. 20, 1870
Eleanor K. **Hooper** b. May 20, 1808 d. Sept. 6, 1888
Dr. Cathell **Humphreys** b. Mar. 23, 1797 d. Sept. 12, 1866
Leah D. Humphreys, consort of Dr. Cathell Humphreys, d. Oct. 27, 1841
   aged 38 yrs. 5 mos. 17 days
Isabella Huston Humphreys b. Dec. 19, 1807 d. June 29, 1897
Eliza Jane Humphreys b. June 18, 1822 d. July 29, 1849
Thomas Mumphreys b. June 3, 1839 d. Apr. 13, 1897
M. Virginia Humphreys, wife of Thomas Humphreys, d. Feb. 23, 1885
   aged 40 yrs. 11 mos. 1 day
Maria Virginia Humphreys, dau. of Thomas & Virginia Humphreys, d. Feb. 19, 1883
   aged 11 yrs. 1 mo. 23 days
Frederick William Humphreys, son of Thomas & Virginia Humphreys,
   d. Oct. 18, 1868 lived 1 mo. 8 days
Sallie H. Humphreys b. Oct. 12, 1844 d. July 26, 1862
Huston Humphreys, son of Dr. Cathell & Virginia Humphreys, b. Aug. 2, 1848
   d. Sept. 22, 1881
Ernest J. **Johnson**, son of J. D. & L. V. Johnson, d. Oct. 10, 1872
   aged 10 mos. 10 days
Purnell E. **Jones** b. Oct. 28, 1841 d. Dec. 2, 1875
Edith Jones aged 4 mos. 21 days (no dates)
Nancy **Morris** d. Oct. 9, 1889 aged 89 yrs.
Ann B. Morris, wife of T. R. Morris, b. Sept. 19, 1867 d. June 30, 1894
Albert J. **Murphy** b. Jan. 23, 1812 d. Jan. 30, 1867
Jacob **Riggin** d. June 2, 1815 in 68th yr. of his life
Elizabeth **Roxburgh** d. Oct. 3, 1867 aged 78 yrs.
Mary Elizabeth **Slemons**, dau. of Dr. Francis Marion & Mattie Morris Slemons,
   b. Apr. 23, 1862 d. Apr. 8, 1866
Clara Estelle Slemons, dau. of Dr. Francis Marion & Mattie Morris Slemons,
   b. Jan. 11, 1864 d. Sept. 15, 1865
Bettie Morris Slemons, dau. of Dr. Francis Marion & Mattie Morris Slemons,
   b. 1865 — 1893
Marion Edith Slemons, dau. of Dr. Francis Marion & Mattie Morris Slemons,
   b. Mar. 9, 1867 d. Aug. 11, 1867
Francis Marion Slemons Jr., son of Dr. Francis Marion & Mattie Morris Slemons,
   b. Feb. 16, 1870 d. May 10, 1872
Annie Louise Slemons, dau. of Dr. Francis Marion & Mattie Morris Slemons,
   b. Sept. 23, 1874 d. July 31, 1875
Mary Frances Slemons, dau. of Anne M. & William M. Slemons, b. June 17, 1887
   d. Feb. 21, 1896
Sydney Barwick Slemons, dau. of Anne M. & William M. Slemons, b. July 9, 1894
   d. Aug. 11, 1895
William Herman Slemons, son of Anne M. & William M. Slemons, b. May 10, 1878
   d. Jan. 21, 1879
Thomas Francis Slemons, son of Anne M. & William M. Slemons, b. Dec. 6, 1879
   d. July 20, 1880
Matilda Miller (Slemons), wife of James McCree Slemons, b. Feb. 7, 1808
   d. Dec. 8, 1883
Rev. J. J. **Smyth** 1817 — 1888
Rebecca R. Smyth 1813 — 1894
James P. Toadvine b. Oct. 21, 1808 d. May 22, 1884
Dr. George W. **Todd** b. Jan. 2, 1826 d. June 13, 1875

* * * * *

(Following Removed from Todd Burying Ground in 1877)

Jonathan Todd
Leah Todd, wife of Jonathan Todd

Ciss Todd
Spencer Todd b. Sept. 11, 1777 d. Nov. 14, 1825
Ernest C. Todd, son of R. S. & Ann Todd, b. Feb. 8, 1850 d. Sept. 4, 1850
Infant children of George & Catherine Todd
Eugene L. Todd, son of H. Laird & Julia Todd, b. Apr. 21, 1853 d. Apr. 13, 1855
Reginald Todd, son of H. Laird & Julia Todd, b. Jan. 20, 1855 d. Jan. 25, 1855
Kate Ellen Todd, dau. of H. Laird & Julia Todd, b. Aug. 23, 1870 d. May 24, 1871

* * * *

Julia J. Todd, wife of Wilson Irving Todd, b. July 1, 1831 d. May 26, 1880
Willard D. Todd, son of Wilson & Julia Todd, b. Sept. 2, 1858 d. Feb. 12, 1877
Edward Nevins Todd d. Nov. 29, 1862 aged 23 yrs.
Ella Todd b. May 1, 1860 d. Dec. 8, 1864
George Todd d. July 27, 1867 aged 72 yrs.
Catharine Nairne Todd b. Apr. 16, 1800 d. Feb. 15, 1870
Catherine E. Todd b. June 22, 1824 d. Nov. 25, 1876
Julia May Todd, dau. of H. S. & Agnes P. Todd, b. Nov. 6, 1889 d. July 10, 1891
Stephen P. **Truitt**, son of John D. & Lavinia C. Truitt, b. May 16, 1862 d. Dec. 13, 1887
Austin Henry **Veasey**, son of William F. & Emily H. Veasey, b. Jan. 10, 1878 d. Mar. 29, 1899
Ebenezer Leonard **Wailes** b. Aug. 12, 1835 d. Apr. 23, 1896
Mary **Walker** d. Feb. 12, 1845 aged 62
John D. **Williams** b. Nov. 26, 1819 d. Mar. 27, 1869
Mary E. Williams, wife of John D. Williams, b. June 2, 1831 marr. May 27, 1851 d. Nov. 4, 1882
Annie F. Williams, dau. of John D. & Mary E. Williams, b. Apr. 28, 1852 d. June 30, 1881

OLD ASBURY METHODIST CHURCH CEMETERY
North Division St., Salisbury

Henry J. **Brewington** b. Sept. 10, 1818 d. Nov. 7, 1892
Orenthia A. Brewington b. Jan. 15, 1823 d. Aug. 20, 1868
George Robert Brewington, son of Henry J. & Martha A. Brewington, b. Sept. 26, 1844 d. Aug. 2, 1890
Charlie Brewington, son of H. J. & O. A. Brewington (no dates)
Carrie Brewington, dau. of H. J. & O. A. Brewington (no dates)
Lizzie Allen Brewington (no dates)
Vernon Brewington, son of J. S. C. & Lizzie Allen Brewington, b. Mar. 11, 1863 d. Oct. 12, 1865
Mary E. S. **Brown** b. June 21, 1814 d. July 10, 1869
Arietta **Maddux** b. Mar. 15, 1800 d. July 23, 1876
Samuel Edwin **Robinson**, son of John & Olivia H. Robinson, d. Aug. 26, 1868 aged 6 mos. 9 days
Olevia B. Brown Robinson, dau. of John & Olivia H. Robinson, d. July 30, 1870 aged 10 mos.
Thomas B. **Smith** b. Jan. 6, 1818 d. June 21, 1877
Margaret E. Smith, wife of Thomas B. Smith, b. Apr. 25, 1822 d. Mar. 18, 1884
Alfred J. **Wood** b. Aug. 14, 1847 d. Sept. 14, 1884

SALISBURY CEMETERY
South side Salisbury Parkway both sides Commerce St., Salisbury

Eddie C. **Abdel**, son of Robert D. & Sallie A. Abdel, d. Oct. 14, 1860 aged 1 yr. 4 mos.
Ellenor J. **Brewington**, consort of Henry Brewington, dau. of Charles & Mary Davis, b. Mar. 31, 1812 marr. Mar. 4, 1834 and gave her heart to God the same year d. June 26, 1850
Henrietta Brewington b. Nov. 9, 1838 d. Mar. 21, 1841
Lily Frances Brewington, dau. of ? & E. Brewington, d. June 3, 1840 aged 6 yrs. 4 mos.
James **Burgess** b. Feb. 23, 1805 d. Jan. 16, 1860
William M. A. Burgess, son of James & Mary N. Burgess, b. May 27, 1838 d. Sept. 10, 1844
William **Burris** d. June 25, 1888
Henry **Cambell**, husband of Sallie A. Cambell, b. Jan. 7, 1834 d. Apr. 29, 1900
Anna R. **Chipman**, dau. of J. C. & Sarah Chipman, b. June 5, 1858 d. Apr. 27, 1860
Charlotte J. **Cottman**, wife of Benjamin Cottman, d. Aug. 3, 1881 aged about 60 yrs.
Charles **Davis** b. Apr. 15, 1790 d. May 21, 1859
Charles Davis b. Dec. 19, 1790 d. Aug. 6, 1856
Charles Davis Jr. b. Nov. 2, 1827 d. Aug. 3, 1854

Edward F. Davis b. Sept. 23, 1855 d. Oct. 27, 1856
Sally H. Davis, dau. of Edward E. & Sally E. Davis, b. Nov. 23, 1852 d. Sept. 13, 1853
Elizabeth C. **Dryden,** wife of Robert H. Dryden, b. June 7, 1815 d. Dec. 27, 1873
Mary E. **Enniss,** dau. of Charles & Mary Davis & wife of Gilbert J. Enniss,
   b. Dec. 2, 1829 d. Oct. 4, 1855
John A. Enniss, son of Gilbert & Mary E. Enniss, b. Apr. 13, 1848 d. July 22, 1849
Albert J. Enniss, son of William M. & Martha Jane Enniss, b. Oct. 24, 1840
   d. Sept. 28, 1841
Susan V. Enniss, dau. of Arthur W. & Margaret C. Enniss, b. Jan. 6, 1852
   d. Dec. 30, 1854
Elijah Enniss, son of Arthur W. & Margaret C. Enniss, b. Apr. 24, 1856
   d. July 7, 1856
Mary E. Enniss b. Sept. 27, 1846 d. Aug. 28, 1860
George C. **Godwin,** husband of Annie K. Godwin, d. Aug. 18, 1900 aged 29 yrs.
Benjamin H. **Gordy** b. June 16, 1789 d. May 31, 1861
Elizabeth Gordy, wife of Benjamin H. Gordy, b. Dec. 14, 1795 d. Dec. 14, 1868
Merrel **Hearn** b. Jan. 2, 1825 d. Aug. 27, 1856
Wil **Henry** drowned July 3, 1898 aged 28
Levin **Huston** b. Feb. 21, 1794 d. May 19, 1871
Esther Huston d. Dec. 9, 1888 aged 91 yrs.
Emma G. **Jackson,** wife of Charles Jackson, b. July 8, 1870 d. Mar. 28, 1897
Emma G. Jackson, dau. of Charles & Emma G. Jackson, b. Feb. 15, 1897
   d. June 23, 1897
Charlotte **Jones,** wife of Samuel Jones, d. June 5, 1884 aged about 60 yrs.
Clara A. **Leonard,** dau. of Giden & Margaret Leonard, d. Sept. 18, 1876
   aged 1 yr. 1 mo. 21 days
Emory J. Leonard, son of Elzey & Sallie Leonard, b. Oct. 12, 1861 d. June 30, 1888
Charley **Lord,** son of Alexander & Mary C. Lord, b. Sept. 13, 1865 d. Aug. 10, 1866
Harrie Lord, son of Alexander & Mary C. Lord, b. June 30, 1867 d. Oct. 27, 1867
Infant son of Alexander & Mary C. Lord b. Apr. 9, 1869
Mary Etia Lord, dau. of Alexander & Mary C. Lord, b. Nov. 7, 1871 d. Feb. 3, 1872
Edith Lord, dau. of Alexander & Mary C. Lord, b. Mar. 16, 1879 d. Aug. 31, 1879
Walter P. **Loreman,** son of James & Martha E. Loreman, b. Apr. 24, 1874
   d. Apr. 9, 1876
Columbus W. **McKenzie** b. June 15, 1842 d. Aug. 13, 1875
Levin W. **Moore** b. July 28, 1818 d. July 27, 1853
Charles W. **Morgan,** son of Fountain & Margaret Morgan, d. Feb. 18, 1854
   aged 1 yr. 3 mos. 4 days
Mary E. **Murphy,** wife of John T. Murphy, d. Apr. 2, 1870 aged 22
Elvira Murphy, dau. of John T. & Mary E. Murphy, d. Aug., 1869
Mary **Nelson** d. June 18, 1898 aged 44
Ebenezer **Owens** b. May 1, 1803 d. Nov. 25, 1854
Mary J. H. H. **Parker,** wife of Benjamin Parker, b. July 30, 1830 d. Oct. 20, 1870
Orlando T. Parker, son of Benjamin & Mary Parker, b. Nov. 24, 1851
   d. June 24, 1862
Maria E. Parker, dau. of Benjamin & Mary Parker, b. Sept. 16, 1857 d. June 16, 1858
Thomas W. **Phillips** b. Dec. 16, 1825 d. July 5, 1855
Thomas W. Phillips Jr., son of Thomas W. & Sallie J. Phillips, b. July 1, 1855
   d. Jan. 11, 1856
Lizzie T. Phillips, dau. of Thomas W. & Sallie A. Phillips, b. July 9, 1850
   d. Oct. 29, 1857
Lucy Phillips, dau. of Thomas W. & Sallie A. Phillips, b. Dec. 30, 1853
   d. Oct. 19, 1854
Lula May Phillips, dau. of C. L. & M. A. Phillips, d. Aug. 27, 1854 aged 9 mos. 18 days
Elijah **Pinkett** d. Apr. 7, 1868 aged 23 yrs. 11 mos.
Wilson Pinkett, son of Elijah & Ibby Pinkett, d. Sept. 26, 1863 aged about 7 yrs.
Sarah Ann **Pullett,** wife of Rev. Charles Pullett, b. Mar. 14, 1824 d. Nov. 9, 1892
Arensy C. **Shockley,** son of Rev. A. R. & Annie E. Shockley, born at Laurel, Del.,
   Jan. 27, 1879 drowned in Nanticoke River near Sharptown July 4, 1894
Elizabeth **Smith,** wife of John H. Smith, b. Dec. 26, 1854 d. Aug. 14, 1889
Isaac H. W. **Stanford** b. Jan. 15, 1820 d. July 31, 1861
Winfield S. Stanford b. Dec. 31, 1850 d. Oct. 2, 1851
Maria Stanford b. Feb. 7, 1852 d. Sept. 12, 1853
Isaac **Stevens** b. Mar. 13, 1801 d. Feb. 9, 1851
Jane Stevens d. July 2, 1872 aged 67 yrs.
Leander **Taylor,** son of M. & Sarah A. Taylor, b. Nov. 28, 1840 d. July 28, 1850
Mary Malisa Taylor, dau. of M. & Sarah A. Taylor, b. Apr. 1, 1842 d. July 21, 1848
Mary E. **Trader,** dau. of B. A. & Mary E. A. Trader, b. Mar. 30, 1885 d. Aug. 13, 1885
Mary Jane **Vincent,** dau. of George & Elizabeth S. Vincent, b. July 14, 1824
   d. Apr. 23, 1854

Margaret H. **Wailes,** wife of Samuel J. Wailes, b. Sept., 1834 d. Sept. 20, 1865
Edward K. **Weatherly** b. Dec. 15, 1805 d. Nov. 17, 1851
Melissa C. **West,** dau. of William T. & Levenia E. West, b. June 26, 1856
    d. July 18, 1858
Frankie West, son of William T. & Levenia E. B. West, d. Oct. 6, 1869
    aged 5 yrs. 11 mos. 14 days

UNION NEGRO CEMETERY
West side Williams Mill Rd.

Annie L. **Horsey,** dau. of Isaac & Stella Horsey, d. July 16, 1898 aged 2 yrs.
James **Jackson** b. Oct. 9, 1863 d. Apr., 1900
Hannah Jackson, wife of John Jackson, d. Feb. 14, 1898
Daniel H. **King,** son of A. J. & Mary M. King, d. Nov. 5, 1888 aged 15 yrs.
Samuel King, son of A. J. & Mary M. King, d. Sept. 22, 1900 aged 5 mos.
Clarence **Williams,** son of Caple & Jannie Williams, d. Sept. 30, 1900 aged 1 yr.

NICHOLS CEMETERY
East side Old Stage Road .1 mile south of Foskey Lane

Thomas W. **Hearn** b. Mar. 29, 1804 d. Nov. 16, 1875
Esther Hearn, wife of Thomas W. Hearn, b. July 28, 1813 d. Nov. 19, 1888
John M. **Hitchens,** adopted son of William B. & Elizabeth A. Hitchens,
    d. June 21, 1895 aged 27 yrs.
Matilda E. **Mills,** wife of Clayton H. Mills, b. Jan. 22, 1846
Ruth Isabelle **Nichols,** wife of George W. Nichols, b. Sept. 25, 1856 d. July 7, 1889
Bertha C. Nichols, dau. of George W. & Belle Nichols, b. Mar. 12, 1882
    d. Dec. 1, 1883
Albert S. Nichols, son of George W. & Belle Nichols, b. Apr. 29, 1885 d. June 17, 1885
George H. Nichols, son of George W. & Belle Nichols, b. May 9, 1889 d. Jan. 26, 1890
Isaac M. Nichols b. Apr. 21, 1817 d. Nov. 14, 1874
Mary Parker (Nichols), wife of Isaac M. Nichols, b. Jan. 4, 1820 d. Mar. 7, 1855
Amanda Hearn (Nichols), wife of Isaac M. Nichols, b. Aug. 10, 1834 d. June 22, 1884
Thedosia E. Maddux (Nichols) wife of John Nichols, b. Dec. 12, 1858 d. June 28, 1889
Elijah E. Nichols b. Feb. 5, 1847 d. June 12, 1889
Mariah J. Nichols, wife of Elijah E. Nichols, b. Dec. 21, 1855 d. Feb. 19, 1887
Isaac W. Nichols b. Sept. 27, 1881 d. Dec. 5, 1881
Elijah E. Nichols, Jr. b. Sept. 16, 1883 d. Aug. 17, 1884
Rosa E. **Waller,** wife of George A. Waller, b. Sept. 19, 1869 d. May 13, 1900
Leah Jane Waller, wife of Joseph Waller, b. Feb. 17, 1845 d. Aug. 29, 1867

MELSONS CEMETERY
North side Melson Rd. at Melsons

Elwood **Adkins** 1888 — 1891
Maggie P. Smith **Lecates,** widow of William I. Smith, wife of Joseph H. Lecates,
    b. Mar. 25, 1855 d. Feb. 25, 1899
William I. **Smith** d. Feb. 22, 1880 aged about 28 yrs.
Harry **Sturgis** 1786 — 1872
Margaret Sturgis 1790 — 1837
Margaret Sturgis 1808 — 1895
Thomas Sturgis 1819 — 1900
Charles H. Sturgis 1835 — 1891
Hilary P. Sturgis 1884 — 1893
Sallie Sturgis 1895
William Sturgis 1897
Kenova H. **West,** son of Byrd T. & Mary A. West, b. Nov. 26, 1871 d. June 27, 1875
Charlie S. West, son of Byrd T. & Mary A. West, b. Aug. 9, 1877 d. Nov. 4, 1882

ZION METHODIST CHURCH CEMETERY
North side Morris Leonard Rd. 1 mile east of Zion Church Rd.

John **Adkins** b. Dec. 25, 1824 d. Jan. 1, 1899
Elijah W. Adkins, son of John & Mariah P. Adkins, b. Apr. 17, 1849 d. Dec. 27, 1880
Gertrude **Brown,** dau. of George W. & Maggie J. Brown, b. Feb. 15, 1898
    d. Feb. 18, 1898
Sallie **Hearn,** wife of Joseph Hearn, b. Jan. 17, 1807 d. Mar. 27, 1899
Eliza Jane Williams Hearn, wife of Brinkley A. Hearn, b. Sept. 6, 1825 d. Apr. 19, 1872

Thomas W. **Oliphant** b. Aug. 10, 1830 d. Feb. 4, 1888
Maggie E. Oliphant, wife of E. M. Oliphant, b. July 31, 1856 d. Aug. 12, 1884
Sarah C. Mills **Tilghman,** wife of Sylvanus J. Tilghman, b. Sept. 23, 1850
   d. Feb. 21, 1879
Cyrus H. Tilghman, son of Sylvanus & Sarah C. Tilghman, b. Feb. 27, 1873
   d. Sept. 16, 1873
Clifford Tilghman, son of Sylvanus & Rosa C. Tilghman, b. Dec. 16, 1896
   d. Dec. 31, 1896
Mary Elizabeth Tilghman, wife of Noah Tilghman & dau. of Samuel Q. White,
   b. Aug. 25, 1837 d. Nov. 3, 1869
Thomas **White** d. June, 1852 in his 67th yr.
Polly White, wife of Thomas White, d. July 5, 1864 in her 84th yr.
Samuel H. White b. Mar. 24, 1864 d. Aug. 17, 1894
Willie I. White d. Nov. 20, 1898 aged 3 yrs.
Mary Jane Mills White, wife of Ebenezer White, b. Jan. 19, 1847 d. Feb. 24, 1884
Edward White d. July 15, 1890 aged 12 yrs. 7 mos.
Samuel Q. White b. Sept. 18, 1814 d. Apr. 30, 1887
Mahala Gordy White, wife of Samuel Q. White, b. Apr. 6, 1814 d. Nov. 25, 1844
Leah A. Williams White, wife of Samuel Q. White, b. Mar. 15, 1819
   d. June 20, 1870
Martha E. White, dau. of Samuel Q. & Mahala White, b. Oct. 31, 1838
   d. Sept. 5, 1857
Nancy J. White, dau. of Samuel Q. & Mahala White, b. Mar. 17, 1842 d. Aug. 8, 1868
James B. White, son of Samuel Q. & Mahala White, b. Oct. 2, 1844 d. Jan. 27, 1871
Mahala A. White, dau. of Samuel Q. & Leah A. White, b. Feb. 27, 1846 d. Oct. 2, 1865
Minerva White, dau. of Samuel Q. & Leah A. White, b. Nov. 24, 1849
   d. Nov. 27, 1869
Louisa E. White, dau. of Samuel Q. & Leah A. White, b. Apr. 11, 1853
   d. Jan. 22, 1872
Cyrus S. White, son of Samuel Q. & Leah A. White, b. Dec. 25, 1854 d. Nov. 5, 1872
Charles O. White, son of Samuel Q. & Leah A. White, b. Aug. 22, 1861
   d. Nov. 17, 1874

HAMMOND CEMETERY
North side Mt. Hermon Rd. at Hammond School Rd.

Charley K. **Hamond** b. Oct. 14, 1877 d. Mar. 27, 1879
Burly M. Hamond b. July 20, 1886 d. Sept. 6, 1886
Miery K. Hamond b. Aug. 13, 1874 d. Aug. 16, 1877
Maria F. Hamond b. Mar. 25, 1885 d. Jan. 11, 1889
Della P. Hamond b. Sept. 9, 1883 d. Oct. 19, 1891
Walter H. Hamond b. Sept. 28, 1892 d. June 1, 1897
Otis G. Hammond b. Oct. 4, 1900 d. Dec. 11, 1900
Mary E. **Shockley** 1850 — 1882
Della F. Shockley 1882
Bessie M. Shockley 1894

FOREST GROVE BAPTIST CHURCH CEMETERY
West side Forest Grove Rd. & south side Tilghman Farm Rd.

William **Adkins** of S b. Mar. 28, 1823 d. Dec. 21, 1889
Sarah A. Adkins, eldest dau. of William & Elizabeth Adkins, b. Oct. 19, 1846
   d. Jan. 22, 1881
Benjamin L. Adkins, son of William & Elizabeth Adkins, b. May 30, 1874
   d. July 28, 1891
Mateldia C. **Bailey,** wife of Samuel B. Bailey, b. June 15, 1851 d. Jan. 24, 1892
Thomas C. Bailey, son of Samuel & Matilda C. Bailey, b. Oct. 20, 1881 d. June 23, 1885
Nathaniel **Brittingham** b. Aug. 17, 1813 d. Sept. 16, 1897
Mary S. Brittingham, wife of Nathaniel Brittingham, b. Oct. 12, 1819 d. Oct. 27, 1892
Mary A. **Dennis,** wife of William H. Dennis, b. Sept. 28, 1841 d. Oct. 29, 1898
Elisha S. **Gravenor** d. Aug. 10, 1895 aged 54
Minos **Hammond** b. Apr. 12, 1836 d. Oct. 21, 1900
Betsy S. **Hasting,** wife of M. J. Hasting, b. Jan. 26, 1827 d. Aug. 29, 1897
Elisha W. Hastings, son of Levin W. & Caroline Hastings, b. Feb. 20, 1882
   d. Aug. 19, 1885
Elisha Hastings b. Dec. 22, 1809 d. Mar. 16, 1893
Hettie Hastings, wife of Elisha Hastings, b. Aug. 28, 1819 d. Sept. 20, 1887
Joshua Leonard **Holloway** b. Sept. 27, 1865 d. Aug. 18, 1895
Mary Estell Holloway, dau. of Daniel J. & Henrietta Holloway, b. Feb. 27, 1890
   d. Mar. 28, 1898

Mary H. **Layfield** b. May 16, 1851 d. Aug. 23, 1886
Mary E. **Parker** 1884 — 1900
Margaret Ann Parker, wife of Elijah J. Parker & dau. of James & Sarah Smith,
  b. Sept. 22, 1861 d. Dec. 18, 1890
Martha J. **Parsons** b. June 20, 1876 d. Sept. 17, 1899
Lida H. **Richardson** 1883 — 1894
James R. Richardson 1852 — 1878
Charles W. Richardson 1877 — 1899
George **Rounds** d. Apr. 22, 1887 aged 73 yrs.
Anna M. E. **Ruark** b. May 7, 1865 d. Sept. 25, 1897
Martha J. **Smith** b. June 3, 1852 d. Feb. 6, 1888
John W. **Timmons** b. Mar. 7, 1845 d. Apr. 24, 1886
Nancy E. S. **Tyre** b. Sept. 11, 1826 d. July 9, 1886
Benjamin F. **White** b. May 20, 1839 d. Aug. 17, 1891
Oscar H. White 1881 — 1897

JOHN WILLIAMS FAMILY GRAVEYARD
West side U. S. Rt. 13 ¼ mile north of Delmar Rd.

Johnny T. **Dennis**, son of L. T. & Fannie E. Dennis, b. Nov. 11, 1876 d. Mar. 10, 1880
Infant child of L. T. & Fannie E. Dennis b. Feb. 13, 1878 d. Mar. 22, 1880
John **Williams** Sr. d. Apr. 12, 1855 in 77th yr. of his age
Mary Williams, wife of John Williams Sr., d. Mar. 9, 1838 in the 52nd yr. of her age
John Williams Jr. b. Nov. 11, 1819 d. Jan. 26, 1878
Catherine Laws (Williams), wife of John Williams Jr., b. Dec. 7, 1830
  d. Mar. 5, 1885
William L. Williams, son of John H. & L. C. Williams, b. Jan. 27, 1865
  d. Sept. 9, 1888
Johnnie Williams, son of John & L. C. Williams, b. Oct. 20, 1868
Mollie Hammon Williams, youngest dau. of John & L. C. Williams,
  b. Sept. 8, 1870 d. Dec. 31, 1876

GEORGE BREWINGTON FAMILY GRAVEYARD
South side Zion Rd. ½ mile east of U. S. Rt. 13

George **Brewington**, son of William & Sally Brewington, b. Jan. 1, 1783
  d. Jan. 21, 1862
Margaret Brewington, wife of George Brewington, d. Mar. 16, 1865 in her 78th yr.
John H. Brewington, son of George & Ann Brewington, b. July 9, 1811
  d. Jan. 1, 1859

E. L. PARKER FAMILY GRAVEYARD
East side Parker Rd. ½ mile south of Zion Rd.

Clifford **Parker**, son of E. L. Parker & Annie R. Parker, b. Oct. 24, 1896
  d. Dec. 16, 1896
Infant son of J. Wesley & Laura A. Parker (no dates)

ELIJAH PARKER FAMILY GRAVEYARD
South side Gordy Mill Rd. 1 mile east of Old Stage Rd.

Elijah **Parker** b. 1818 d. Sept. 18, 1862, husband of Sarah E. Parker,

JOHN P. GORDY FAMILY GRAVEYARD
South side Gordy Mill Rd. 1½ miles East of Old Stage Rd.

Mary Dale **Gordy**, wife of John P. Gordy, mother of Benjamin B., John S. & William
  G. Gordy, b. June 15, 1793 d. June 21, 1881
Sarah J. Gordy, wife of Benjamin B. Gordy & dau. of Joshua & Elizabeth Trader,
  b. Sept. 26, 1825 d. Feb. 10, 1899
William Garretson Gordy, son of John P. & Mary Gordy, b. Nov. 30, 1831
  d. June 9, 1890
Sarah Caroline Gordy, dau. of Rev. William & Elizabeth Gordy & wife of
  Wm. Garretson Gordy, b. Sept. 1, 1838 d. Sept. 25, 1867
Henry Lee Gordy, son of William G. & Sarah C. Gordy, b. Sept. 22, 1862
  d. July 24, 1878
Martha Ellen Augusta Gordy **Sirman**, wife of William L. Sirman, b. Dec. 12, 1845
  d. July 7, 1899

GORDY - HASTINGS FAMILY GRAVEYARD
West side of Melson Rd. between Rum Ridge Rd. & Line Rd.

Mary Ellen Gordy **Brown**, wife of William I. Brown, b. Apr. 22, 1828 d. Mar. 13, 1860
Hermus C. **Gordy**, son of Edward E. & Margaret H. Gordy, b. Sept. 11, 1893 d. Sept. 13, 1893
Isaac **Hastings** b. Oct. 9, 1829 d. Oct. 17, 1891
Henrietta Gordy **Hastings**, wife of Isaac Hastings, b. Sept. 22, 1833 d. Jan. 1, 1883
W. Herman **Mumford**, son of W. T. & Annie Mumford, b. Jan. 20, 1891 d. Mar. 17, 1900
John Franklin **Smith**, husband of Ella Smith, b. Nov. 19, 1856 d. July 15, 1896

BREWINGTON FAMILY GRAVEYARD
East side Rum Ridge Rd. ¼ mile south of Melson Rd.

Horace B. **Brewington** b. Oct. 13, 1875 d. June 6, 1879

MELSON FAMILY GRAVEYARD
In woods north of Melson Rd. .6 mile west of Parsonsburg-Melson Rd.

Sophia A. **Melson** b. Dec. 23, 1809 d. Sept. 25, 1887

JOHN H. PARKER FAMILY GRAVEYARD
In woods north of Melsons Cemetery at Melson

Mahala W. **Parker**, wife of John H. Parker, b. Oct. 20, 1821 d. Dec. 18, 1893
Ella Parker b. Mar. 31, 1862 d. Aug. 26, 1881

JAMES P. OLIPHANT FAMILY GRAVEYARD
North side Dagsboro Rd. at Zion Rd.

Ira P. **Gordy**, son of William M. & Hester A. Gordy, b. Feb. 6, 1877 d. Apr. 11, 1879
James P. **Oliphant** b. Apr. 15, 1814 d. Mar. 12, 1887
Mary Oliphant, wife of James P. Oliphant, b. Nov. 10, 1818 d. Nov. 14, 1890
Levenia C. Oliphant, wife of William A. Oliphant, b. Feb. 13, 1850 d. July 28, 1894

PARKER FAMILY GRAVEYARD
North side Dagsboro Rd. 1½ miles west of Parsonsburg-Melson Rd.

Nellie **Brittingham** b. Oct. 28, 1792
Scarborough **Parker** b. Aug. 10, 1756 d. Sept. 15, 1839
John Parker b. Aug. 21, 1756 d. Feb. 16, 1838
Elisha P. Parker b. Mar. 11, 1799 d. Mar. 12, 1879
Charlotte W. Parker, wife of Elisha P. Parker, b. Apr. 13, 1810 d. May 8, 1895
Hetty Parker b. Jan. 19, 1805 d. May 31, 1844
Esther E. Parker b. Feb. 12, 1812 d. Aug. 21, 1861
Infant children of Clayton C. & Maria Parker (no dates)

BROWN FAMILY GRAVEYARD
South side Dagsboro Rd. ¼ mile east of Brown Rd.

Lovey J. **Brown**, wife of William I. Brown, b. Oct. 3, 1835 d. Dec. 19, 1889
Bessie L. Brown, dau. of Noah J. & Louisa A. Brown, b. Nov. 28, 1894 d. Apr. 12, 1899

JACOB PARKER FAMILY GRAVEYARD
North side Dagsboro Rd. ¾ mile east of Brown Rd.

Jacob **Parker**, husband of Emeline Parker, b. Sept. 5, 1791 d. Mar. 7, 1862
Jacob F. Parker, son of Jacob & Emeline Parker, b. Dec. 25, 1858 d. Apr. 17, 1868
George E. U. Parker, son of Jacob & Emeline Parker, b. Nov. 10, 1860 d. Jan. 17, 1865
Alexander W. Parker b. Jan. 17, 1853 d. Oct. 1, 1891
Olevia E. Parker, wife of Alexander W. Parker, b. Feb. 1, 1857 d. Oct. 26, 1896

JOSEPH LEONARD FAMILY GRAVEYARD
North side Morris Leonard Drive ½ mile west of Parsonsburg

Seth **Causey**, son of James & Elinor Causey, d. Mar. 13, 1878 aged
    39 yrs. 10 mos. 18 days
Laura L. **Gordy**, dau. of Clayton W. & Laura E. Gordy, b. Aug. 1, 1886 d. Nov. 30, 1890
Marion B. Gordy, son of J. T. & S. A. Gordy, b. June 11, 1889 d. June 17, 1891
Eliza E. **Leonard**, wife of Joseph Leonard, d. Jan. 15, 1890 aged 61

Joseph Daniel Leonard, son of George & Rebecca E. Leonard, d. Aug. 30, 1877 aged 5 yrs. 1 mo. 11 days

HUMPHREYS - PARSONS FAMILY GRAVEYARD
Between east & west lanes of Fairfield Drive 250 yds. south of Salisbury-Parsonsburg Rd.

General Humphrey **Humphreys** b. July 23, 1799 d. Mar. 7, 1882
Elizabeth Humphreys, wife of Gen. H. Humphreys & dau. of Elijah Parsons, b. Feb. 20, 1816 d. Sept. 10, 1878
Infant dau. of Gen. H. & Elizabeth Humphreys d. July 28, 1834 aged 8 days
Thomas Parsons Humphreys, son of Gen. H. & Elizabeth Humphreys, d. Sept. 25, 1838 aged 4 mos. 4 days
Eugene Randolph Humphreys, son of Gen. H. & Elizabeth Humphreys, d. Oct. 13, 1847 aged 4 yrs. 7 mos. 6 days
Elijah **Parsons** b. July 20, 1778 d. Jan. 7, 1854

LITTLETON P. TILGHMAN FAMILY GRAVEYARD
Southwest side Merritt Mill Rd. $\frac{1}{4}$ mile south of Salisbury-Parsonsburg Rd.

Sarah A. **Riggin**, wife of Ebenezer W. Riggin, b. Oct. 20, 1858 d. Oct. 18, 1885
Littleton P. **Tilghman** b. Apr. 19, 1826 d. Oct. 5, 1864
Mary Maria Tilghman, dau. of Jason P. & Louise F. Tilghman, b. July 7, 1884 d. Mar. 2, 1892
Infant dau. of Jason P. & Louise F. Tilghman b. Sept. 23, 1877 d. May 2, 1878

PURNELL J. JONES FAMILY GRAVEYARD
Southwest side Merritt Mill Rd. .1 mile south of Hogtown Rd.

Purnell J. **Jones** b. Apr. 29, 1799 d. Jan. 30, 1862
Martha A. Jones, wife of Purnell J. Jones, b. Dec. 31, 1806 d. May 15, 1849
Alfred T. Jones, son of Purnell J. & Martha A. Jones, b. Nov. 11, 1829 d. Aug. 11, 1859
Virginia Emily Jones, dau. of Purnell J. & Martha A. Jones, b. Mar. 18, 1844 d. Apr. 17, 1845
Martha Ellen Jones, dau. of Alfred & Mary L. Jones, b. May 20, 1855 d. Nov. 15, 1856
Martha Ann **Long**, wife of William J. Long, b. Sept. 19, 1835 d. July 21, 1855
J. E. McKnight **Williams**, son of John D. & Mary J. Williams, b. Jan. 8, 1856 d. Aug. 27, 1856

WALSTON FAMILY GRAVEYARD
West side of Walston Switch Rd. $\frac{1}{2}$ mile south of Tilghman Farm Rd.

Mary Alice **Lemon**, wife of John T. Lemon, b. May 4, 1852 d. Apr. 3, 1891
Leven J. Lemon, son of John T. & Mary A. Lemon, b. June 13, 1884 d. Aug. 10, 1884
Oltes L. Lemon, son of John T. & Mary A. Lemon, b. July 18, 1886 d. Aug. 10, 1886
George **Walston** b. Jan. 21, 1806 d. Apr. 8, 1868
Elizabeth Walston, wife of George Walston, b. June 28, 1813 d. Feb. 2, 1875
David J. Walston, son of George & Elizabeth Walston, b. Jan. 6, 1833 d. Sept. 14, 1857
Thomas A. Walston, son of George & Elizabeth Walston, b. Dec. 28, 1834 d. June 24, 1876
Millia A. Walston, dau. of George & Elizabeth Walston, b. May 7, 1837 d. Aug. 17, 1846
Elenora Catherine Walston, dau. of Eugene M. & Charlotte T. Walston, b. Aug. 5, 1870 d. Feb. 28, 1872
George Larid Walston, son of Eugene M. & Charlotte T. Walston, b. Apr. 28, 1873 d. Feb. 27, 1876

ELISHA HOLLOWAY FAMILY GRAVEYARD
North side Mt. Hermon Rd. between Forest Grove & Berry Morris Rds.

Elisha **Holloway** b. Nov. 28, 1816 d. Aug. 21, 1886
Cyrus F. S. Holloway b. June 3, 1862 d. Oct. 18, 1886

SMITH FAMILY GRAVEYARD
East side Phillip Morris Drive & south side U. S. 50

Amelia A. **Parsons** d. 1890 aged 88 yrs.
John W. **Smith** d. 1885 aged 62 yrs.

PARSONS FAMILY GRAVEYARD
In woods east of Forest Grove Rd. 1/8 mile north of Mt. Hermon Rd.

Emory Parsons d. Dec. 12, 1898 aged 32 yrs. 8 mos. 13 days

PARKER FAMILY GRAVEYARD
South side Shavox Rd. near Whitman Rd.

Thomas J. Parker b. Dec. 8, 1861 d. June 14, 1887

DANIEL HOLLOWAY FAMILY GRAVEYARD
In woods north of Mt. Hermon Rd. west side Nassawango Creek

Sarah C. Fooks (Holloway), wife of Daniel Holloway, b. Aug. 19, 1823 d. Apr. 15, 1860
Joshua G. Holloway b. Feb. 15, 1847 d. Apr. 24, 1899
Doratha E. Holloway, dau. of Joshua G. & Catty M. Holloway, b. Oct. 25, 1870 d. Apr. 12, 1898
E. Quinton Holloway b. May 8, 1844 d. Dec. 14, 1881

HOLLOWAY - DRISCOLL FAMILY GRAVEYARD
North side Tilghman Farm Rd. East side Arvey Rd.

John W. Driscoll b. Nov. 6, 1864 d. Nov. 10, 1899
Joshua G. Holloway, son of Billy Handy & Mary Elizabeth Holloway, b. Feb. 29, 1868 d. Aug. 19, 1872

ELIJAH HOLLOWAY FAMILY GRAVEYARD
South side Tilghman Farm Rd. & west side Collins Rd.

Elijah Holloway b. July 27, 1808 d. May 17, 1887
Sallie T. Holloway, wife of Elijah Holloway, b. Nov. 11, 1812 d. June 13, 1882
Rosa C. Holloway, dau. of Elijah & Sallie T. Holloway, b. Jan. 23, 1853 d. Sept. 30, 1887

PERDUE FAMILY GRAVEYARD
South side Salisbury-Parsonsburg Rd. in woods east of a farm lane .9 mile west of Forest Grove Rd.

John B. Perdue b. Mar. 26, 1804 d. Nov. 1, 1859
Julia A. Perdue, wife of John B. Perdue, b. Aug. 10, 1811 d. July 19, 1851
Sarah A. Perdue, dau. of John B. Perdue, b. Nov. 9, 1830 d. Mar. 19, 1857
Eiigah B. Perdue d. Mar. 27, 1867 aged 26 ? (stone broken)
Ernest F. Perdue, son of John D. & Martha Perdue, b. Sept. 30, 1877 d. Oct. 30, 1882
Lovie Perdue, dau. of John D. & Martha Perdue, b. May 20, 1880 d. May 13, 1881

POLLITT FAMILY GRAVEYARD
North side Schumaker Rd. .3 mile east of Schumaker Lane

William Pollitt 1800 — 1881
Mary Ann Pollitt 1814 — 1897
Eleanor E. Pollitt 1836 — 1884

FOOKS FAMILY GRAVEYARD
In yard north side Schumaker Rd. between Gunby Rd. & Parker Pond

Emily Priscilla Fooks, only dau. of Ebenezer H. & Rebecca Cathell Fooks, b. May 16, 1845 d. June 29, 1859

WARD FAMILY GRAVEYARD
Deep in woods, approximately in center of triangle formed by Mt. Hermon Rd., Twilley Bridge Rd. & Nassawango Creek

Priscilla J. Carey, wife of Elijah V. Carey, d. May 26, 1880 aged 29 yr. 3 mos. 6 days
Sarah Jane Parker, wife of Quinton Parker & dau. of George H. & Mary J. Ward, b. July 7, 1861 d. Dec. 4, 1890
Mary Ward, wife of Jenkins Ward, d. July 16, 1880 aged 72 yrs. 10 mos.
George H. Ward, b. Dec. 18, 1828 d. May 24, 1879
Mary J. Ward, wife of George H. Ward, (b. Aug. 7, 1831 d. Mar. 30, 1884

Arrena C. Ward, dau. of George H. & Mary J. Ward, b. Spet. 23, 1857 d. Mar. 30, 1884
George J. Ward, son of George H. & Mary J. Ward, b. May 7, 1866 d. Jan. 14, 1892
John P. Ward b. Feb. 18, 1848 d. May 14, 1894
Edith Ward, dau. of John P. & Mary E. Ward, b. Sept. 17, 1891 d. Dec. 29, 1891
Ernie N. C. Ward, son of William F. & Sallie E. H. Ward, b. Oct. 22, 1865 d. July 31, 1867

PETER WIMBROW FAMILY GRAVEYARD
North side Twilley Bridge Rd. at Fooks Rd.

Peter **Wimbrow** b. July 24, 1790 d. Apr. 10, 1875 Had been a member of the M. E. Church over 45 yrs.

Sarah Tubbs Wimbrow, wife of Peter Wimbrow, d. Jan. 30, 1871 aged 80 yrs. 11 mos. 21 days. Converted May 6, 1834. From that time till the day of her death she was a member of the M. E. Church. The writer has often met her in class, & at her home heard from her lips the love she felt for Jesus & his people & would shout & leap for joy in expectation of a home in Heaven. She was a loving companion, a kind mother & took good care of the Methodist preachers where they always found a good home. She is now looking for her companion and children she left behind, may they all meet in Heaven.   G. W. Covington

Robert T. Wimbrow b. Oct. 23, 1832 d. July 15, 1877

JAMES MITCHELL FAMILY GRAVEYARD
West of the former county road from Salisbury to Melson ¾ mile beyond the dead end of the portion still open known as Eurie Oliphant Rd. deep in woods

James H. Mitchell b. Apr. 8, 1818 d. Feb. 4, 1891

CEMETERY
Northwest corner Old Stage Rd. & Gordy Mill Rd.

Charlie H. J. **Smith**, son of J. W. S. & Rhonda A. Smith, b. June 7, 1871 d. Mar. 20, 1887

HASTINGS FAMILY GRAVEYARD
North side Melson Rd. .8 mile west of Rum Ridge Rd. in woods

Eli S. **Hastings**, son of Staton & Elizabeth Hastings, b. Mar. 4, 1864 d. Oct. 18, 1891

ADKINS - PARSONS FAMILY GRAVEYARD
North side of Shavox Road, ½ mile East of Merritt Mill Road

Josiah **Adkins**, Husband of Maria Magee (Adkins), 1828 — 1856
Joseph W. R. **Parsons**, Son of D. J. and Maria Magee Adkins Parsons, b. May 11, 1868 d. August 10, 1872

HANSON GORDY FAMILY GRAVEYARD
.3 mile south side of Downing Rd. .7 mile west of Parsonsburg-Melson Rd.

James H. **Gordy** b. Oct. 21, 1827 d. Aug. 10, 1852

DENNIS ELECTION DISTRICT NO. 6
ST. JOHN'S METHODIST CHURCH CEMETERY
Powellville

John J. Holland 1868 — 1898
Willis Perdue, son of E. A. & Margaret A. Perdue, 1888 — 1888
Ann Richardson b. Nov. 15, 1813 d. June 9, 1885
Peter W. Sturgis b. Feb. 28, 1817 d. Dec. 29, 1896

OLD SCHOOL BAPTIST CHURCH CEMETERY
West side Willards-Snow Hill Rd. ¼ mile south of Burbage Crossing Rd.

Littleton H. Bailey b. Mar. 17, 1832 d. Sept. 23, 1896
Elizabeth Bailey, wife of E. R. Bailey, b. Aug. 13, 1807 baptised Oct. 6, 1833 d. Aug. 18, 1867
Littleton R. Bailey b. June 6, 1796 baptised June 30, 1861 d. Sept. 10, 1870
Spencer Davis b. May 1, 1813 d. Feb. 17, 1893
Lizzie Hall, wife of Lemuel A. Hall, b. July 14, 1870 d. Dec. 4, 1895
Albert W. Warren, son of John S. & Martha A. Warren, b. Jan. 23, 1873 d. Dec. 3, 1892

PERDUE CEMETERY
East side Willards-Snow Hill Rd. ¾ mile north of Powell School Rd.

Isaac G. Pennewell d. June 2, 1862 aged 35
Nancy E. West b. Apr. 5, 1844 d. Sept. 17, 1882

WHITON CEMETERY
West side Willards-Snow Hill Rd. ½ mile north of Powell School Rd.

William S. Burbage b. Oct. 7, 1844 d. Mar. 27, 1877
Littleton Quinton Dennis b. Feb. 10, 1808 d. July 13, 1882
Elizabeth Riley (Dennis), wife of Littleton Q. Dennis, b. Nov. 20, 1807 d. Oct. 19, 1890
Bessie Dennis b. Jan. 15, 1883 d. Aug. 15, 1883
Mary A. Webb, dau. of John H. & Mary E. Webb, b. Jan. 6, 1892 d. Jan. 18, 1892
William M. White, son of Rev. Henry White, d. Oct. 26, 1866 aged 67 yrs. 6 mos. 29 days
Mary G. White, wife of Wm. M. White, d. Jan. 23, 1867 aged 69 yrs. 22 days

WANGO METHODIST CHURCH CEMETERY
Wango

Bessie K. Wimbrow b. Dec. 20, 1887 d. Dec. 12, 1891

BENJAMIN JOHNSON FAMILY GRAVEYARD
North side Johnson Rd. ¼ mile west of Wango Rd.

Benjamin Johnson, son of Alfrad & Betsey Johnson, b. June 28, 1818 d. June 20, 1871
Catharin Johnson, wife of Benjamin Johnson & dau. of Ratlif & Nancy Morris, a member of Nassawango Old School Baptist Church, b. Feb. 8, 1823 d. June 22, 1879
William F. Johnson, son of Benjamin & Catherin Johnson, b. Apr. 18, 1851 d. June 23, 1871
Tabitha W. Johnson, wife of Rufus Johnson & dau. of Joshua & Mary E. Davis, a member of Nassaongo Old School Baptist Church, b. Mar. 11, 1866 d. Sept. 7, 1890
Albert S. Johnson, son of Josiah B. & Emma J. Johnson, b. Oct. 8, 1887 d. Feb. 8, 1888
Nancy Morris, wife of Ratlif Morris, & dau. of Creek Elijah & Zelpha Shockley, a member of Nassaongo Church, b. Nov. 1782 d. Feb. 1879

LAWS FAMILY GRAVEYARD
North side Laws Rd. between Wango Rd. & Bear Swamp Rd.

Virgil Freeny, son of G. W. & Ella Freeny, b. Dec. 7, 1869 d. Oct. 15, 1875
William Laws b. June 18, 1793 d. Jan. 9, 1877

Gertrude Laws, wife of William Laws, b. Oct. 18, 1802 d. Sept. 20, 1868
John William Laws, son of John & L. C. Williams Laws, b. Mar. 18, 1857
  d. Mar. 30, 1857
Rosie Laws b. Aug. 28, 1861 d. July 4, 1862
Margaret A. Laws, wife of William L. Laws, b. Aug. 12, 1837 d. Dec. 17, 1862
Annie Laws, dau. of William L. & Mary B. Laws, b. July 19, 1860 d. Mar. 22, 1863
Herman Laws, son of William L. & Cornelia Laws, b. July 16, 1871 d. Aug. 8, 1892
Alice Laws, dau. of William L. & Cornelia Laws, b. Dec. 24, 1875 d. June 16, 1897
Mary E. Laws, dau. of James & Sallie M. Laws, b. May 16, 1863 d. May 19, 1884
Infant dau. of James & Sallie M. Laws b. July 9, 1874 d. Oct. 9, 1874
Allen Lee Laws, son of L. L. & M. V. Laws, b. Sept. 3, 1889 d. Dec. 17, 1891
Grace Laws, dau. of William P. & Mary E. Laws, b. Mar. 6, 1882 d. Mar. 27, 1894
Stephen D. **Purnell**, son of Matthew & Euphemia Purnell, b. Jan. 18, 1821
  d. Feb. 7, 1874
Ralph C. Purnell, M.D., D.D.S., son of Stephen D. & Maria J. Laws Purnell,
  b. Mar. 4, 1866 d. July 26, 1887
Margaret A. R. Purnell, dau. of Stephen D. & Maria J. Laws Purnell,
  b. July 31, 1851 d. Sept. 24, 1863
Euphemia O. Purnell, dau. of Stephen D. & Maria J. Laws Purnell, b. Apr. 26, 1856
  d. Sept. 19, 1858
Jefferson D. Purnell, son of Stephen D. & Maria J. Laws Purnell, b. July 22, 1860
  d. Sept. 23, 1863

LAMBERT POWELL FAMILY GRAVEYARD
Southwest side Powell School Rd. between Laws Rd. & Wango Rd.

William Selby **Lewis**, son of Robert & Nancy Lewis, d. Sept. 26, 1871
  aged 56 yrs. 7 mos.
Mary E. Adkins (Lewis), wife of William S. Lewis, d. Nov. 1, 1876
  aged 26 yrs. 11 days
Lambert C. **Powell** b. Nov. 28, 1820 d. Sept. 18, 1877
Margaret R. Powell, wife of Lambert C. Powell, b. July 15, 1830 d. Jan. 26, 1888
Laura G. Burbage (Powell), wife of Elisha A. Powell, b. Oct. 9, 1856 d. Apr. 16, 1880
William L. Powell, son of Elisha A. & Laura G. Powell, b. Mar. 9, 1880
  d. June 15, 1880

WIMBROW FAMILY GRAVEYARD
North side Bear Swamp Rd. ¾ mile east of Wango Rd.

Billy **Dennis**, son of George W. & Laura A. Dennis, b. Nov. 24, 1867 d. Dec. 5, 1890
Rosa E. Wimbrow **Parker** b. June 24, 1859 d. Sept. 24, 1891
Clarence W. **Parsons**, son of E. W. & M. E. Parsons, b. Apr. 13, 1875 d. June 22, 1876
William F. **Ward** b. Jan. 20, 1838 d. Oct. 20, 1888
Mary Etta Ward, dau. of William F. & Sallie E. H. Ward, b. Feb. 21, 1875
  d. Apr. 12, 1884
Stella P. Ward, dau. of William F. & Sallie E. H. Ward, b. Feb. 6, 1881
  d. Feb. 12, 1897
William J. **Wimbrow** b. Feb. 17, 1822 d. Mar. 22, 1879
Loisa Caroline Howard (Wimbrow), wife of William J. Wimbrow, b. Apr. 30, 1820
  d. Nov. 18, 1894
David P. Wimbrow, son of William J. & Caroline Howard Wimbrow, b. Mar. 12, 1849
  d. June 10, 1873
Lafayette Covington Wimbrow, son of William J. & Caroline Howard Wimbrow,
  b. Mar. 27, 1857 d. Nov. 27, 1896
Earnest T. Wimbrow b. Mar. 6, 1863 d. Aug. 31, 1867

ADKINS FAMILY GRAVEYARD
North side Salisbury-Powellville Rd., Powellville

Jane **Adkins** b. Mar. 6, 1820 d. Dec. 29, 1896
E. C. H. Adkins b. Sept. 24, 1822 d. Oct. 29, 1889

BURBAGE - WHITE FAMILY GRAVEYARD
West side Ercell Timmons Rd. near Powellville

Samson **Burbage** b. Jan. 27, 1818 d. June 7, 1881
Margaret Ann Burbage, wife of Samson Burbage, b. Sept. 5, 1837 d. July 5, 1884
George W. Burbage b. Sept. 7, 1864 d. Mar. 7, 1885
Eva Belle Burbage b. Feb. 15, 1868 d. July 14, 1884

Calvin Burbage, son of Emory H. & Amanda W. Burbage, b. June 3, 1882
d. Jan. 31, 1893
Ida May Burbage, dau. of Emory H. & Amanda W. Burbage, b. Mar. 22, 1886
d. Sept. 7, 1888
Infant son of Charles R. & Cornelia Burbage Disharoon b. Nov. 24, 1884
d. Dec. 26, 1884
Lida C. Burbage (White), wife of King V. White, b. Mar. 23, 1847 d. Jan. 6, 1868
Arthur K. White, son of King V. & Lida C. White, b. May 14, 1866 d. Sept. 26, 1890
William H. White, son of King V. & Lida C. White, b. Dec. 24, 1867 d. Dec. 6, 1868
Virginia E. Tilghman (White), wife of King V. White, b. Apr. 29, 1852
d. May 15, 1892
Henry V. White, son of King V. & Virginia E. White, b. Mar. 24, 1873
d. Nov. 5, 1873
Lida L. A. White, dau. of King V. & Virginia E. White, b. Sept. 20, 1874
d. June 30, 1875
Infant son of King V. & Virginia E. White (no dates)
Martha E. Whittington, wife of John R. Whittington, b. Oct. 19, 1855 d. Feb. 13, 1900

JOSIAH BAILEY FAMILY GRAVEYARD
North side Burbage Crossing Rd.

Mary G. Adkins (Bailey), wife of Josiah M. Bailey, b. Apr. 6, 1843 d. Sept. 18, 1881
Elijah G. Bailey, son of Josiah M. & Mary Bailey, b. Oct. 9, 1866 d. Jan. 6, 1900

ADAM BEATHARD FAMILY GRAVEYARD
South side Laws Rd. ½ mile west of Willards-Snow Hill Rd.

Adam P. Beathard b. Jan. 15, 1823 d. Dec. 22, 1893
Joseph P. Beathard, son of Adam P. & Isabella Beathard, b. June 11, 1877
d. Jan. 5, 1879
Henry C. Beathard, son of Charles H. & Sallie A. Beathard, b. Aug. 30, 1884
d. July 19, 1886

HENRY POWELL FAMILY GRAVEYARD
East side Willards-Snow Hill Rd. ¼ mile south of Mt. Pleasant Rd.

Fannie Powell, wife of Henry D. Powell, d. Aug. 7, 1871 aged 57 yrs. 10 mos. 29 days

GILLEY RAYNE FAMILY GRAVEYARD
South side Purnell Crossing Rd. 1 mile east of Willards-Snow Hill Rd.

Mary Kate Powell, dau. of John L. & Sallie E. Powell, d. Sept. 15, 1879
aged 1 yr. 2 mos. 20 days
Gilley Rayne b. Sept. 27, 1816 d. Dec. 20, 1893
Mary Rayne, wife of Gilley Rayne, marr. Jan. 6, 1841 d. Jan. 6, 1891 aged 73 yrs.

JOHN RAYNE FAMILY GRAVEYARD
South side Purnell Crossing Rd. 1 mile east of Willards-Snow Hill Rd. In woods past Gilley Rayne Family Graveyard

Martha Rayne, wife of John Rayne, b. Oct. 16, 1803 d. Jan. 25, 1891
Peter B. Rayne, son of Henry T. & Sarah B. Rayne, b. July 16, 1876 d. Jan. 2, 1881
Maggie A. Rayne, wife of John G. Rayne, b. Aug. 25, 1853 d. Feb. 6, 1886

JONES FAMILY GRAVEYARD
North side Purnell Crossing Rd. & west side Elva Powell Rd.

Nancy B. Jones d. Nov. 9, 1880 aged about 72 yrs.
Fannie Martha Williams b. July 2, 1845 d. May 1, 1885

LEWIS - DENNIS FAMILY GRAVEYARD
South side Purnell Crossing Rd. ½ mile west of Pocomoke River

Zadok Lewis b. Mar. 20, 1824 d. Apr. 9, 1879

JARMAN - COOPER FAMILY GRAVEYARD
North side Mt. Pleasant Rd. ½ mile west of Purnell Crossing Rd.

William A. **Cooper**, son of Hiram J. & Mary E. Cooper, b. Apr. 23, 1875
    d. Jan. 14, 1877
Laura M. Cooper, dau. of Hiram J. & Mary E. Cooper, b. July 11, 1887
    d. Nov. 7, 1893
Bertha M. Cooper, dau. of Hiram J. & Mary E. Cooper, b. June 2, 1891
    d. Apr. 9, 1892
William R. **Jarman**, husband of Hetty M. Jarman, b. May 1, 1834 d. May 28, 1872

DENNIS FAMILY GRAVEYARD
East side Warner Baker Rd. ½ mile north of Mt. Pleasant Rd.

Thomas Handy **Dennis** b. Aug. 27, 1894 d. Aug. 22, 1896

DENNIS - DISHAROON FAMILY GRAVEYARD
East side Massey's Crossing Rd. ¼ mile north of Mt. Pleasant Rd.

Jenkins **Dennis** 1845 — 1892
Lovey J. Dennis 1883 — 1897
Infant dau. of Stansbury & E. Kate **Disharoon** 1893
Infant son of Stansbury & E. Kate Disharoon 1894

WILLIAM WIMBROW FAMILY GRAVEYARD
Northeast side Harry Morris Rd.

Cora Belle **Dennis**, dau. of William J. & Ella Dennis, b. July 21, 1890 d. Aug. 28, 1891
John H. **Littleton**, son of Isaac & Mary Littleton, b. Feb. 10, 1831 d. Apr. 9, 1893
Albert James Littleton, son of John H. & Sallie E. Littleton, b. Feb. 27, 1859
    d. June 26, 1890
William **Wimbrow**, son of Thomas P. & Leah Wimbrow, b. Mar. 19, 1805
    d. Oct. 20, 1871
Sallie Wimbrow, wife of William Wimbrow, b. Dec. 25, 1809 d. Feb. 3, 1899
James Westly Wimbrow, son of William & Sallie Wimbrow, b. July 1, 1841
    d. May 21, 1890

JOSHUA PHILLIPS FAMILY GRAVEYARD
North side Twilley Bridge Rd. deep in woods on east side of Nassawango Creek

Joshua **Phillips** of J b. Oct. 17, 1819 d. May 15, 1885

PARKER - LEWIS FAMILY GRAVEYARD
Deep in woods West side Willis Morris Rd. .5 mile north of Salisbury-Powellville Rd.

A. F. **Lewis** Co. B. 3rd Del. line (no dates)
Samson **Parker**, son of Ares P. Parker, d. Apr. 30, 1879 aged 56 yrs. 5 mos. 2 days

TRAPPE ELECTION DISTRICT NO. 7
ALLEN METHODIST CHURCH CEMETERY

Allen

Fannie E. **Adkins**, dau. of Richard A. & Mary E. Snelling, b. Mar. 23, 1866 d. Mar. 27, 1900
William Francis **Allen** b. Aug. 25, 1830 d. July 13, 1898
Sarah J. **Bailey**, wife of John T. Bailey, b. July 21, 1860 d. June 1, 1885
Margaret A. **Bounds**, wife of William J. Bounds, b. Sept. 27, 1840 d. Jan. 22, 1862
Esther E. Bounds, wife of William J. Bounds, b. Aug. 20, 1847 d. Nov. 22, 1874
Dorothy Bell Bounds, dau. of William J. & Esther E. Bounds, b. Dec. 2, 1870 d. Aug. 12, 1875
Richard A. Bounds, son of William J. & Esther E. Bounds, b. Sept. 3, 1872 d. Jan. 21, 1888
Richard S. Bounds, son of William & Sarah Bounds, b. June 27, 1813 d. Mar. 4, 1876
Elizabeth W. Bounds, wife of Richard S. Bounds, b. Apr. 15, 1810 d. Jan. 31, 1892
Isaac B. Bounds b. Aug. 29, 1847 d. Aug. 21, 1858
Richard A. Bounds d. June 7, 1864 aged 20 yrs. 2 mos. 26 days
Delia **Cantwell** b. Apr. 1, 1840 d. Oct. 17, 1860
Joseph Lewis Cantwell, son of Samuel K. & Delia Cantwell, d. Dec. 29, 1862 aged 2 yrs. 3 mos. 10 days
Joseph **Chatham** b. Feb. 14, 1849 d. Jan. 21, 1892
Margaret **Christopher** b. Nov. 5, 1792 d. Oct. 7, 1868
Capt. Thomas Christopher d. May 18, 1890 aged 67 yrs.
Mary P. **Dashiell** d. Nov. 10, 1886
William W. **Disharoon** b. Nov. 4, 1826 d. Oct. 3, 1888
Cindrela E. W. Disharoon, wife of William W. Disharoon, b. Mar. 18, 1828 d. Jan. 14, 1885
William W. Disharoon b. Jan. 9, 1850 d. ? 22, 1857
Rebecca Disharoon b. Mar. 6, 1854 d. Sept. 10, 1892
William Disharoon b. Oct. 3, 1883 d. Aug. 5, 1894
Earnest W. Disharoon, son of G. I. & Annie M. Disharoon, b. Oct. 6, 1881 d. Apr. 26, 1885
Janie M. Disharoon, dau. of G. I. & Annie M. Disharoon, b. Jan. 16, 1883 d. Sept. 27, 1884
Priscilla P. Disharoon b. Jan. 25, 1817 d. Mar. 9, 1890
Eleanor Messick **Drury** b. Nov. 5, 1808 d. Feb. 15, 1887
Alexander **Eaghan** d. Oct. 5, 1863 aged 19 yrs. 6 mos. 20 days
Enoch **Ent** b. Oct. 16, 1811 d. Sept. 4, 1889
Columbus W. **Fitzgerald** b. Aug. 11, 1853 d. Jan. 31, 1895
Julia Anethomas Fitzgerald, dau. of Columbus W. & Martha E. Fitzgerald, b. Jan. 29, 1882 d. Apr. 30, 1895
John T. **Fooks** d. Sept. 28, 1887 aged 55 yrs.
Mary Owens (Fooks), wife of John T. Fooks, b. Apr. 1, 1839 d. Dec. 20, 1866
Leander F. Fooks, son of John T. & Mary Fooks, b. Apr. 10, 1863 d. Mar. 4, 1864
Laura Jones **Foskey**, dau. of William B. & Emaline Jones, b. Jan. 4, 1846 d. Aug. 5, 1876
Lily Foskey, dau. of Laura Foskey, b. Jan. 8, 1875 d. Apr. 15, 1876
John **Goslee** b. Sept. 28, 1798 d. Sept. 17, 1877
Ann Goslee d. Oct. 15, 1862 aged 56 yrs.
Ruth Goslee, wife of John Goslee, d. July 27, 1870 aged 56 yrs.
Romie Pierce Goslee, son of Samuel H. & Lizzie Goslee, b. Aug. 4, 1886 d. Oct. 19, 1886
Sewell Goslee, son of Samuel H. & Lizzie Goslee, b. Oct. 2, 1882
John T. Goslee, son of Thomas & Elizabeth Goslee, b. Jan. 18, 1817 d. Oct. 25, 1894
Permealia Ann Goslee, dau. of John T. & Mary Goslee, d. Jan. 16, 1852 aged 7 mos. 28 days
Mary Elizabeth Goslee, dau. of John T. & Mary Goslee, b. Feb. 11, 1853 d. Sept. 7, 1854
James M. Goslee, son of John T. & Mary Goslee, b. Apr. 18, 1857 d. Apr. 3, 1858
James M. Goslee b. Sept. 5, 1813 d. July 31, 1900
Susan C. Goslee, wife of James M. Goslee, b. Nov. 1, 1814 d. Aug. 18, 1856
John T. Goslee, son of James M. & Susan C. Goslee, b. Sept. 5, 1843 d. Oct. 18, 1881
Mary Caroline Goslee, wife of Capt. Edwin Goslee, b. May 18, 1822 d. July 13, 1868
Almira O. Goslee, wife of Capt. Edwin Goslee, b. Apr. 20, 1843 d. July 29, 1875
Henry J. Goslee b. Sept. 6, 1863 d. Sept. 24, 1865
Eliza J. **Green** b. June 16, 1828 d. Aug. 1, 1883
Revelle **Hayman** b. July 2, 1831 d. Feb. 8, 1898

Martha J. Hayman, wife of Revel Hayman, b. Aug. 17, 1827 d. Nov. 20, 1873
Revel E. Hayman b. Feb. 4, 1860 d. July 8, 1891
Mattie J. Hayman, dau. of Revel & Annie W. Hayman, b. Oct. 12, 1880
   d. Aug. 22, 1898
Robert J. **Hitch** 1810 — 1832
Mary M. Hitch 1816 — 1834
James **Huffington** b. Oct. 20, 1819 d. Feb. 2, 1886
Eliza Huffington, wife of James Huffington, b. Sept. 19, 1829 d. Jan. 22, 1891
Olevia A. Huffington, dau. of James & Eliza Huffington, b. June 3, 1851
   d. Aug. 25, 1882
Robert J. P. Huffington, son of James & Eliza Huffington, b. May 16, 1860
   d. Oct. 25, 1884
Maud V. Huffington, dau. of John & Carrie E. Huffington, b. Dec. 1, 1878
   d. Aug. 31, 1888
Gladdis E. Huffington, dau. of John & Carrie E. Huffington, b. Jan. 3, 1888
   d. July 2, 1889
William W. Huffington b. Feb. 8, 1816 d. Apr. 2, 1892
Martha J. Huffington, dau. of Jesse & Hester E. Huffington, b. May 11, 1874
   d. July 10, 1874
Jesse B. Huffington, son of Jesse & Hester E. Huffington, b. Feb. 9, 1876
   d. Aug. 11, 1879
William J. Huffington, son of Jesse & Hester E. Huffington, b. Sept. 19, 1878
   d. Sept. 14, 1881
Jonathan Huffington b. May 26, 1786 d. Dec. 19, 1862 member M. E. Church 56 yrs.
Lena E. **Ingersoll**, dau. of James & Angeline Ingersoll, b. Mar. 1, 1878 d. Nov. 4, 1896
Oliver Ingersoll, son of Evergreen & Olivia Ingersoll, b. Jan. 11, 1896
   d. Mar. 18, 1897
Isabella **Jenkins** b. Feb. 1, 1857 d. Aug. 21, 1859
William B. **Jones** b. Feb. 1, 1818 d. Dec. 21, 1882
Benjamin G. Jones, son of William B. & Emaline Jones, b. Feb. 19, 1840
   d. Jan. 16, 1860
Theodosia J. Jones, dau. of William B. & Emaline Jones, b. Feb. 12, 1853
   d. Jan. 15, 1873
William Homer Jones 1877 — 1890
Lena Jones, dau. of John W. & Williamanna Jones, b. Apr. 22, 1872 d. Nov. 20, 1875
George Leonard Jones, son of John W. & Williamanna Jones, b. Jan. 22, 1875
   d. July 26, 1881
Annie E. **Long**, dau. of Matthias & Mary J. Williams, b. Oct. 31, 1855
   d. May 18, 1879
Emma I. **Lord** b. Sept. 15, 1842 d. Dec. 8, 1892
Joseph A. Lord b. Apr. 15, 1870 d. Aug. 16, 1872
William F. Lord b. Aug. 19, 1872 d. July 10, 1874
William **Malone** b. Mar. 20, 1815 d. Nov. 15, 1872
Sallie V. Malone b. Sept. 6, 1827 d. July 28, 1898
Mary V. M. Malone, wife of George W. Malone, b. Sept. 29, 1842 d. June 12, 1864
Emma C. Malone b. Jan. 4, 1870 d. Apr. 14, 1896
Eliza E. Malone, wife of Louis Malone, b. Jan. 25, 1846 d. Aug. 14, 1897
Louis F. **Messick**, son of Benjamin F. & Mary I. Messick, b. Oct. 5, 1866
   d. July 3, 1867
Edgar J. Messick, son of Benjamin F. & Mary I. Messick, b. Feb. 26, 1868
   d. May 10, 1870
Phillip Messick b. Nov. 27, 1843 d. Aug. 5, 1895
Martha Messick, wife of Phillip Messick, b. Mar. 20, 1846 d. June 1, 1885
John Messick, son of Phillip & Martha Messick, aged 6 yrs. (no dates)
Ann Eliza **Mills**, wife of S. D. Mills, b. May 10, 1829 marr. Nov. 12, 1846
   d. Apr. 4, 1852
William W. Mills 1811 — 1891
Annie W. Mills 1858 — 1890
Perry A. W. **Morris**, son of Jacob & Annie E. Morris, b. June 21, 1873 d. Oct. 1, 1875
Capt. James Morris b. Nov. 1, 1811 d. July 3, 1875
Sallie W. Morris, wife of James Morris, b. Oct. 25, 1817 d. Feb. 7, 1884
Alexander R. **Murrell** b. Nov. 11, 1833 d. Dec. 20, 1880
Sallie A. L. Murrell, wife of Alexander R. Murrell, b. Aug. 20, 1840 d. Mar. 1, 1869
Theophilus Murrell, son of Alexander R. & Sallie A. L. Murrell, b. Aug. 31, 1858
   d. Jan. 16, 1859
William S. Murrell, son of William J. & Leah J. Murrell, b. Nov. 2, 1857
   d. Nov. 9, 1863
Lewis J. Murrell, son of William J. & Leah J. Murrell, b. Dec. 29, 1861
   d. Apr. 28, 1864

Thomas Newman b. Dec. 8, 1795 d. Mar. 13, 1860
John Walter Nicholson, son of Elias & Sophia Nicholson, b. May 9, 1887
    d. July 26, 1888
Hester A. Nicholson, dau. of George M. & Emma H. Nicholson, b. Nov. 8, 1897
    d. June 8, 1900
Paran J. Phoebus, son of Allen & Elizabeth Phoebus, b. Feb. 16, 1874 d. May 16, 1875
Thornton C. Phoebus d. Dec. 18, 1871 aged 64 yrs.
Mary E. Phoebus, wife of Thornton C. Phoebus, d. Apr. 27, 1872 aged 61 yrs.
Henrietta Pollitt, wife of Anthony Pollitt, d. July 7, 1867 aged 31 yrs. 5 mos. 22 days
Marion S. Pollitt, son of Anthony & Henrietta Pollitt, d. Jan. 30, 1882
    aged 19 yrs. 4 mos. 15 days
Lafayette R. Pollitt, son of Anthony & Henrietta Pollitt, b. June 30, 1867
    d. Aug. 12, 1867
George J. Porter b. Feb. 9, 1819 d. May 12, 1898
Nettie J. Porter, dau. of A. S. & Letitia E. Porter, b. Dec. 27, 1875 d. Mar. 19, 1898
Lizzie B. Porter b. Nov. 21, 1875 d. Dec. 28, 1878
Mary E. Porter b. Apr. 30, 1880 d. Aug. 3, 1881
Elizabeth A. Porter, wife of Levin A. Porter, b. Feb. 17, 1847 d. Feb. 21, 1887
Hattie Garland Porter, dau. of William T. & Mary Handy Porter, 1883 — 1891
George Bryan Porter, son of William T. & Mary Handy Porter, Dec. 1896
Levi C. Porter 1824 — 1892
Mary Simms (Potter), wife of Levin Potter, b. Mar. 27, 1799 d. July 21, 1855
Henry W. Potter b. June 13, 1806 d. Apr. 15, 1872
Levin B. Price b. June 3, 1833 d. July 15, 1897
Lemuel M. Price, eldest son of Levin B. & Mary J. Price, b. Mar. 26, 1860
    d. Jan. 16, 1893 at 10:00 AM
Francis Pryor b. Apr. 27, 1816 d. Apr. 11, 1894
John B. Pryor b. Sept. 22, 1817 d. July 4, 1891
Harriett Pryor b. Nov. 13, 1823 d. May 1, 1892
Irma Hartwell Pusey, dau. of T. W. & S. A. Pusey, d. Mar. 5, 1888 aged 4 yrs. 4 days
Mary M. D. Revell b. Oct. 3, 1831 d. Sept. 3, 1858
Leah Lavinia Richardson, wife of George M. Richardson, b. Dec. 31, 1834
    d. Dec. 29, 1892
Mary E. Richardson, dau. of George M. & Leah L. Richardson, b. Jan. 13, 1867
    d. Mar. 22, 1886
Nancy W. Richardson, dau. of George M. & Leah L. Richardson, b. Feb. 6, 1870
    d. Apr. 17, 1889
Ida M. Richardson, dau. of George M. & Leah L. Richardson, b. Jan. 29, 1874
    d. Oct. 6, 1890
James R. Richardson, son of Daniel J. & Sarah V. Richardson, b. Dec. 29, 1883
    d. Aug. 14, 1888
Ella C. Richardson, wife of John W. Richardson, d. Apr. 16, 1890 aged 24 yrs.
Robert T. Ritchey b. Jan. 10, 1820 d. Oct. 15, 1887
Dolly Richardson (Robertson), wife of J. S. Robertson, b. Jan. 11, 1872 d. Dec. 6, 1894
Richard A. Snelling b. July 9, 1816 d. Dec. 10, 1889
Mary E. Snelling, wife of Richard A. Snelling, b. Sept. 16, 1826 d. Jan. 10, 1892
Iva Maria Toadvine, dau. of William & Leah Layfield, b. Feb. 10, 1824
    d. Mar. 20, 1862
Elmira Ann Toadvine, dau. of H. T. & M. E. Toadvine, b. Feb. 12, 1857 d. Oct. 1, 1860
Idabell Toadvine, dau. of H. T. & M. E. Toadvine, b. Feb. 26, 1859 d. Oct. 3, 1860
Rosa B. Twilley, wife of George W. Twilley, b. July 31, 1864 d. July 24, 1885
Eva C. Twilley, wife of George W. Twilley, b. Jan. 18, 1862 d. Sept. 11, 1888
Lee Alice Twilley, dau. of John L. & Mary E. Twilley, b. May 11, 1890 d. May 28, 1891
Carrie Etta Twilley, dau. of S. C. & Williamanna Twilley, b. Mar. 3, 1884
    d. July 31, 1884
Annie Frances Twilley, dau. of S. C. & Williamanna Twilley, b. Nov. 26, 1885
    d. Sept. 27, 1886
Maggie Blanch Twilley, dau. of S. C. & Williamanna Twilley, b. Jan. 23, 1888
    d. Feb. 14, 1889
Samuel Marion Twilley, son of S. C. & Williamanna Twilley, b. Sept. 15, 1893
    d. June 15, 1894
Charles N. Waller, husband of Emilia V. Waller, b. Oct. 10, 1850 d. Dec. 13, 1897
Wallis L. Waller, son of Charles N. & Emilia V. Waller, b. Sept. 5, 1877
    d. Mar. 18, 1881
Alexander P. Waller b. Aug. 29, 1817 d. Sept. 2, 1865
Mary E. Waller, wife of Alexander P. Waller, b. May 3, 1821 d. Oct. 23, 1869
Samuel J. Waller, son of Alexander P. & Mary E. Waller, b. Aug. 29, 1849
    d. Sept. 8, 1875
Ethel Washburn, dau. of Thomas & Althea Washburn, b. May 3, 1898 d. July 3, 1900

James E. **Whayland**, husband of Reetta Whayland, b. Sept. 13, 1872 d. Aug. 5, 1897
Volina Whayland, dau. of John W. & Williamanna Whayland, b. Dec. 5, 1886 d. Oct. 30, 1892
Infant son of John W. & Williamanna Whayland, d. Oct. 25, 1894 aged 5 mos. 5 days
Columbia Ellen Whayland, wife of Thomas J. Whayland, b. Mar. 22, 1830 marr. Sept. 3, 1849 d. Apr. 22, 1864
Matilda Jane **White**, dau. of Matilda Jane Pryor & William A. White, b. Sept. 6, 1883 d. Nov. 28, 1900
Molly D. **Williams**, wife of William Williams, b. Aug. 30, 1796 d. Sept. 25, 1857
Matthias D. Williams, son of William & Molly D. Williams, b. Nov. 15, 1818 d. May 12, 1895

SILOAM METHODIST CHURCH CEMETERY
Siloam

Caroline **Abbott**, wife of William M. Abbott, b. Apr. 27, 1848 d. Oct. 19, 1892
Merrill Abbott, son of William M. & Caroline Abbott, b. Nov. 11, 1874 d. Mar. 6, 1896
William Henry **Bounds**, son of John H. & Elizabeth E. R. King Bounds, b. Sept. 1, 1872 d. Apr. 19, 1896
Infant son of Peter & Maydell Bounds b. Jan. 2, 1890
William H. Bounds, b. Mar. 30, 1839 d. Apr. 14, 1893
Maranda A. Bounds, wife of William H. Bounds, b. May 26, 1844 d. Sept. 3, 1883
William J. Bounds, son of William H. & Maranda Bounds, b. Aug. 24, 1881 d. Oct. 25, 1883
Robert W. Bounds, son of William H. & Maranda Bounds, b. Aug. 24, 1883 d. Nov. 6, 1884
Capt. Noah R. **Cantwell** b. Oct. 3, 1831 d. July 30, 1896
Marian W. **Chatham**, son of J. W. & Christianna Chatham, b. May 30, 1871 d. Oct. 7, 1879
John T. **Culver** b. Mar. 7, 1820 d. June 26, 1896
Charley T. **Fields**, son of John & Emily Fields, b. Sept. 27, 1880 d. Mar. 29, 1900
William J. **Goslee** b. June 5, 1823 d. June 15, 1895
Annie M. Goslee b. Sept. 27, 1833 d. Aug. 26, 1897
James **King** b. Aug. 28, 1814 d. Sept. 23, 1885
Elizabeth E. King, wife of James King, b. May 7, 1815 d. Nov. 7, 1898
Purnell **Taylor** b. April, 1816 d. Sept. 1890
Sina Griffith (Taylor), wife of Purnell Taylor, b. Jan. 6, 1796 d. Aug. 9, 1892
James R. **Vaughn**, son of W. G. & Ann A. Vaughn, b. Feb. 13, 1895 d. Mar. 1, 1897
Henry C. **Wheatley** b. Jan. 22, 1838 d. Dec. 16, 1890 Lost at Sea
Mahala F. Wheatley b. Oct. 10, 1842 d. July 6, 1882
Mary E. Banks **(White)**, wife of Beauchamp White, b. Jan. 14, 1826 d. July 16, 1875

DRURA FAMILY GRAVEYARD
West side Allen Rd., Allen .1 mile south of Clifford Cooper Rd.

Lurana **Drura**, wife of Stephen Drura, d. June 25, 1849 aged 40 yrs.

PRYOR - STEVENS FAMILY GRAVEYARD
West side Old Eden Rd. ½ mile west of U. S. Route 13

Amelia A. **Prior** b. Jan. 27, 1812 d. Dec. 29, 1878
Thomas M. **Stevens** b. Aug. 17, 1841 d. Sept. 1, 1886
Henrietta M. Stevens, wife of Thomas M. Stevens, b. Aug. 25, 1838 d. Dec. 17, 1883

JOHN BANKS FAMILY GRAVEYARD
North side Crows Nest Rd. near Nelson Smith Rd.

John W. **Banks** b. Oct. 2, 1824 d. Mar. 7, 1874
Margaret E. Banks, wife of John W. Banks, b. Oct. 20, 1833 d. Jan. 24, 1884
Martha Ellen Banks b. Aug. 16, 1864 d. Mar. 30, 1887
Henry **Price** b. Nov. 11, 1855 d. Dec. 28, 1880

SIMMS FAMILY GRAVEYARD
South side Crows Nest Rd. at Walnut Tree Rd.

Martha J. **Anderson**, wife of Giles Anderson, & dau. of James & Sarah Simms, b. Feb. 26, 1826 d. Jan. 9, 1900
Sarah **Simms**, wife of James Simms, b. Feb. 28, 1804 d. Jan. 15, 1876
Samuel J. Simms, son of James & Sarah Simms, b. June 23, 1823 d. July 29, 1847

Albert Simms, son of James & Sarah Simms, b. Sept. 27, 1840 d. Apr. 15, 1843
William M. Simms b. May 15, 1852 d. Sept. 5, 1854
(?) Simms, son of Samuel & Mary Simms, b. Jan. 14, 1797 d. Dec. 26, 1878
Matilda Simms, dau. of Samuel & Mary Simms, b. Jan. 7, 1815 d. Aug. 20, 1859
Albert H. Simms, son of R. E. & P. Simms, b. Nov. 26, 1877 d. Jan. 22, 1878
Thomas James Simms (rest of tombstone buried)

BOUNDS FAMILY GRAVEYARD
North side Crows Nest Rd. near Shad Point Rd.

Elizabeth R. **Abbott**, wife of William M. Abbott, b. Nov. 20, 1822 d. June 30, 1871
Jones **Bounds** d. Dec. 1882 aged 51
Annie Whayland Bounds 1868 — 1889
Raymond Bounds, son of Asriah C. & Mary A. Bounds, b. July 11, 1884 d. Dec. 16, 1889
Celia A. Bounds (**Laurence**), wife of John Laurence, b. Aug. 9, 1842 d. Sept. 19, 1872
Aurelia T. **Taylor**, wife of Julius J. Taylor, b. Sept. 27, 1850 d. Feb. 27, 1882

HARCUM FAMILY GRAVEYARD
West side Clifford Cooper Rd. ¼ mile south of Ditch Bank Rd.

Thomas W. **Dashiell** d. Nov. 28, 1857 (rest of stone buried)
Theresa Dashiell, dau. of Thomas W. & Margaret P. Dashiell, b. May 23, 1850
   d. June 20, 1850
Infant son of Thomas W. & Margaret P. Dashiell b. & d. May 23, 1850
Henry Lee **Harcum** b. Oct. 10, 1806 d. July 23, 1895
Elizabeth Ann Harcum, wife of Henry Lee Harcum, b. Nov. 23, 1820
   marr. Nov. 21, 1844 d. Sept. 4, 1860
Eugene B. Harcum b. May 9, 1848 d. May 15, 1849
Infant dau. of Blan E. & Mary E. Harcum b. Nov. 4, 1895 d. Apr. 6, 1896

DENSON - BOUNDS FAMILY GRAVEYARD
East side Clifford Cooper Rd. ½ mile south of Ditch Bank Rd.

William **Bounds** b. June 20, 1816 d. Apr. 9, 1872
Emma Bounds, wife of L. C. Bounds, 1859 — 1879
Matuler Bounds, dau. of L. C. & Emma Bounds, 1878 — 1879
William Bounds, son of L. C. & Armenia Bounds, 1884 — 1886
Infant son of L. C. & Armenia Bounds (no dates)
Infant dau. of L. C. & Armenia Bounds (no dates)
Infant dau. of L. C. & Armenia Bounds (no dates)
Bonie Bounds, dau. of John H. & Elizabeth E. R. Bounds, d. Apr. 19, 1881
   aged 3 yrs. 11 mos. 2 days
Ethie E. **Denson**, dau. of H. J. W. & Hester Denson, b. Oct. 4, 1876 d. Sept. 17, 1895
John H. Denson, son of E. A. & Emma Denson, b. May 15, 1890 d. Jan. 11, 1891
George W. **Turner**, son of John & Elizabeth Turner, b. Sept. 3, 1831 d. Oct. 16, 1894

DENSON - DASHIELL FAMILY GRAVEYARD
West side Clifford Cooper Rd. 2 miles south of Ditch Bank Rd.

Henry J. **Dashiell** b. June 18, 1812 d. Apr. 3, 1892
Hannah B. Dashiell, wife of Henry J. Dashiell, b. Nov. 2, 1813 d. May 3, 1871
Jesse T. Dashiell, son of Henry J. & Hannah B. Dashiell, b. Aug. 10, 1845
   d. Sept. 9, 1863
Sally **Denson** d. Aug. 3, 1844 aged 66 yrs. 9 mos. 17 days
Henry J. **Hughes**, son of John & Mary J. Hughes, d. May 1, 1882
   aged 20 yrs. 9 mos. 23 days

BANKS - MALONE FAMILY GRAVEYARD
West side Walnut Tree Rd. .9 mile south of Allen-Upper Ferry Rd.

John H. N. **Banks** b. May 11, 1827 d. Oct. 14, 1873
Mary L. Marthy **Malone**, dau. of John S. & Elizabeth Malone (no dates)

LEVIN MORRIS FAMILY GRAVEYARD
East side Clifford Cooper Rd. .4 mile south of Ditch Bank Rd. back from road on south side Cutmaptico Creek

Levin Morris d. Nov. 10, 1841 aged 59 yrs.

WHAYLAND FAMILY GRAVEYARD
East side Wicomico River, entrance off Wicomico Yacht Club lane.

Mary E. Whaland, dau. of John & Jane Whaland, b. Sept. 18, 1851 d. Dec. 29, 1851
Ebenezer Whaland, son of John & Jane Whaland, b. Feb. 27, 1855 d. Oct. 6, 1855
Winfield Whayland, son of Wesley & Elizabeth Whayland, b. Sept. 13, 1862 d. Jan. 10, 1863
Henry J. Whayland, son of Wesley & Elizabeth Whayland, b. Feb. 27, 1864 d. Aug. 17, 1864

NUTTERS ELECTION DISTRICT NO. 8

UNION METHODIST CHURCH CEMETERY
South side Union Rd. near Jackson Rd.

Paul D. **Ruark**, son of John L. & Sallie E. Ruark, b. Mar. 6, 1897 d. Apr. 18, 1899
Eva E. **Tilghman**, dau. of Noah L. & Jennie F. Tilghman, b. Nov. 3, 1891 d. Dec. 12, 1891

BUSSELLS FAMILY GRAVEYARD
North side Jackson Rd. ¼ mile south of Union Rd.

Gillis **Bussells** b. June 2, 1829 d. Apr. 7, 1900
Ocie Day Bussells, dau. of Marion & Mamie Bussells, b. Sept. 4, 1890 d. July 26, 1893
Charlotte Catherine **Fooks**, wife of Nehemiah Fooks, b. Nov. 7, 1846 d. June 15, 1880
Sallie **Vincent** b. Mar. 18, 1823 d. Oct. 15, 1900

TOADVINE FAMILY GRAVEYARD
North side Union Rd. ¼ mile east of Jackson Rd.

Esther G. **McDaniel** b. Oct. 12, 1861 d. July 9, 1900
Thomas **McGrath** 1826 — 1900
Polly O. **Toadvine**, mother of Elijah Toadvine, b. 1784 d. 1860
Elijah Toadvine b. June 16, 1800 d. July 4, 1873
Esther Toadvine, consort of Elijah Toadvine, b. May 13, 1800 d. May 9, 1863
Polly Toadvine 1828 — 1884

DAVID HAYMAN FAMILY GRAVEYARD
South side Coulbourne Mill Rd. ½ mile East of Union Rd.

David J. **Hayman** b. Nov. 26, 1808 d. July 9, 1873
Elenor Hayman, wife of David J. Hayman, b. Nov. 10, 1820 d. Feb. 28, 1886

HANDY HAYMAN FAMILY GRAVEYARD
North side Union Rd. .4 mile east of Old Pocomoke Rd. deep in woods

Handy **Hayman** d. Oct. 5, 1872 aged 88 yrs. 6 mos. 12 days
Polley Hayman, wife of Handy Hayman, d. Mar. 18, 1850 aged 66 yrs. 5 mos. 15 days
John H. Hayman, son of Handy & Polly Hayman, d. Apr. 8, 1882 aged 63 yrs. 2 mos.

WILLIAM McGRATH FAMILY GRAVEYARD
East side Coulbourne Mill Rd. ¼ mile south of Nassawango Church Rd.

William **McGrath** d. Aug. 23, 1896 aged 72 yrs. 2 mos. 17 days
Emaline Causey (McGrath), wife of William McGrath, d. Feb. 4, 1895 aged 78 yrs. 4 mos. 23 days
Louis James McGrath, son of William & Emaline McGrath, d. Aug. 7, 1874 aged 23 yrs. 10 mos. 17 days

NOAH TILGHMAN FAMILY GRAVEYARD
North side Nassawango Church Rd. .1 mile east of Coulbourne Mill Rd. in woods

Noah L. **Tilghman**, husband of Louisa J. Tilghman, b. Jan. 5, 1835 d. Feb. 21, 1897

CHATHAM FAMILY GRAVEYARD
Southwest side Snow Hill Rd. ½ mile north of Olde Fruitland Rd.

Infant son of C. W. & E. F. **Chatham** b. Dec. 12, 1879 d. Feb. 13, 1889

TILGHMAN - STATON FAMILY GRAVEYARD
Northeast side Snow Hill Rd. ¼ mile north of Olde Fruitland Rd.

Louisa J. **Staton**, wife of Joseph L. Staton, b. Nov. 18, 1842 d. Aug. 12, 1879
John L. Staton b. Nov. 8, 1863 d. Feb. 20, 1890
William B. **Tilghman** d. Oct. 21, 1876 aged 74 yrs. 6 mos. 25 days
Mary Tilghman, wife of William B. Tilghman, d. July 22, 1883 aged 83 yrs.

REDDISH FAMILY GRAVEYARD
Northeast side Snow Hill Rd. opposite Olde Fruitland Rd. at edge of woods by electric transmission line

John **Reddish** b. Nov. 4, 1820 d. Dec. 4, 1898

PETER DYKES FAMILY GRAVEYARD
Southwest side Snow Hill Rd. .3 mile northwest of Dykes Rd.

Auther C. **Adkins**, son of J. B. & Olevia Adkins, b. Dec. 13, 1885 d. Jan. 5, 1895
Peter **Dykes** b. Feb. 8, 1797 d. May 2, 1885
Molley Dykes, wife of Peter Dykes & dau. of John & Millcy Prior, b. Dec. 29, 1791 d. July 13, 1884
Mary **Farlow**, dau. of Daniel G. & Georgie A. Farlow, b. Sept. 27, 1890 d. Mar. 12, 1892
William P. **Pryor** b. Oct. 15, 1827 d. July 18, 1882
Sallie A. Pryor, wife of William P. Pryor, b. Nov. 17, 1843 d. May 15, 1878
Margaret F. Pryor, dau. of William P. & Sallie A. Pryor, b. Dec. 16, 1869 d. Jan. 16, 1885
Annie A. V. E. Pryor, dau. of William P. & Sallie A. Pryor, b. Dec. 29, 1877 d. May 31, 1878
Thomas Walter Pryor, son of Dewitt J. & Josephine Pryor, b. Dec. 19, 1881 d. Apr. 3, 1891
Daisy Pryor, dau. of Dewitt J. & Josephine Pryor, b. June 4, 1887 d. July 9, 1887

DIXON FAMILY GRAVEYARD
Southwest side Snow Hill Rd. opposite Spearin Hatchery Rd.

Edward H. **Dixon** b. Dec. 5, 1845 d. Mar. 25, 1898

JOSIAH CAUSEY FAMILY GRAVEYARD
Southwest side Snow Hill Rd. at Worcester Co. line

Josiah **Causey**, son of Patrick & Polly Causey, b. Dec. 23, 1811 d. Nov. 17, 1898
Sally Causey, dau. of William & Phillis Nutter and wife of Josiah Causey, b. Dec. 23, 1821 d. Sept. 28, 1884
Martha J. **Guthrie**, wife of William W. Guthrie, b. Apr. 14, 1852 d. Apr. 20, 1889
Phyllis **Nutter**, wife of William Nutter (no dates)
Livenia E. **Smith**, wife of William S. Smith, b. Apr. 14, 1850 d. Apr. 2, 1898
Emma E. **Tilghman**, dau. of F. M. & M. J. Tilghman, b. Oct. 28, 1872 d. Apr. 22, 1875

ALONZO DYKES FAMILY GRAVEYARD
South side Dykes Rd. ½ mile west of Snow Hill Rd.

Mary E. **Dykes**, first wife of Alonzo Dykes, b. July 20, 1856 d. Apr. 19, 1891

MORRIS FAMILY GRAVEYARD
North side Morris Drive and south side Schumaker Pond

William P. **Morris** b. Feb. 14, 1830 d. Mar. 17, 1900

TWILLEY FAMILY GRAVEYARD
Southwest side Twilley Bridge Rd. ½ mile south of Mt. Hermon Rd.

William **Twilley** b. Jan. 24, 1821 d. July 6, 1899
William H. Twilley b. Apr. 7, 1849 d. July 15, 1883
Harry C. Twilley, son of William H. & Fannie A. Twilley, b. Sept. 4, 1882 d. Mar. 1, 1885
Maggie J. Twilley, wife of Levin W. Twilley, b. July 12, 1858 d. Nov. 1, 1885
Infant children of Levin W. & Maggie J. Twilley (no dates)
Mamie K. Twilley, dau. of John R. & Olevia Twilley, b. Mar. 4, 1887 d. Jan. 28, 1893

COLLINS FAMILY GRAVEYARD
North side Ward Rd. 1½ miles west of Airport Rd.

Josephine L. **Collins**, dau. of Joseph & Martha W. Collins, b. July 6, 1880 d. July 11, 1881
Susanna M. **Parker** b. May 18, 1893 d. Dec. 24, 1895

JOSHUA JOHNSON FAMILY GRAVEYARD
North side Ward Rd. ½ mile west of Airport Rd.

Joshua **Johnson**, son of A. D. & Betsey Johnson, b. Mar. 5, 1816 d. June 25, 1882
Virginia C. Hayman (Johnson) b. July 4, 1860 d. Oct. 18, 1887
Alvie E. Johnson, dau. of Wilmour & Virginia Johnson, b. July 26, 1876 d. Jan. 4, 1898
Ella M. Johnson, dau. of Wilmour & Virginia Johnson, b. Aug. 11, 1879 d. Aug. 1, 1897

FREENY FAMILY GRAVEYARD
South side Johnson Rd. 1½ miles west of Wango Rd.

Mary A. **Freeny**, wife of Joshua J. Freeny, b. Jan. 21, 1826 d. July 16, 1888
Ella Freeny Gordy, wife of Elijah S. Gordy, b. Oct. 10, 1859 d. Oct. 17, 1900
Sallie J. Travers (Kelley), wife of Dr. James Kelley, b. Nov. 5, 1858 d. July 24, 1888

JOHN MORRIS FAMILY GRAVEYARD
North side of Johnson Rd. 1½ miles west of Wango Rd. deep in woods, enter opposite Freeny Graveyard

Samuel D. **Davis** b. Feb. 20, 1864 d. Dec. 7, 1887
Hannah A. **Morris**, wife of John L. Morris, b. June 12, 1827 d. Sept. 20, 1879
Isabel E. Morris, dau. of John L. & Hannah A. Morris, d. Oct. 28, 1875 aged 17 yrs. 10 mos. 10 days

JOHN TILGHMAN FAMILY GRAVEYARD
East side Johnson Schoolhouse Rd. 1.2 miles south of intersection with Layfield Rd.

John **Tilghman** b. 1760, made home here in 1782, born to him 6 sons & 4 daughters, d. 1848

JOSHUA TILGHMAN FAMILY GRAVEYARD
Southwest side Johnson Schoolhouse Rd. 1.6 miles south of intersection with Layfield Rd.

Joshua J. **Tilghman** b. Apr. 25, 1808 d. Apr. 3, 1880
Sophia Tilghman, wife of Joshua J. Tilghman, b. Oct. 13, 1807 d. Apr. 12, 1885

JONES - COULBOURN FAMILY GRAVEYARD
West side Johnson Schoolhouse Rd. .2 mile north of Spearin Hatchery Rd.

Elijah P. **Coulbourn** b. Aug. 27, 1828 d. Mar. 9, 1874
Gatty J. Coulbourn b. Apr. 4, 1833 d. July 2, 1862
Robert **Jones** b. Sept. 9, 1795 d. July 12, 1872
Gatty Jones b. May 31, 1798 d. Mar. 12, 1872

JOHN TILGHMAN JR. FAMILY GRAVEYARD
South side Spearin Hatchery Rd. just west of Johnson Schoolhouse Rd.

John **Tilghman** b. Oct. 19, 1796 d. June 28, 1866
Polly Tilghman, wife of John Tilghman and dau. of George & Elizabeth Truitt, b. Apr. 26, 1800 d. July 2, 1891
Hannah E. Tilghman b. July 6, 1833 d. July 9, 1858
Laura E. Tilghman, wife of Thomas H. Tilghman, b. June 11, 1862 d. Sept. 28, 1881
Marion L. Tilghman, son of Thomas H. & Laura E. Tilghman, b. Aug. 16, 1881 d. Sept. 23, 1881
Sarah M. Tilghman, wife of John H. Tilghman, b. Oct. 12, 1830 d. July 30, 1864

MATTHEWS FAMILY GRAVEYARD
North side Spearin Hatchery Rd. west of Layfield Rd.

Mary E. **Kelley**, wife of Edward M. Kelley, b. Jan. 30, 1874 d. Oct. 29, 1894
Daniel **Matthews** d. July 24, 1887 aged 92 yrs.
Nancy Matthews, wife of Daniel Matthews, d. Aug. 23, 1887 aged 76 yrs.
William Thomas Matthews b. Feb. 22, 1869 d. July 20, 1870

ELISHA PARKER FAMILY GRAVEYARD
East side Nutter's Cross Rd. South side Johnson Rd.

Mahala J. Parker (**Brohawn**), wife of S. P. Brohawn, b. Dec. 13, 1844 d. Apr. 13, 1872
Elisha **Parker** b. Mar. 19, 1807 d. Oct. 7, 1865
Eliza Parker, wife of Elisha Parker, b. May 2, 1811 d. Aug. 11, 1891
Samuel W. Parker d. Sept. 22, 1871 aged 54 yrs. 5 mos. 26 days
Stansbury C. Parker, son of Elisha & Eliza Parker, b. Sept. 22, 1833 d. Aug. 12, 1854

JAMES CAUSEY FAMILY GRAVEYARD
East side Nutter's Cross Rd. .3 mile south of Snow Hill Rd.

James **Causey** b. Apr. 15, 1808 d. Apr. 12, 1877
Elenor Causey, wife of James Causey, b. Mar. 9, 1812 d. Jan. 14, 1860
Harriet W. Causey, wife of James Causey, b. May 10, 1817 d. Sept. 17, 1898
James M. Causey b. Oct. 27, 1850 d. Sept. 28, 1870

JAMES DYKES FAMILY GRAVEYARD
East side Nutter's Cross Rd. .8 mile south of Snow Hill Rd.

James **Dykes** b. Aug. 17, 1823 d. Sept. 21, 1897

DRYDEN FAMILY GRAVEYARD
South side of Johnson Rd. .5 mile east of Airport Rd. in woods

Phillis N. **Dryden**, wife of Isaac Dryden, b. Apr. 29, 1799 d. June 11, 1888
Joshua T. Dryden, son of Joshua L. & Biddie Dryden, b. Mar. 19, 1878 d. Apr. 6, 1888
Sydney **Toadvine**, son of John & Sally Toadvine, b. Nov. 8, 1858 d. Apr. 30, 1885

WILLIAM MEZICK FAMILY GRAVEYARD
North side Snow Hill Rd. and East side of Airport Rd. .5 mile North of Snow Hill Rd. and .4 mile East of Airport Rd. Sow Electric transmission line in woods

William **Mezick**, Husband of Mary E. Mezick, d. Oct. 24, 1832 Aged 36 yrs. 8 mos. 13 days
J. F. Mezick, b. Feb. 18, 1825 d. Apr. 30, 1864 aged 36 yrs. 1 mo. 14 days

SIDNEY P. MATTHEWS FAMILY GRAVEYARD
North side Spearin Hatchery Rd. .6 mile East of Layfield Rd.

Laura Ann **Matthews** b. Oct. 2, 1854 d. Mar. 26, 1860

SALISBURY ELECTION DISTRICT NO. 9

PARSONS CEMETERY

North Division Street, Salisbury

Sallie A. **Abdell,** wife of Robert D. Abdell, b. Jan. 15, 1832 d. May 1, 1890
Clifford **Adams,** son of J. C. & Lavenia E. Adams 1886 — 1890
William Fulton **Adkins,** son of Benjamin W. B. & Georgia A. Adkins, b. Sept. 22, 1881
 d. Dec. 5, 1900
Stanton Adkins b. Oct. 18, 1819 d. Aug. 9, 1871
Elizabeth W. Adkins, wife of Stanton Adkins, b. Apr. 24, 1822 d. July 26, 1871
McOrlando Adkins, son of Stanton & Elizabeth W. Adkins, b. Oct. 29, 1868
 d. Jan. 27, 1899
Edwin M. S. Adkins, son of Elijah S. & Hennie F. Adkins, b. Jan. 3, 1877
 d. Nov. 24, 1878
William S. **Aikman** d. Dec. 9, 1863 aged 75 years
Eleanor Aikman, wife of William S. Aikman, d. Dec. 14, 1877 aged 73 years
William Aikman, son of William S. & Eleanor Aikman, b. Feb. 1, 1833
 d. Dec. 23, 1899
Sallie E. Moore (Aikman), wife of Wesley R. Aikman, b. July 17, 1838
 d. Mar. 20, 1900
Mary **Aydelott,** widow of Rev. Joseph Aydelott, d. Oct. 8, 1854
 aged 71 years, 9 mos. 6 days
Wilber F. J. **Bafford,** son of Edward T. & Alpharetta G. Bafford, b. Jan. 12, 1889
 d. May 11, 1892
Norman E. **Ball,** son of James Edward & Florence T. Ball, b. Jan. 30, 1877
 d. June 29, 1879
Capt. Joseph **Barkley,** d. Dec. 24, 1854 in the 71st year of his age. Remains of his
 family moved from the old home place near Princess Anne.
Martha C. **Beathard,** b. Oct. 11, 1832 d. Aug. 8, 1875
Thomas L. **Beauchamp,** b. Sept. 29, 1832 d. Feb. 25, 1900
Jennie Beauchamp, dau. of Thomas L. & M. E. Beauchamp, b. May 4, 1868
 d. Oct. 9, 1869
Joseph Castleman **Bell,** b. Jan. 6, 1889 d. Sept. 19, 1889
Isaac Augustus **Bemis,** d. Oct. 15, 1868 aged 31 years
Biddie B. **Bennett,** wife of John T. Bennett, b. Jan. 3, 1842 d. June 10, 1898
Charles B. Bennett, b. June 12, 1812 d. June 18, 1895
Charles Ross **Birckhead,** b. Sept. 14, 1874 d. Nov. 12, 1899
William Birckhead, b. Jan. 17, 1817 d. July 15, 1878
Elizabeth E. Birckhead, wife of William Birckhead, b. Apr. 7, 1821 d. Apr. 13, 1899
Mary Ann C. Birckhead, dau. of William & Elizabeth E. Birckhead, b. June 4, 1849
 d. Nov. 13, 1851
Robert H. Birckhead, son of William & Elizabeth E. Birckhead, b. May 29, 1861
 d. Sept. 25, 1862
George H. **Bishop** of Doddridge Co., W. Va., d. June 16, 1895 aged 36 years
 1 mo. 12 days
George L. **Bradley** b. June 16, 1832 d. Mar. 19, 1893
Sallie **Brewington,** dau. of William Lee & Lottie Virginia Brewington, b. Apr. 2, 1874
 d. Aug. 6, 1874
Scott **Brewington** b. 1820 d. Aug. 9, 1889
Leah E. Brewington, wife of Scott Brewington, b. Apr. 24, 1817 d. July 30, 1891
Martha A. W. Brewington, dau. of Scott & Leah E. Brewington, b. Sept. 17, 1842
 d. June 17, 1849
Mary Anna Brewington, dau. of Scott & Leah E. Brewington, b. Aug. 15, 1847
 d. June 27, 1848
Herbert Fillmore Brewington, son of Scott & Leah E. Brewington, b. Oct. 3, 1858
 d. May 3, 1859
Walter Herbert Brewington, son of H. S. & Edwina C. Brewington, b. Jan. 10, 1873
 d. Apr. 16, 1874
Infant dau. of Marion V. & Margaret F. Brewington, b. & d. Jan. 22, 1899
Minnie C. Brewington, dau. of George W. & Annie M. Brewington, b. Mar. 29, 1879
 d. June 27, 1879
John E. Brewington 1859 — 1895
Theodore Brewington b. Dec. 4, 1823 d. Oct. 20, 1864
Sarah A. E. Brewington b. Jan. 17, 1828 d. Mar. 14, 1877
Mrs. Polly Brewington d. Jan. 7, 1890 aged about 86 years
Emilie W. **Brinkley,** wife of Thomas Brinkley & dau. of Jane M. Gunby,
 b. Jan. 20, 1833 d. Nov. 17, 1871

Ida Gunby Brinkley, dau. of Thomas & Emilie W. Brinkley, d. Apr. 19, 1858
 aged 1 yr. 3 mos. 28 days
Lillian Brinkley, dau. of Thomas & Emilie W. Brinkley, aged 5 yrs. (no dates)
Esther Elizabeth **Brittingham**, dau. of John & Charlotte E. Brittingham,
 d. Sept. 7, 1849 in her 12th mo.
Ruth Brittingham, dau. of Burgnan N. & Ida A. Brittingham, b. Feb. 3, 1893
 d. Apr. 7, 1893
Emma J. **Britton**, wife of James E. Britton, d. Aug. 12, 1899 aged 47 yrs.
Capt. Joseph C. **Bush**, d. Dec. 1, 1876 aged 66 yrs. 10 mos. 1 day
Lafayette L. Bush, son of Joseph C. & Mary Ann Bush, b. Apr. 14, 1842
 d. Sept. 19, 1890
Willie Bush, son of Joseph C. & Mary Ann Bush, d. Feb. 26, 1876
 aged 17 yrs. 1 mo. 7 days
Benjamin Hervey **Byrd**, son of Thomas I. & Elizabeth Byrd, d. Aug. 17, 1857
 aged 52 yrs. 8 mos. 19 days
Henrietta Byrd, wife of Benjamin Hervey Byrd, b. Oct. 15, 1811 d. Jan. 14, 1890
Thomas Byrd, son of Benjamin & Henrietta Byrd, d. Mar. 29, 1854
 aged 26 yrs. 2 mos. 19 days
Esther Anna Byrd, wife of Thomas Byrd & dau. of Jehu & Esther Parsons,
 b. Dec. 10, 1830 d. June 26, 1851
Ernest Villiers Byrd, only son of Thomas & Esther Anna Byrd, b. Aug. 29, 1850
 d. Dec. 17, 1857
William James Byrd b. Mar. 20, 1861 d. Apr. 17, 1898
Ellon Nora Byrd, wife of William James Byrd, b. Jan. 26, 1874 d. Sept. 24, 1898
Benjamin **Calloway** d. Mar. 6, 1882 aged 72 yrs.
Mary E. Calloway, wife of Benjamin Calloway, d. Apr. 10, 1899 aged 87 yrs.
George P. **Cannon** b. Apr. 6, 1855 d. Aug. 22, 1895
Herbert P. Cannon, son of George P. & Ella J. Cannon, b. June 24, 1884
 d. Sept. 20, 1895
Jennie Cannon, dau. of George P. & Ella J. Cannon, b. Nov. 22, 1888 d. Mar. 28, 1890
Daniel Burton Cannon b. Apr. 28, 1824 d. June 23, 1896
Laird S. **Carey**, son of Ebenezer & Mary G. Carey, b. Dec. 17, 1870 d. Sept. 25, 1892
James E. **Cathell** b. July 12, 1832 d. June 29, 1882
Anne Vickers (Cathell), wife of James E. Cathell, b. May 5, 1840 d. Nov. 27, 1887
William H. Cathell b. Apr. 15, 1865 d. June 23, 1880
Josephus **Chatham**, husband of Drucilla A. Chatham, b. Dec. 12, 1842 d. Jan. 18, 1900
Joseph C. Chatham, son of Josephus & Drucilla Chatham, b. June 2, 1881
 d. Jan. 15, 1900
Mrs. Laura A. **Collier** b. Dec. 27, 1841 d. June 2, 1874
Claude H. Collier b. Dec. 14, 1869 d. Apr. 8, 1875
William M. **Collins** b. Oct. 4, 1846 d. May 28, 1888
Hermon E. **Connelly**, son of John H. & Mary E. Connelly, b. Mar. 5, 1890
 d. Mar. 4, 1891
Mary V. **Conway** b. Apr. 7, 1873 d. Oct. 24, 1886
William C. Conway b. May 7, 1876 d. Oct. 29, 1886
George W. M. **Cooper** b. July 11, 1838 d. Apr. 14, 1880
Elizabeth E. Cooper, wife of Joseph H. Cooper, b. Oct. 19, 1838 d. July 3, 1892
Clarence B. **Corbin**, eldest son of Levin P. & Margaret E. Corbin, b. Oct. 18, 1860
 d. Feb. 26, 1880
Denard Corbin, youngest son of Levin P. & Margaret E. Corbin, b. Dec. 22, 1865
 d. Jan. 5, 1890
Mabel Corbin, dau. of Levin P. & Margaret E. Corbin, b. Feb. 11, 1873
 d. July 7, 1873
William L. **Covington** d. Mar. 11, 1882 aged 82 yrs.
Catharine Covington b. 1815 d. Mar. 17, 1898
Augustus W. **Crockett** b. Mar. 10, 1836 d. Feb. 15, 1888
Joshua **Crouch** b. Jan. 6, 1789 d. Oct. 12, 1884
Ester Crouch, wife of Joshua Crouch, b. Aug. (rest of dates hidden by cement)
Theodore J. **Culver** b. Aug. 10, 1881 d. Sept. 9, 1891
Jane **Dashiell** b. June 15, 1792 d. Dec. 10, 1868
Matilda I. P. Dashiell b. Feb. 12, 1811 d. Feb. 1, 1867
Susan U. W. Dashiell b. July 12, 1811 d. Jan. 27, 1867
Charles F. Dashiell b. Nov. 22, 1830 d. Nov. 6, 1875
Matilda Ann Kennerly (Dashiell), wife of Charles Dashiell, d. July 11, 1879
 aged 75 yrs.
Orlando Dashiell b. June 16, 1877 d. Sept. 7, 1884
Anne Ellen Dashiell, dau. of Orlando & Elia A. Dashiell, Aug. 31, 1881 d. July 16, 1883
Robert Dashiell b. July 4, 1792 d. March 16, 1845
Mary Dashiell, wife of Robert Dashiell, b. May 24, 1800 d. Nov. 11, 1876

Mary Amelia Dashiell, dau. of Robert & Mary Dashiell, d. Aug. 27, 1830 aged 1 yr.
Emily Virginia Dashiell, dau. of Robert & Mary Dashiell, d. Apr. 13, 1836
　aged 2 yrs. 5 mos. 23 days
Laurence Laurenson Dashiell, infant son of Robert & Mary Dashiell (no dates)
Charles Rider Dashiell, infant son of Robert & Mary Dashiell (no dates)
Jesse **Davis** b. Nov. 12, 1819 d. July 3, 1898
Margaret Freeny (Davis), wife of Jesse Davis, b. May, 1819 d. Aug. 3, 1876
William B. Davis, son of Jesse & Margaret Davis, b. Sept. 28, 1845 d. Mar. 3, 1865
　of Co. I, 1st Md. Cavalry, Confederate Army
Josephine Davis, dau. of Jesse & Margaret Davis, b. May 10, 1854 d. July 6, 1876
Emmie Davis, dau. of Jesse & Margaret Davis, b. Mar. 31, 1857 d. Aug. 15, 1857
Joseph S. Davis b. May 1, 1845 d. Mar. 14, 1889
Ethel C. Watson (**Dawson**), wife of Severn Dawson, b. Nov. 12, 1872 d. Jan. 18, 1893
Dr. S. P. **Dennis** 1827 — 1900
Lillie Dennis, dau. of D. Henry & Mary E. Dennis, 1871 — 1876
Isaac **Denson** b. Aug. 27, 1775 d. May 17, 1841
Rhoda Denson, consort of Isaac Denson, b. July 7, 1773 d. Dec. 24, 1821
Robert **Disharoon** b. June 15, 1825 d. Aug. 19, 1896
Sallie E. Disharoon b. Oct. 7, 1835 d. Feb. 11, 1900
Mary H. Disharoon b. June 10, 1862 d. Mar. 7, 1899
James **Dixon** d. June 17, 1870 aged 43 yrs.
Rachel Waller (**Dorman**), wife of Levin R. Dorman, b. Nov. 16, 1823 d. Aug. 3, 1893
Edna Stanly Dorman, dau. of Levin W. & Alice H. Dorman, d. Nov. 20, 1881
　aged 6 yrs. 3 mos. 19 days
L. Clifford Dorman, son of Levin W. & Alice H. Dorman, b. Sept. 24, 1877
　d. Sept. 14, 1900
Richard Capelle Dorman, son of Levin W. & Alice H. Dorman, b. Dec. 12, 1895
　d. July 25, 1896
Helen May **Dove**, dau. of R. T. & Lucy E. Dove, d. Mar. 19, 1881 aged 1 mo.
E. Ellis **Doward**, son of J. H. & Maggie H. Doward, b. Feb. 12, 1882 d. Nov. 28, 1890
Denard L. **Downing**, son of James H. & Virginia S. Downing, b. Oct. 26, 1882
　d. July 4, 1887
Lovey King **Driskell**, d. Oct. 12, 1852 aged 19 yrs.
Harry E. **Duffy** 1887 — 1889
Marion R. Duffy 1890 — 1893
Mary M. Duffy 1894 — 1895
William Henry **Dulaney**, donor of this lot to St. Peter's Church, Sal., died at Balto.
　Oct. 12, 1854
Roxanna **Dykes** b. July 20, 1886 d. Mar. 18, 1900
Helen B. **Ellis**, dau. of John T. & Annie B. Ellis, d. Nov. 30, 1879 aged
　2 yrs. 1 mo. 28 days
Gertrude Ellis, dau. of John T. & Annie B. Ellis, b. Feb. 6, 1879 d. May 15, 1887
Louisa Ellis, dau. of John T. & Annie B. Ellis, b. Jan. 16, 1881 d. Aug. 19, 1881
Paul D. Ellis, son of George W. & N. Jennie Ellis, b. Feb. 6, 1885 d. Mar. 18, 1891
Thomas Elwood Ellis, son of George W. & N. Jennie Ellis, b. June 4, 1892
　d. June 11, 1892
Georgetta Ellis, dau. of George W. & N. Jennie Ellis, b. May 9, 1895 d. July 10, 1896
Myra L. **Elzey** d. 1891
Robert Elzey d. 1897
Samuel Elzey 1898 — 1899
Helen Elzey 1899 — 1900
Elizabeth J. **Ennis**, wife of Elijah H. Ennis, b. Mar. 26, 1828 d. Sept. 17, 1886
Henrietta Ennis 1851 — 1898
Alverta Ennis 1877 — 1897
Mattie **Evans** b. 1818 d. Jan. 18, 1893
Warren R. Evans b. Dec. 1, 1874 d. Aug. 6, 1898
Mae Ruth Evans 1894 — 1894
Nina H. Evans 1895 — 1896
Susan D. Evans b. Aug. 14, 1876 d. Jan. 5, 1877
John **Farlow**, son of David Farlow, b. Mar. 10, 1819 d. Apr. 22, 1894
Anne Farlow, wife of John Farlow, b. Jan. 19, 1816 d. Feb. 4, 1891
Josephus Farlow d. July 6, 1879 aged 9 yrs. 7 mos. 10 days
Bennett L. **Fish** b. Jan. 9, 1800 d. Apr. 10, 1848
Mary Fish, wife of Bennett L. Fish, b. Aug. 12, 1808 d. Sept. 2, 1884
Sallie A. Fish, dau. of Bennett L. & Mary Fish, b. Mar. 18, 1827 d. Dec. 4, 1887
Olevia E. Bailey (**Fooks**), wife of Asbury J. Fooks, b. Mar. 16, 1867
　marr. Dec. 17, 1888 d. Aug. 20, 1897
Clarence E. Fooks, son of Asbury J. & Olevia E. Fooks, b. Oct. 22, 1892
　d. Jan. 6, 1899

Joannah Beulah Fooks, dau. of Purnell M. & Emily J. Fooks, b. Aug. 26, 1890 d. Aug. 23, 1893
Catty Fooks b. July 2, 1800 d. Sept. 22, 1892
William James Fooks b. Jan. 2, 1849 d. Aug. 28, 1849
Daniel Edwin Fooks b. Nov. 4, 1841 d. Dec. 19, 1877
Mary Ella Fooks b. Aug. 18, 1843 d. Aug. 22, 1862
Handy Fooks b. Aug. 20, 1808 d. May 1, 1835
Merrill Henry Fooks d. July 11, 1899 aged 54 yrs. 9 mos. 15 days
Amanda K. **Foskey**, wife of Charles W. Foskey, b. May 11, 1876 d. Nov. 16, 1900
Maggie **Freeny**, wife of J. Oscar Freeny, dau. of Charles & Martha R. Whitelock, d. July 29, 1878
Rev. William **Fulton**, D.D. b. Nov. 3, 1827 d. Dec. 6, 1877 for 20 years a faithful minister of the Church
Nancy Organ (Fulton), wife of Rev. William Fulton, b. June 4, 1837 d. Oct. 30, 1886
George W. **German** b. Feb. 22, 1827 d. Dec. 24, 1888
G. William German 1855 — 1886
Edith G. **Gillis** b. Dec. 14, 1887 d. June 29, 1888
Beauchamp L. Gillis b. Aug. 9, 1821 d. Dec. 1, 1880
Fred B. **Glatt** d. June 6, 1879 aged 2 mos.
John J. **Godfrey** b. Feb. 15, 1849 d. Oct. 20, 1895
Thomas S. Godfrey, son of John J. & Mary B. Godfrey, b. Oct. 31, 1874 d. June 10, 1891
Minnie E. Godfrey 1884 — 1897
Lulu M. Godfrey 1889 — 1898
Hettie M. **Gordy**, dau. of Charles E. & Rosena Gordy, d. Sept. 18, 1898 aged 10 mos. 8 days
William W. Gordy b. June 8, 1827 d. May 22, 1890
Carroll Gordy, son of William M. & Hester A. Gordy, b. Feb. 4, 1880 d. Feb. 24, 1891
Ella Gordy, dau. of T. L. & Milley Gordy, b. Nov. 1, 1881 d. July 22, 1899
Jean Boyd Fulton (**Graham**), wife of Samuel A. Graham, b. Dec. 25, 1860 d. Aug. 12, 1887
Col. Samuel A. Graham b. Nov. 30, 1808 d. Dec. 7, 1890
Carl F. **Grier**, son of Fred A. & Maggie T. Grier, b. Mar. 7, 1885 d. Mar. 9, 1891
Robert D. Grier, son of Robert D. & Lydia M. Grier, b. Dec. 28, 1892 d. Sept. 12, 1893
John H. **Griffin** b. Mar. 28, 1815 d. July 13, 1891
Theodore S. Griffin, son of John H. & Sarah M. Griffin, b. Sept. 19, 1817 d. Aug. 10, 1887
John **Gunby** b. Oct. 8, 1809 d. June 2, 1860
Charlotte Gunby, wife of John Gunby, b. Feb. 9, 1821 d. Aug. 19, 1884
Clara G. Gunby, dau. of John & Charlotte Gunby, b. Sept. 21, 1839 d. Oct. 2, 1890
John W. Gunby, son of John & Charlotte Gunby, b. Feb. 2, 1842 d. Oct. 7, 1879
Francis M. Gunby, son of John & Charlotte Gunby, b. July 12, 1844 (only date)
Annie S. Gunby, dau. of John & Charlotte Gunby, b. Sept. 2, 1848 d. Dec. 12, 1862
Ida L. Gunby, dau. of John & Charlotte Gunby, b. Apr. 29, 1849 d. Dec. 22, 1853
Louis M. Gunby b. Jan. 15, 1880 d. Apr. 18, 1881
Louis W. Gunby b. Dec. 19, 1889 d. July 16, 1890
William Gunby b. Feb. 22, 1806 d. Dec. 20, 1868
Jane M. Gunby, wife of William Gunby, b. Mar. 29, 1813 d. Aug. 21, 1887
Charles H. Gunby, son of William & Jane M. Gunby, b. May 7, 1854 d. Sept. 17, 1856
Julia Gunby, dau. of William & Jane M. Gunby (no dates)
Alonzo Gunby, son of William & Jane M. Gunby (no dates)
Lizzie Gunby, dau. of William & Jane M. Gunby (no dates)
Nellie R. **Harris** 1893 — 1895
Mary H. Parsons (**Hart**), wife of George B. Hart, b. Apr. 4, 1841 d. Mar. 31, 1876
Sarah E. **Hastings** b. Mar. 26, 1839 d. Mar. 3, 1886
Cordelia S. Hastings, dau. of Martin E. & Sarah E. Hastings, b. Jan. 25, 1862 d. Feb. 28, 1880
Rosetta B. Hastings, dau. of Martin E. & Sarah E. Hastings, b. Dec. 4, 1866 d. Nov. 10, 1883
Samuel Hastings b. July 27, 1819 d. Feb. 17, 1875
Windero Hastings of A d. July 28, 1883 aged 72 yrs. 6 mos. 22 days
Arrenid Hastings, wife of Winder Hastings, d. Apr. 1, 1875 aged 60 yrs. 3 mos. 14 days
Amanda J. Hastings, wife of William Shelley Hastings, b. Feb. 10, 1858 d. Sept. 19, 1895
Marion S. **Hawkins**, son of Samuel & Margaret Hawkins, b. Feb. 7, 1889 d. May 24, 1890

Walter Hawkins d. Dec. 28, 1863 aged 58 yrs.
Laura C. Hawkins, wife of Walter Hawkins, b. June 8, 1826 d. Dec. 11, 1880
Annie Irvine Hawkins, dau. of Walter & Laura C. Hawkins, b. Mar. 5, 1858
  d. Dec. 12, 1858
Sidney **Hayman**, dau. of J. T. & Elmira Hayman, d. May 15, 1882
  aged 1 yr. 1 mo. 3 days
George W. **Hearn** b. Sept. 3, 1826 d. July 30, 1889
Mary Ann Hearn d. Dec. 17, 1843 aged 17
Wilbur L. Hearn, son of Samuel G. & Cornelia F. Hearn, b. Oct. 20, 1867
  d. Aug. 8, 1870
Magruder J. Hearn, son of Samuel G. & Cornelia F. Hearn, b. Mar. 1, 1869
  d. Aug. 17, 1869
C. Cazelle Hearn, dau. of Samuel G. & Cornelia F. Hearn, b. Nov. 21, 1870
  d. July 7, 1872
Eliza J. Hearn, wife of William W. Hearn, d. Feb. 24, 1894 aged 58
Thomas S. **Hearne** b. April 2, 1845 d. April 19, 1895
Ann **Herron**, wife of Rev. James Herron, b. Mar. 26, 1781 d. Dec. 28, 1825
Thomas C. **Hilghman** b. Jan. 3, 1824 d. Oct. 17, 1886
Sallie Polk (Hilghman), wife of Thomas C. Hilghman, b. Sept. 2, 1829
  d. Jan. 17, 1896
Nancy **Hitch**, wife of Robert Hitch, b. Oct. 20, 1832 d. Oct. 7, 1900
Nelly Hitch b. Sept. 15, 1824 d. Oct. 14, 1885
Rachel Hitch b. Oct. 18, 1811 d. Jan. 14, 1899
Annie Hitch, wife of George R. Hitch, b. Feb. 22, 1861 d. Mar. 15, 1897
Laura E. Hitch, wife of Herbert H. Hitch, b. Aug. 29, 1860 d. June 5, 1895
Mary E. **Hitchens**, wife of Joseph Hitchens, b. Oct. 15, 1810 d. Sept. 18, 1891
D. J. **Holloway** 1844 — 1895
Thomas **Hooper** d. Sept. 2, 1833 aged 54 yrs. 1 mo. 10 days
John T. Hooper d. July 22, 1872 aged 60 yrs. 1 mo. 12 days
Leah Hooper, wife of John T. Hooper, b. Aug. 24, 1821 d. Sept. 13, 1895
Susan B. Hooper, dau. of John T. & Leah Hooper, b. Aug. 10, 1846 d. Sept. 2, 1846
Leah Frances Hooper, dau. of John T. & Leah Hooper, b. Aug. 5, 1848 d. July 9, 1850
Henry Hooper, son of John T. & Leah Hooper, b. Oct. 1, 1851 d. Oct. 9, 1851
John B. F. Hooper, son of John T. & Leah Hooper, b. Aug. 21, 1852 d. Aug. 1, 1893
Thomas F. Hooper, son of John T. &Leah Hooper, b. Sept. 12, 1855 d. July 6, 1869
Mary Elizabeth Hooper, dau. of John T. & Leah Hooper, b. Dec. 8, 1857
  d. Sept. 18, 1859
Willie F. Hooper, son of John T. & Leah Hooper, b. Sept. 23, 1860 d. July 28, 1898
Isaac S. **Hopkins** b. May 26, 1808 d. Aug. 5, 1888
Charlotte J. Hopkins, dau. of Isaac S. & Leah Hopkins, b. Mar. 3, 1839
  d. Dec. 22, 1884
Dr. William Sewell **Horsey** b. June 17, 1815 d. Feb. 26, 1892
Mary T. T. Horsey, wife of William S. Horsey, d. Feb. 26, 1846
  aged 28 yrs. 2 mos. 10 days
Isaac H. **Houston** b. April 9, 1834 d. April 17, 1894
Amanda A. **Humphreys**, wife of William J. Humphreys, d. July 25, 1858
  aged 22 yrs. 9 mos. 2 days
Fountain B. Humphreys b. Feb. 26, 1812 d. Mar. 3, 1868
Martha E. Humphreys, dau. of Fountain B. & Sally A. Humphreys, b. Feb. 10, 1845
  d. Mar. 13, 1888
George W. Humphreys d. April 12, 1869 aged 32 yrs. 3 mos. 18 days
Robert H. Humphreys d. Dec. 23, 1867 aged 13 yrs. 4 mos. 17 days
R. Parsons Humphreys, son of Eugene W. & M. Josephine Humphreys, b. April 19,
  1874 d. Oct. 17, 1898
M. Josephine Humphreys Jr., dau. of Eugene W. & M. Josephine Humphreys,
  b. Mar. 16, 1889 d. June 6, 1889
Josephus Humphreys b. Nov. 29, 1806 d. Dec. 21, 1891
Sarah A. W. Johnson (Humphreys), wife of Josephus Humphreys, b. Mar. 3, 1814
  d. Sept. 19, 1895
Mattie Collins (Humphreys), wife of William Richard Humphreys, b. Mar. 27, 1869
  d. May 11, 1898
Infant son of William R. & Mattie C. Humphreys b. & d. Apr. 7, 1898
Lizzie Leonard (Humphreys), wife of L. P. Humphreys, b. Jan. 1, 1846 d. Jan. 20, 1872
Theodora Humphreys, dau. of L. P. & Lizzie L. Humphreys, b. Oct. 24, 1869
  d. May 29, 1871
George Washington Humphreys b. Jan. 9, 1809 d. Feb. 17, 1889
N. Matilda Miles (Humphreys), wife of George W. Humphreys, b. Apr. 8, 1808
  d. Mar. 20, 1883
Adelaide Victoria Humphreys, dau. of George W. & N. Matilda Humphreys,
  d. Dec. 13, 1884

Laura A. Humphreys, dau. of George W. & N. Matilda Humphreys, d. 1885
Bessie Debnam (Humphreys), wife of Randolph Humphreys, 1869 — 1898
Hettie A. Parsons (Humphreys), wife of T. Edward Humphreys, b. Sept. 2, 1852 d. Jan. 18, 1897
Frank Howard Humphreys, son of T. Edward & Hettie A. Humphreys, d. Oct. 20, 1873 aged 1 mo. 16 days
Lillie **Huston** b. April 25, 1865 d. Nov. 1, 1893
Charley Huston b. Sept. 20, 1877 d. Nov. 29, 1898
Elizabeth A. Huston, wife of William C. Huston, b. May 9, 1836 d. Apr. 14, 1897
E. Margaret **Ingersoll**, wife of Capt. George E. Ingersoll, b. Apr. 26, 1831 d. Aug. 20, 1895
E. Grant Ingersoll d. April 21, 1898 aged 33 yrs. 2 mos. 9 days
Hugh **Jackson** b. Oct. 16, 1814 d. Apr. 5, 1887
Sarah McBride (Jackson), wife of Hugh Jackson, b. Jan. 26, 1814 d. Mar. 14, 1888
William Jackson b. Jan. 23, 1820 d. Nov. 29, 1885
Isaac Benston Jackson b. Jan. 3, 1811 d. May 7, 1881
Isaac N. Jackson b. Dec. 1, 1858 d. May 27, 1897
Jennie E. Cannon (Jackson), wife of Isaac N. Jackson & dau. of James & Lydia Cannon, b. Nov. 27, 1861 d. July 1, 1886
Arabella Humphreys (Jackson), wife of William H. Jackson, b. Feb. 27, 1840 d. Nov. 6, 1879
Josephus H. Jackson, son of William H. & Arabella Jackson, b. Nov. 24, 1866 d. Feb. 11, 1867
Estelle May Jackson, dau. of William H. & Arabella Jackson, b. Mar. 29, 1871 d. May 10, 1872
Arabella W. Jackson, dau. of William H. & Jane H. Jackson, b. Sept. 6, 1882 d. May 11, 1883
Samuel M. Jackson, b. Nov. 23, 1830 d. Oct. 8, 1894
Sallie McCombs (Jackson), wife of William P. Jackson, b. Oct. 16, 1867 d. Jan. 8, 1899
Elijah C. **Johnson** b. July 18, 1793 d. May 6, 1827
Josiah Johnson 1813 — 1886
William Anna Johnson, dau. of William D. & Sallie A. Johnson, b. June 23, 1857 d. Aug. 17, 1867
J. Scott Johnson, son of William J. & Lida H. Johnson, b. May 20, 1892 d. Aug. 6, 1892
Mattie H. Johnson, dau. of William J. & Lida H. Johnson, b. Nov. 1, 1893 (only date)
Benton Harris Johnson, son of William A. Woolford & Mary A. Johnson, b. Mar. 5, 1877 d. Apr. 27, 1896
Mary E. Johnson, dau. of Elijah S. & Sarah Johnson, d. Mar. 27, 1855 in the 36th yr. of her age
Elisha C. Johnson b. Apr. 23, 1851 d. July 7, 1871
Manlius C. **Jones** d. Oct. 26, 1879 aged 27 yrs.
Conrad R. **Jordan** b. Nov. 26, 1807 d. July 25, 1892
Cathrin Jordan, wife of Conrad R. Jordan, b. Sept. 10, 1811 d. Dec. 31, 1880
Conrad E. Jordan, son of Conrad R. Jordan, b. Aug. 20, 1845 d. Nov. 19, 1878
John **Kaylor**, b. Aug. 6, 1815 d. Feb. 27, 1874
Virginia W. **Kelley**, dau. of Capt. George & Mary Rider Kelley, b. Feb. 24, 1860 d. Feb. 12, 1889
Davis M. Kelly b. Apr. 1, 1822 d. Aug. 16, 1889
Marion F. Kent I 1856 — 1894
Youngest dau. of J. W. & L. E. Kent
Edward J. **Lankford** 1829 — 1883
George H. Lankford b. Nov. 29, 1831 d. Dec. 2, 1892
Albert W. Lankford b. Mar. 24, 1858 d. Dec. 26, 1897
Attaline Lankford, dau. of Albert W. & Elizabeth P. Lankford, b. July 11, 1888 d. July 31, 1888
Caroline Lankford, dau. of Albert W. & Elizabeth P. Lankford, b. May 17, 1893 d. July 17, 1893
Mary Lankford, dau. of Albert W. & Elizabeth P. Lankford, b. Apr. 17, 1897 d. Aug. 19, 1897
Willie H. **Larmar**, son of William T. & Virginia Larmar, b. Oct. 27, 1889 d. Feb. 15, 1893
Benjamin E. L. **Lawrence** b. July 11, 1879 d. July 7, 1880
Esther E. **Layfield**, wife of Thomas R. Layfield, b. Oct. 25, 1854 d. Jan. 12, 1890
Elizabeth A. **Lednum** d. Oct. 20, 1891 aged 88 yrs. 9 mos. 5 days
Joseph **Leonard** III b. Jan. 23, 1776 d. Jan. 29, 1837
Mary Dashiell (Leonard), relict of Joseph Leonard III, b. Apr. 11, 1782 d. July 3, 1855

Elinor Jane Leonard, dau. of Joseph III & Mary Leonard, b. Oct. 14, 1818 d. Oct. 6, 1821
Elizabeth S. Leonard, wife of Col. William J. Leonard, d. Aug. 31, 1872 aged 56 yrs.
Isabel White Leonard, dau. of William J. & Isabella W. Leonard, b. Aug. 27, 1877 d. May 18, 1888
Marion C. Leonard, son of George W. & Maria J. Leonard, b. Sept. 12, 1868 d. July 27, 1900
George P. Leonard, son of M. G. & M. E. Leonard, b. Nov. 30, 1891 d. July 10, 1892
Albert Windsor Leonard, son of William T. & Mattie E. Leonard, b. Aug. 5, 1897 d. Sept. 27, 1898
Mildred Treakle Leonard, dau. of William T. & Mattie E. Leonard, b. Mar. 30, 1900 d. June 24, 1900
Mary Jane Leonard, wife of George W. Leonard of B., b. Dec. 8, 1834 d. Aug. 18, 1873
Samuel J. Leonard, son of George W. & Mary J. Leonard, b. Dec. 15, 1860 d. Feb. 21, 1865
Infant dau. of George W. & Mary J. Leonard (no dates)
Louisa A. Loreman, dau. of I. E. & Irenia Loreman, b. Aug. 27, 1852 d. Aug. 28, 1854
Garden D. Lucas, son of Edwin M. & Catherine N. Lucas, b. April 5, 1879 d. June 20, 1879
Eliza E. McAllister, wife of James W. McAllister, b. July 8, 1865 d. Sept. 2, 1895
Mary Anne McBriety, wife of Joshua McBriety, b. April 27, 1811 d. Mar. 14, 1896
Charles McMakin b. Nov. 13, 1833 d. Dec. 26, 1899
John W. Maddux b. Dec. 16, 1823 d. Jan. 17, 1886
Julia Anne Maddux, wife of Levin Maddux, b. June 19, 1821 d. Dec. 22, 1854
Alice Emma Maddux b. Mar. 5, 1849 d. July 5, 1850
Ernest Williams Magers, son of M. & M. A. Magers, b. Jan. 18, 1878 baptised Jan. 10, 1880 d. July 5, 1880
Levin A. Magers d. Feb. 28, 1880
Arila Majors, wife of Kendle Majors, b. Dec. 23, 1825 d. Apr. 13, 1893
Juliet F. Malone, wife of Lemuel Malone & dau. of William & Jane M. Gunby, b. Apr. 2, 1836 d. Feb. 26, 1899
Infant son of Rev. & Mrs. Thomas E. Martindale
Eleanor W. Miller b. Aug. 30, 1826 d. Mar. 4, 1895
William D. Miller b. Oct. 29, 1889 d. Aug. 19, 1892
Dorothy Miller b. June 25, 1893 d. July 18, 1894
Stephen Dow Mills b. April 7, 1826 d. July 2, 1885
Ernest Albert Mills 1856 — 1885
Stephen Dow Mills Jr. 1861 —1889
Mary E. Mitchell, wife of James A. Mitchell, b. Nov. 27, 1854 d. July 27, 1895
Priscilla F. Slemons (Mitchell), wife of James E. Mitchell, b. Oct. 19, 1836 d. Oct. 31, 1876
Eloise Gertrude Mitchell d. Oct. 6, 1875 in her 21st yr.
Justina Mitchell, wife of W. Wesley Mitchell, 1849 — 1884
George T. Mitchell b. Jan. 31, 1816 d. Apr. 6, 1877
Susan Mitchell, wife of George T. Mitchell, b. May 5, 1816 d. Nov. 21, 1895
Susan Anner Mitchell b. Aug. 4, 1855 d. May 1, 1895
Nellie Moore, wife of William Moore, b. Dec. 12, 1807 d. Dec. 7, 1895
George M. Moore d. July 27, 1886 aged 24 yrs.
Elizabeth L. Moore, wife of George M. Moore, d. Dec. 30, 1886 aged 24 yrs.
George M. Moore, Jr., son of George M. & Elizabeth L. Moore, d. Dec. 6, 1886 aged 2 mos.
Thomas Howard Moore b. Apr. 12, 1842 d. Aug. 7, 1874
Minnie Howard Moore, dau. of T. Howard & Virginia J. Moore, b. Aug. 3, 1866 d. Oct. 13, 1867
Infant child of Charles M. & Ida M. Moore b. & d. June 9, 1891
Infant child of Charles M. & Ida M. Moore b. & d. Nov. 20, 1894
Annie A. Morris, wife of Jerry Morris, b. Oct. 8, 1859 d. Sept. 12, 1888
Sarah E. Morris, wife of Elijah Morris, b. Dec. 28, 1831 d. Feb. 12, 1900
Mary A. Ward (Morris), wife of William C. Morris, b. Feb. 18, 1855 d. Aug. 18, 1884
Infant son of Joseph J. & Julia D. Morris b. & d. Feb. 16, 1884
Thomas J. Morris b. Jan. 13, 1824 d. Dec. 11, 1872
Ann Elizabeth Morris b. July 9, 1824 d. July 31, 1875
Philander J. Morris b. Sept. 17, 1854 d. Sept. 11, 1856
Mary Jane Morris b. June 6, 1857 d. Aug. 17, 1864
William J. Murrell b. June 16, 1826 d. May 10, 1894
Robert Naylor, M.D., born in Manchester, England Jan. 17, 1830, died in Canon City, Colorado Dec. 15, 1899
George T. Nichols, son of G. W. & Dora J. Nichols, b. Dec. 28, 1892 d. Feb. 7, 1893
Sarah J. Nichols, dau. of G. W. & Dora J. Nichols, b. Jan. 13, 1894 d. Jan. 25, 1896

Isaac Nichols b. Jan. 13, 1794 d. Jan. 15, 1874
Mary A. Nichols, wife of Isaac Nichols, d. Apr. 18, 1892 aged 88 yrs.
John W. **Nicholson** b. Aug. 18, 1869 d. Mar. 21, 1897
Littleton H. **Nock** d. Oct. 1, 1892 aged 40 yrs. 8 mos. 15 days
Rosie Nock, wife of Littleton H. Nock, b. Dec. 10, 1850 d. July 14, 1879
Infant of E. M. & Lizzie T. Twilley **Oliphant** b. & d. Sept. 13, 1894
Mary Virginia **Owens**, dau. of John Purnell & Martha J. Owens b. Jan. 2, 1872 d. Sept. 4, 1887
Willie Purnell Owens, son of John Purnell & Martha J. Owens, b. Sept. 4, 1873 d. Nov. 28, 1875
Ebenezer Owens, son of John Purnell & Martha J. Owens, b. July 15, 1888 d. July 24, 1888
Angeline Owens, dau. of John Purnell & Martha J. Owens, b. July 15, 1888 d. Sept. 20, 1888
Mary E. **Parker** 1877 — 1897
George W. Parker 1876 — 1897
Thomas M. Parker 1880 — 1887
Samuel Parker b. Sept. 14, 1802 d. July 29, 1865
Phoebe Parker, wife of Samuel Parker, b. Mar. 30, 1808 d. Oct. 5, 1890
Paul H. Parker, son of George T. & Annie Parker, d. Aug. 8, 1900 aged 1 yr. 6 mos. 13 days
Hiram D. Parker b. July 22, 1878 d. Jan. 12, 1894
Elisha E. Parker, son of E. H. & Margaret T. M. Parker, b. May 16, 1895 d. Aug. 21, 1895
Alison C. **Parsons** b. Jan. 24, 1818 d. July 29, 1868
Leah N. Parsons, wife of Alison C. Parsons, b. Sept. 17, 1814 d. Sept. 11, 1866
Martha Parsons, dau. of Alison C. & Leah N. Parsons (no dates)
Jehu Parsons, son of Alison C. & Leah N. Parsons (no dates)
Alonzo F. Parsons b. Oct. 24, 1838 d. May 10, 1874
Jehu Parsons b. Nov. 6, 1780 d. Aug. 8, 1859
Esther Sommers (Parsons), wife of Jehu Parsons, b. Mar. 23, 1789 d. Mar. 23, 1874
George W. Parsons, son of Jehu & Esther Parsons, b. June 10, 1839 d. Oct. 31, 1888
Elizabeth Ellen Parsons, dau. of Noah & Elizabeth Rider & wife of William Sidney Parsons, b. May 1, 1834 d. Sept. 6, 1865
William Byrd Parsons, son of William Sidney & Elizabeth Ellen Parsons, b. Apr. 6, 1874 d. July 3, 1891
Margaret Ann Parsons, dau. of John & Susan Bowland & wife of William Sidney Parsons, d. Feb. 11, 1848 aged 22 yrs. 8 mos. 17 days
Sidney Marion Parsons, son of William Sidney & Margaret Parsons, d. July 20, 1852 aged 3 yrs. 8 mos. 20 days
Caroline T. Williams (Parsons), wife of Milton A. Parsons, April, 1825 — July, 1873
William B. Parsons, son of Milton A. & Caroline T. Parsons, d. Mar. 4, 1861 aged 5 yrs. 9 mos. 17 days
Amelia Parsons b. Oct. 6, 1773 d. July 13, 1851
William Parsons b. Mar. 8, 1767 d. May 19, 1843
Mary Parsons d. Aug. 20, 1855 aged 86 yrs. 7 mos. 8 days
Benjamin Parsons, the donor of this burying ground, b. Sept. 26, 1789 d. July 23, 1873
Nancy Parsons, wife of Benjamin Parsons, d. Aug. 19, 1874 aged 64 yrs. 3 mos. 29 days
Benjamin H. Parsons b. Jan. 11, 1802 d. Sept. 8, 1879
George A. Parsons 1840 — 1889
George Thomas Parsons, son of Levin & Annie E. Parsons, b. Nov. 24, 1856 d. June 21, 1858
William W. Parsons b. Mar. 10, 1830 d. May 18, 1893
Thomas **Parvin** b. June 5, 1812 d. Nov. 25, 1863
Hester Ann Parvin, wife of Thomas Parvin, b. Aug. 26, 1820 d. Mar. 31, 1900
John William Parvin, son of Thomas & Hester Parvin, b. June 6, 1856 d. Aug. 4, 1858
Charles Alfred Parvin, son of Thomas & Hester Parvin, b. Nov. 4, 1862 d. Nov. 8, 1863
Josiah W. **Penuel** b. Feb. 21, 1811 d. Oct. 8, 1886
Ellen M. Penuel, wife of Josiah W. Penuel, b. Apr. 6, 1835 d. Feb. 9, 1891
Harry N. Penuel, son of Josiah & Ellen Penuel, d. Jan. 5, 1882 aged 23
George W. **Perry** b. Sept. 15, 1856 d. May 12, 1885
Mary Elenor Perry, wife of George B. Perry, d. Mar. 11, 1881 aged 54 yrs. 1 mo. 1 day
Major **Phillips** b. Dec. 15, 1812 d. May 5, 1855
Catherine H. Williams (Phillips), wife of Major Phillips, b. Apr. 16, 1813 d. Oct. 8, 1851

Clarence Phillips, son of Jacob C. & Catherine Jackson Phillips, b. Oct. 1, 1861
d. Nov. 12, 1861
Nellie Hudson Phillips, dau. of Jacob C. & Catherine Jackson Phillips, b. Feb. 1, 1869
d. May 29, 1871
Sidney H. Phillips, son of Hugh J. & Sidney H. Phillips, b. Apr. 26, 1894
d. May 20, 1894
Annie C. Phillips, wife of U. Christopher Phillips, b. Sept. 5, 1860 d. Feb. 25, 1898
Homer Pollitt Phillips, son of U. Christopher & Annie C. Phillips, b. Feb. 23, 1898
d. Aug. 7, 1899
Anna Ruth Phillips, dau. of U. Christopher & Annie C. Phillips, b. Aug. 16, 1895
d. May 6, 1898
Frankie Phillips, son of Dr. Isaac B. & A. J. Phillips, d. June 5, 1862
aged 5 yrs. 8 mos. 28 days
Libby **Pinkett**, consort of Elijah Pinkett, d. Jan. 11, 1839 aged 36 yrs.
William T. **Polk** b. Oct. 1, 1832 d. Jan. 25, 1899
Katie L. **Pope**, dau. of Milton H. & Ella L. Pope, b. Mar. 20, 1885 d. Jan. 29, 1890
Birdie Henry **Powell**, second dau. of Henry D. & Martha J. Powell, b. Sept. 6, 1880
d. May 7, 1881
Thomas L. Powell b. Oct. 17, 1838 d. Sept. 4, 1863
John A. **Prettyman** 1856 — 1900
Mary Ruth **Price**, dau. of Rufus McKenney & Lizzie Lee Price, d. May 5, 1893
aged 5 days
Olevia **Pusey**, dau. of William S. & Tersia Pusey, 1860 — 1885
William D. **Records** b. Mar. 26, 1818 d. June 17, 1897
Clifford L. Records b. Oct. 5, 1896 d. Oct. 27, 1900
William Decatur **Reddish**, son of John F. & Hester A. Reddish, b. Dec. 24, 1866
d. Jan. 8, 1893
Ella F. Reddish, dau. of John F. & Hester A. Reddish, b. Oct. 26, 1868
d. Dec. 28, 1870
Bosina **Reichenberg**, wife of A. Reichenberg, d. July 14, 1886
Eugenia **Riall** b. July 12, 1866 d. Oct. 12, 1888
Harry R. **Richardson**, b. Mar. 12, 1898 d. June 12, 1900
Josephine A. **Rider**, wife of Thomas F. J. Rider, d. Jan. 14, 1883 aged 42 yrs.
Helen Ross Rider, dau. of Granville Ross & M. Augusta Whitelock Rider,
b. Dec. 19, 1870 d. June 4, 1871
Mary Lofland Rider, dau. of Granville Ross & M. Augusta Whitelock Rider,
b. June 26, 1872 d. Sept. 16, 1874
Granville Ross Rider Jr., son of Granville Ross & M. Augusta Whitelock Rider,
b. Dec. 1, 1876 d. July 21, 1877
Margaret Whitelock Rider, dau. of Granville Ross & M. Augusta Whitelock Rider,
b. Mar. 27, 1879 d. Feb. 25, 1887
John Rider, b. Dec. 21, 1779 d. May 6, 1859
Eleanor Rider, wife of John Rider, b. July 16, 1782 d. Mar. 28, 1856
William Hearn Rider b. June 21, 1803 d. June 8, 1877
Mary T. Rider, wife of William H. Rider, d. Mar. 19, 1843 aged 36 yrs. 2 mos. 20 days
Emily Frances Rider, dau. of William H. & Mary T. Rider d. Apr. 27, 1841
aged 5 wks. 4 days
Williamanna Rider, dau. of William H. & Mary T. Rider, d. Sept. 20, 1845
Alice Byrd Rider, dau. of William H. & Margaret Ann Rider, b. Nov. 7, 1855
d. June 14, 1898
Letitia Lofland Rider b. Mar. 21, 1832 d. Aug. 22, 1894
Charles Wilson Rider, son of Noah & Elizabeth Rider, b. Jan. 20, 1821
d. Oct. 25, 1822
Amelia S. Rider died in Baltimore Dec. 27, 1851 in her 58th yr.
William Clifton **Riggin**, son of William T. & Martha T. Riggin, b. Nov. 1, 1890
d. May 28, 1898
Nance S. Riggin, wife of Jacob Riggin, d. July 10, 1817 aged 56 yrs. 2 mos. 8 days
Rebecca Cathell Riggin, consort of Jacob Riggin, b. Feb. 11, 1800 d. Dec. 13, 1840
Lily B. **Roberts**, dau. of William A. & Laura V. Majors Roberts, b. Feb. 20, 1894
d. Dec. 6, 1900
Mary E. **Robinson**, wife of Augustus A. Robinson, b. Nov. 19, 1843 d. July 22, 1893
Margaret P. **Rounds**, dau. of E. Purnell & Mary E. A. Rounds, b. Jan. 17, 1884
d. Oct. 28, 1884
Emma F. Rounds, dau. of E. Purnell & Mary E. A. Rounds, b. Mar. 26, 1888
d. Aug. 10, 1888
Charles T. Rounds, son of E. Purnell & Mary E. A. Rounds, b. Aug. 9, 1890
d. June 27, 1891
Emma G. Rounds, dau. of T. Jackson & Kate E. Rounds, b. June 10, 1896
d. Aug. 16, 1896

Walter T. Rounds, son of T. Jackson & Kate E. Rounds, b. July 24, 1900
    d. Oct. 2, 1900
George H. W. **Ruark** b. Feb. 24, 1840 d. July 16, 1900
Georgia A. Ruark b. Feb. 26, 1849 d. Dec. 16, 1884
William T. Ruark b. Aug. 16, 1792 d. Nov. 28, 1850
Susan Ruark b. Sept. 4, 1791 d. Oct. 23, 1852
Winfield Ruark, son of William Mayhew & Nancy Hooper Ruark, b. Oct. 3, 1847
    d. Mar. 3, 1849
Susan Elizabeth Ruark, dau. of William Mayhew & Nancy Hooper Ruark,
    b. Jan. 9, 1849 d. May 22, 1858
Mary Ellen Ruark, dau. of William Mayhew & Nancy Hooper Ruark,
    d. May 30, 1872 aged 18 yrs. 11 mos. 17 days
Mayhew T. Ruark, son of William Mayhew & Nancy Hooper Ruark, b. Mar. 19, 1857
    d. Dec. 26, 1879
Sarah E. **Seabrease**, wife of John C. Seabrease, b. July 9, 1866 d. Feb. 29, 1891
Infant son of George Edward & Esther Ann Batts **Serman** d. Feb. 2, 1876
George W. Serman 1818 — 1881 aged 63
John A. Serman, son of George W. & Mariah L. Serman, b. Aug. 27, 1856
    d. Dec. 10, 1856
Catharine T. **Shipley**, wife of Dr. George S. D. Shipley, b. Sept. 23, 1819
    d. Apr. 2, 1891
Gordon **Shockley**, son of Burton & Amelia Shockley, b. June 29, 1876 d. Apr. 4, 1893
Margaret Louise **Smith**, dau. of Thomas A. & Alice M. Smith, b. May 5, 1878
    d. Dec. 30, 1898
Mary P. Smith 1895 — 1897
George W. Smith b. Feb. 26, 1832 d. May 20, 1895
Sarah A. Smith, wife of George W. Smith, b. Aug. 1, 1837 d. Jan. 17, 1897
Sophia Smith b. Oct. 30, 1813 d. Mar. 25, 1895
Albert Francis Smith, son of John W. & Mary E. Smith, b. July 24, 1885
    d. Sept. 14, 1900
Wade H. Smith, son of John W. & Mary E. Smith, b. July 28, 1889 d. Feb. 13, 1893
Charles E. Smith b. July 11, 1868 d. Apr. 4, 1899
Dr. William T. Smith b. Jan. 20, 1830 d. May 25, 1880
Charles Smith d. Feb. 27, 1831 aged about 45 yrs. of a very short illness
Samuel W. Smith, son of Louis A. & Laura T. Smith, b. Mar. 31, 1878
    d. Oct. 15, 1899
Luther C. Smith, son of Louis A. & Laura T. Smith, b. Aug. 20, 1883
    d. Aug. 11, 1898
Birdie A. **Smullen** 1898 — 1899
Brantson D. **Spicer** b. Jan. 13, 1826 d. June 22, 1884
Elizabeth S. Spicer, b. Apr. 3, 1827 d. Sept. 12, 1897
Sally McCuddy **Stayton** b. Sept. 30, 1791 d. Dec. 3, 1838
Charles **Stevens** b. Oct. 4, 1865 d. Nov. 30, 1886
John D. Stevens b. Nov. 19, 1859 d. Jan. 11, 1883
Samuel A. Stevens Jr., son of Samuel A. & Annie Stevens, b. Aug. 8, 1871
    d. Sept. 13, 1872
George Edward Stevens, son of B. E. & Tura M. Stevens, b. Sept. 3, 1896
    d. July 14, 1897
Margaret E. **Stewart**, wife of T. F. Stewart, b. Mar. 31, 1858 d. Apr. 3, 1900
Rt. Rev. William Murray **Stone**, D.D., b. June 1, 1779 Rector of Spring Hill & Stepney
    Parishes more than 25 yrs., consecrated Bishop of Maryland Oct. 21, 1830
    d. Feb. 26, 1838
Ann Stone, wife of William Murray Stone, d. Apr. 9, 1821 aged 32 yrs.
Phillip **Storks**, b. July 20, 1766 converted to God in 1816 d. May 27, 1845
Mary Storks b. June 15, 1769 d. May 14, 1838
Mary Nichols Storks, dau. of David & Mary Storks, d. Dec. 3, 1848
    aged 5 yrs. 5 mos. 5 days
Irvin Storks, son of Samuel H. & Mary E. Evans Storks, d. Mar. 7, 1891
    aged 4 yrs. 3 mos. 15 days
Georgie B. Shipley (**Strattner**), wife of Frederick Strattner, d. Aug. 6, 1883
John Acworth **Straughn** b. June 3, 1878 d. Mar. 14, 1890
Paul Grafton **Sweet** 1889
Joseph Hopkins **Tarr** b. July 8, 1823 d. Mar. 11, 1880
Sallie Elizabeth Rock (Tarr), wife of Joseph H. Tarr, b. Nov. 24, 1825 d. July 5, 1890
Sarah White **Taylor** b. Dec. 9, 1833 d. July 8, 1887
George W. Taylor b. Aug. 5, 1872 d. in Tucson, Ariz. Dec. 26, 1900
Matthias Taylor d. Feb. 4, 1889 aged 66 yrs. 8 days
William W. **Thorington** 1821 — 1898
Mary J. Thorington, wife of William W. Thorington, d. Mar. 26, 1862
    aged 36 yrs. 1 mo. 10 days

Maria P. **Thoroughgood**, wife of William Thoroughgood, d. Nov. 14, 1872 aged 36 yrs. 1 mo. 24 days
E. J. **Tilghman** b. Oct. 13, 1828 d. Jan. 25, 1878
Mary Collins (Tilghman), wife of John H. Tilghman, b. Sept. 29, 1825 d. May 26, 1895
Lee A. Tilghman, wife of Merrill H. Tilghman, b. June 14, 1851 d. May 8, 1892
Nettie B. Tilghman, dau. of Merrill H. & Lee A. Tilghman, b. June 23, 1878 d. Aug. 24, 1881
Hugh G. Tilghman, son of Merrill H. & Lee A. Tilghman, b. July 24, 1885 d. Oct. 27, 1885
Ross Tilghman, son of Merrill H. & Lee A. Tilghman, b. July 26, 1886 d. Sept. 3, 1886
Olivia B. Tilghman, dau. of Merrill H. & Lee A. Tilghman, b. May 3, 1892 d. June 18, 1892
Mary J. Shipley (Tilghman), wife of William Beauchamp Tilghman, died Jan. 22, 1874 in her 24th yr.
Infant son of William B. & Anna E. Tilghman Sept. 24, 1881 (only date)
Helen Margaret Tilghman, dau. of William B. & Anna E. Tilghman, b. June 28, 1894 d. July 2, 1895
Purnell **Toadvine** b. Aug. 1, 1808 d. May 21, 1878
Amanda Toadvine, wife of Purnell Toadvine, b. Aug. 1, 1815 d. Sept. 29, 1863
Stephen P. Toadvine b. May 23, 1836 d. Jan. 22, 1890
Martha V. Toadvine, wife of Stephen P. Toadvine, b. Dec. 17, 1841 d. July 22, 1883
Matthias J. Toadvine b. Aug. 17, 1825 d. Jan. 4, 1882
Gordon H. Toadvine b. Nov. 30, 1856 marr. Feb. 2, 1881 d. Mar. 25, 1895
Martha J. Williams (Toadvine), wife of Gordon H. Toadvine, b. June 15, 1857 marr. Feb. 2, 1881 d. Jan. 14, 1895
S. Frank Toadvine b. Nov. 15, 1839 d. Oct. 18, 1897
Virginia F. Toadvine, wife of S. Frank Toadvine, b. Sept. 16, 1851 d. July 26, 1886
Francis Spencer **Todd**, son of Robert Nairne & Tryphena H. Todd, b. Oct. 29, 1899 d. Sept. 11, 1900
Jesse **Townsend** b. Dec. 27, 1767, converted Aug., 1800, d. Aug. 31, 1816
Joshua S. H. **Trader**, son of Joshua & Elizabeth B. Trader, b. Aug. 3, 1808 d. Aug. 4, 1865
Miranda J. C. Trader, wife of Joshua S. H. Trader, & dau. of Isaiah & Nancy Smith, b. Aug. 20, 1806 d. July 18, 1874
Robert I. C. Trader, son of Joshua & Miranda Trader, b. Sept. 20, 1833 d. June 10, 1879
Thomas H. Trader, son of Joshua & Miranda Trader, b. Dec. 2, 1846 d. Mar. 15, 1887
Rollinson W. Trader, son of Joshua & Miranda Trader, b. Aug. 24, 1844 d. July 4, 1886
Christopher C. Trader, son of Sidney L. & Arabella Trader, b. Dec. 11, 1869 d. May 1, 1889
Lila Trader, dau. of A. P. & Mary A. Trader, d. Oct. 28, 1879 aged 1 mo. 1 day
Olevia R. Trader, b. Apr. 5, 1840 d. Dec. 1, 1896
Eliza Ellen Fowler (**Travers**), wife of Mitchell Wallace Travers, d. 1898
Edward F. Travers, M.D., b. Jan. 24, 1844 d. May 14, 1891
Ida Grace Travers d. 1894
Arthur Griffin **Truitt**, son of James T. & Henrietta E. Truitt, b. June 2, 1890 d. Jan. 15, 1892
George T. Truitt d. Mar. 22, 1896 aged 40 yrs. 3 mos. 18 days
Thomas H. **Tull**, b. May 8, 1842 d. Nov. 12, 1881
Laura W. Tull, wife of Thomas H. Tull, b. Dec. 17, 1844 d. Sept. 10, 1891
Naaman Price **Turner** 1815 — 1886
Nellie Turner, dau. of Naaman Price Turner Jr. & Sarah Virginia Evans Turner, b. & d. Feb. 15, 1883
Hester **Twilley** 1828 — 1887
Amelia A. Twilley b. July 4, 1840 d. Oct. 18, 1886
Bessie C. Twilley b. June 25, 1872 d. July 21, 1892
Bessie D. Twilley b. Jan. 27, 1875 d. Jan. 8, 1889
Thomas H. **Vance** d. Sept. 14, 1835 aged 13 mos.
Sallie A. S. Vance, d. Sept. 18, 1859 aged 12 yrs. 5 mos.
Martha H. Vance d. Sept. 25, 1854 aged 2 yrs. 4 mos.
David Vance b. Jan. 17, 1801 d. Feb. 21, 1862
Rosanna Vance, wife of David Vance, d. Aug. 9, 1891 in her 85th yr.
Mary Elizabeth **Venables**, wife of James A. Venables, b. Mar. 16, 1831 d. Jan. 15, 1894
William H. **Wailes**, M.D., d. Apr. 24, 1849 aged 48 yrs. 22 days
Sarah A. Leonard (Wailes), wife of William H. Wailes, b. Feb. 1, 1811 d. Apr. 23, 1858

Henry Clay Wailes, son of Dr. William H. & Sarah A. Wailes, d. Aug. 6, 1849 aged 9 mos.
William H. **Wainwright** b. Jan. 31, 1863 d. May 5, 1892
Charlie Washington Wainwright, son of George W. & Delina I. Wainwright, b. May 17, 1881 d. Nov. 7, 1889
George **Waller** b. Jan. 12, 1817 d. Mar. 6, 1896
Julia Ann Waller, wife of George Waller, b. Jan. 9, 1825 d. Dec. 6, 1895
Adaline W. Waller b. Nov. 9, 1831 d. May 23, 1899
William Waller d. Apr. 16, 1883 aged 62 yrs.
Mary E. Waller b. Dec. 19, 1852 d. Mar. 5, 1895
Peter S. Waller d. Feb. 26, 1899 aged 71
Eliza S. Huston (Waller), wife of Peter S. Waller, d. Nov. 25, 1900 aged 61
Willard E. **Walston**, son of James M. & Elexzean Walston, d. Sept. 7, 1888 aged 11 mos. 13 days
Rev. William B. **Walton** b. Nov. 22, 1823 d. June 21, 1898
Wilbur Fisk Walton, son of Rev. William B. & Sarah D. Walton, b. Jan. 8, 1853 d. June 26, 1890
Harry **Waram**, son of P. & E. E. Waram, d. Dec. 30, 1877 aged 17 mos.
Mary Eugene **Ward**, dau. of J. W. & Larania E. Ward, b. Jan. 6, 1865 d. May 23, 1889
William Kinzer Ward, son of J. W. & Larania E. Ward, b. Sept. 17, 1873 d. Jan. 22, 1879
Willie Slemons Ward, son of J. W. & Larania E. Ward, b. June 4, 1875 d. Dec. 30, 1876
Littleton **Weatherly** d. Dec. 10, 1842 aged 68 yrs.
Ronie M. Collier **(Wharton)**, wife of Owen T. Wharton, b. Feb. 17, 1844 d. Apr. 17, 1900
Noah W. **White** b. Jan. 8, 1833 d. Feb. 13, 1900
James W. White, son of Noah W. & Sarah J. White, b. Oct. 15, 1857 d. June 15, 1881
Archelaus White, son of Noah W. & Sarah J. White, b. Aug. 4, 1859 d. Nov. 2, 1896
Ernest J. White, son of Noah W. & Sarah J. White, b. Sept. 12, 1873 d. Jan. 30, 1891
Levin P. White, b. June 28, 1800 d. May 14, 1851
John White b. Aug. 15, 1803 d. Dec. 27, 1898
Mary A. White, wife of John White, b. May 15, 1804 d. July 14, 1876
Sallie S. White, dau. of John & Mary A. White, b. July 14, 1840 d. Oct. 2, 1844
Sally Stewart White, dau. of John & Mary A. White, b. May 5, 1846 d. Sept. 20, 1847
James White b. Aug. 5, 1812 d. Oct. 30, 1886
Adeline White, wife of James White, b. Feb. 18, 1816 d. July 31, 1899
William L. White b. May 17, 1825 d. Feb. 28, 1851
Ernest Tyson White, son of Gustavus & Laura White, b. Feb. 18, 1876 d. Aug. 3, 1876
Fannie L. White 1858 — 1894
Cora E. White 1882 — 1891
Edna M. White 1890 — 1892
Charles **Whitelock** d. May 24, 1871 aged 57
Charles Whitelock (no dates)
Infant dau. of Frank & Ella C. **Williams** Sept. 26, 1889
Emory L. Williams b. Dec. 24, 1838 d. Apr. 8, 1888
Kate O. Shipley (Williams), wife of Emory L. Williams, b. Mar. 28, 1843 d. June 6, 1894
James F. Williams b. Mar. 13, 1830 d. Feb. 25, 1872
Julia Katherine Williams, dau. of Charles B. & Adaline Williams, b. Sept. 14, 1881 d. June 19, 1886
Matilda G. Williams, wife of John H. Williams, & dau. of Dr. W. H. Rider, b. Apr. 12, 1828 d. Apr. 21, 1857
John H. Williams, son of John & Catherine Williams, b. Dec. 20, 1862 d. Nov. 3, 1888
Infant dau. of John H. & Ida G. Williams b. Apr. 30, 1889
Irma Laws Williams, dau. of John H. & Ida G. Williams, b. Mar. 31, 1899 d. June 9, 1900
Henrietta A. **Wimbrow** b. May 19, 1827 d. Sept. 20, 1886
Albert M. **Windsor** b. July 21, 1857 d. June 23, 1892
Theodora Windsor, dau. of Albert M. & Theodora J. Holloway Windsor, b. Nov. 30, 1878 d. June 2, 1900
James B. **Witham** 1829 — 1879
Robert Clarence **Wright**, son of Clarence E. & Sarah E. Wright, b. Sept. 18, 1890 d. Sept. 24, 1890
Martha J. **Wroten**, wife of David S. Wroten, b. Dec. 22, 1848 d. Aug. 6, 1887

Capt. Thomas H. (W)roten b. Oct. 13, 1806 d. Jan. 25, 1883
Margaret (W)roten, wife of Capt. Thomas H. Wroten, b. Feb. 17, 1805 d. Mar. 13, 1866
Augustus Washington Wroten, son of Thomas H. & Margaret Wroten, b. June 22, 1839 d. July 22, 1840
John Summerfield Wroten, son of Thomas H. & Margaret Wroten, b. Jan. 22, 1841 d. Aug. 31, 1849

EBENEZER METHODIST CHURCH CEMETERY
Rockawalkin Rd. & Crooked Oak Rd.

Isaac **Anderson** b .Nov. 12, 1802 d. Sept. 18, 1875
Anne M. E. Anderson, wife of Isaac Anderson, b. Nov. 13, 1837 d. Sept. 25, 1895
Emily W. **Bounds**, dau. of Samuel T. & Ann Bounds, b. Jan. 31, 1837 d. Aug. 12, 1857
William R. **Byrd** d. Sept. 1, 1855 aged 49 yrs. 6 mos. 26 days
Sally Byrd, consort of William R. Byrd, b. Mar. 22, 1803 d. Sept. 29, 1862
George W. Byrd d. Nov. 25, 1862 29 yrs. 5 mos. 25 days
Maria L. **Connelley**, wife of Rev. John H. Connelley & dau. of Matthias H. & Nancy Disharoon, b. Jan. 14, 1831 d. May 13, 1860
Jonah **Cooper** b. Sept. 5, 1838 d. Aug. 26, 1896
Warden D. Cooper b. Apr. 7, 1875 d. Jan. 1, 1898
Anna **Culver**, wife of Elijah Culver, b. June 7, 1806 d. May 29, 1859
Willis P. **Dennis** d. Dec. 15, 1881 aged 10 yrs. 11 mos. 32 days
Matthias H. **Disharoon** b. May 14, 1808 d. June 27, 1877
Nancy Disharoon, wife of Matthias H. Disharoon, b. June 16, 1810 d. Mar. 10, 1875
Edward A. Disharoon, son of Matthias H. & Nancy Disharoon, b. May 15, 1838 d. Apr. 11, 1876
George C. Disharoon, husband of Mollie E. Disharoon, d. Sept. 14, 1881 aged 31 yrs. 9 mos. 19 days
May Disharoon, only dau. of George C. & Mollie E. Disharoon, b. Mar. 14, 1873 d. Sept. 2, 1880
Elijah M. **Gordy** b. Jan. 12, 1824 d. Jan. 11, 1900
Martha E. Gordy b. July 15, 1829 d. Dec. 28, 1896
William Henry **Hearn**, son of Isaac & Mary H. Hearn, d. Feb. 12, 1865 aged 6 yrs. 6 mos. 8 days
Beeson C. **Humphreys** b. Feb. 29, 1868 d. Jan. 12, 1890
Reuben J. Humphreys b. Apr. 25, 1880 d. Feb. 6, 1897
Charles W. Humphreys b. July 9, 1810 d. Apr. 7, 1860
Amelia A. Humphreys, wife of Charles W. Humphreys, d. May 14, 1877 aged 63 yrs. 9 mos. 21 days
Charles E. F. Humphreys, son of Charles W. & Amelia A. Humphreys, d. Sept. 15, 1837 aged 3 yrs. 11 mos. 15 days
Elizabeth A. Humphreys, dau. of Charles W. & Amelia A. Humphreys, d. Dec. 20, 1854 aged 19 yrs. 5 mos. 9 days
Margaret W. Humphreys b. Aug. 12, 1808 d. Apr. 9, 1892
Eliza J. C. Humphreys, dau. of Josiah & Susan Humphreys, d. Aug. 21, 1855 aged 5 mos. 27 days
Hester E. Humphreys, dau. of Josiah & Susan Humphreys, d. Oct. 7, 1854 aged 1 yr. 1 mo. 25 days
Infant son of J. C. & Harriet Humphreys Nov. 1, 1890
John V. Humphreys b. Mar. 18, 1805 d. Aug. 16, 1849
Margaret Humphreys, wife of John V. Humphreys, d. Feb. 20, 1871 aged 68 yrs. 10 mos. 8 days
Azariah Humphreys, bro. of Martha A. Johnson, b. Apr. 7, 1833 d. Oct. 6, 1881
Amelia E. Humphreys, dau. of Horatio T. & Martha E. Humphreys, b. Oct. 20, 1868 d. July 20, 1879
Gertrude Humphreys, dau. of Robert G. & Martha Humphreys, 1867 — 1870
Mary Anne Humphreys, dau. of Robert G. & Martha Humphreys, (no dates) aged 5 mos.
Mary A. Humphreys, consort of Robert G. Humphreys, b. Jan. 31, 1836 d. Aug. 25, 1863
Edgar Humphreys, oldest son of Robert G. & Mary A. Humphreys, b. Jan. 6, 1859 d. July 28, 1860
Charles E. Humphreys, son of Robert G. & Mary A. Humphreys, d. Sept. 4, 1861 aged 15 mos. 27 days
Everett B. Humphreys, son of Robert G. & Mary A. Humphreys, b. Jan. 1, 1862 d. Aug. 31, 1863
Martha A. Humphreys **Johnson**, wife of Josiah Johnson, b. May 3, 1830 d. Dec. 4, 1881

Louisa B. Johnson, dau. of Josiah & Martha A. Johnson, b. June 30, 1865
d. July 25, 1893
Mary C. Johnson, consort of William W. Johnson, b. Mar. 22, 1832 d. July 13, 1852
Annie McCree Johnson, dau. of William W. & Mary A. Johnson, b. Nov. 29, 1858
d. Mar. 20, 1875
Susan C. B. **Larmore**, wife of James Larmore, d. Jan. 2, 1871
aged 58 yrs. 11 mos. 18 days
Thomas W. H. **Mitchell** b. Sept. 2, 1831 d. Apr. 18, 1883
Sarah Ellen White (Mitchell), wife of Thomas W. H. Mitchell, 1839 — 1893
Ralph Dashiell **Mitchell**, son of Rev. & Mrs. J. M. Mitchell, b. Apr. 8, 1893
d. Nov. 30, 1893
Eliza C. **Morris**, wife of Thomas C. Morris & dau. of Luther M. & Eleanor Williams,
b. Jan. 14, 1850 d. Apr. 18, 1891
Bulah M. **Nelson**, dau. of J. L. & Sarah T. Nelson, b. Sept. 22, 1890 d. Oct. 25, 1891
Sallie **Parker**, dau. of Ayrs & Henney Parker, b. Feb. 7, 1875 d. May 10, 1896
Mary J. **Parsons**, wife of R. G. Parsons, b. Jan. 27, 1844 d. Dec. 3, 1896
Rosa **Patrick**, wife of Allison E. Patrick, b. Oct. 24, 1857 d. May 4, 1885
Nellie B. Patrick b. Mar. 14, 1877 d. July 25, 1893
Nan E. **Phippin**, wife of John C. Phippin, b. Jan. 18, 1858 d. Dec. 23, 1900
Wolsey Phippin, son of John C. & Nan E. Phippin, b. Sept. 16, 1898 d. June 25, 1899
Guy Phippin, son of John C. & Nan E. Phippin, b. Sept. 29, 1896 d. Feb. 13, 1897
Clayton C. Phippin b. Aug. 6, 1824 d. Mar. 1, 1888
Jennie L. Phippin, dau. of Clayton C. & Sarah Phippin, d. Sept. 2, 1881
aged 17 yrs. 5 mos. 24 days
Elihu J. **Pusey** b. Oct. 23, 1817 d. Apr. 25, 1878
Margaret J. **Pusey**, wife of Elihu J. Pusey, b. May 25, 1827 d. Feb. 28, 1897
Isaac Merrill Pusey, son of Elihu & Margaret Pusey, d. Dec. 18, 1858
aged 6 yrs. 4 mos. 8 days
Marian L. **Smith** b. Jan. 20, 1868 d. July 25, 1893
Luther Martindale **Williams**, son of John & Aliphar Cannon Williams,
b. Mar. 1, 1810 d. June 19, 1882
Eleanor Warren Wootten Williams, wife of Luther M. Williams & dau. of Isaac &
Polly King Wootten, b. Nov. 28, 1817 d. Nov. 19, 1870
Matilda E. Williams, wife of Samuel Williams, b. May 17, 1850 d. Apr. 22, 1899

ROCKAWALKIN PRESBYTERIAN CHURCH CEMETERY
South side Salisbury-Nanticoke Rd. & West side of Rockawalkin Creek

Willie **Anderson**, son of Isaac & Ellen Anderson, b. June 28, 1862 d. Oct. 21, 1871
James **Ritchie**, born in Scotland Oct. 5, 1765, came to Balto., Md. in 1781, resided in
this neighborhood from 1790 til his death Mar. 6, 1823 aged 57. He was truly a
benevolent and charitable man.

ROCKAWALKIN COLORED CHURCH CEMETERY
South side Levin Dashiell & East side of Rockawalkin Road

Richard **Barker** d. Mar. 15, 1875 aged 37 yrs.
Leven **Birckhead**, son of Lenox & Elizabeth Birckhead, husband of Mary D. Birckhead,
b. Aug. 11, 1862 d. Dec. 1, 1894
Mary M. Smith (Birckhead), wife of Charles A. Birckhead, b. Jan. 13, 1861
d. Aug. 14, 1889
Mary **Burnett** b. Mar. 18, 1873 d. Oct. 31, 1897
Charles **Dashiell** Co. C. 30th U. S. C. T. b. June 20, 1834 d. Sept. 16, 1893
Samuel **Nelson** Co. H. 9th U. S. C. T. b. Sept. 15, 1836 d. Apr. 5, 1895

OLD CATHOLIC CEMETERY
North side of Balto. & Eastern R. R. West side of Williams Branch,
West of U. S. Rt. 50

William **Brennen** born in Tipperary, Ireland June 14, 1814, died in Dorchester Co., Md.
July 15, 1881
Johannah Brennen born in Kilkenny Co., Ireland 1821 died Sept. 11, 1871
in her 50th yr.
Eugene **Doody** b. Sept. 19, 1834 d. Jan. 25, 1900
Thomas **Evans**, son of Edmond & Mary Ann Evans, d. Dec. 11, 1874 aged 3 yrs.
Timothy **Mullin** d. Aug. 21, 1871 aged 14 yrs. 5 mos.
Franky **Poleyett**, son of Nelson Poleyett, b. Mar. 3, 1877 d. Nov. 2, 1883
George M. **Ritzel**, son of Augustus & Elizabeth Ritzel, b. May 13, 1877 d. Apr. 24, 1887

WILLIAMS FAMILY GRAVEYARD
East side of U. S. Rt. 50 opposite Marquis Ave.
Robert D. Williams b. Feb. 22, 1816 d. Dec. 31, 1890
Mary I. Williams, wife of Robert D. Williams, b. Oct. 25, 1822 d. Feb. 6, 1876

ELLINGSWORTH FAMILY GRAVEYARD
North side Nanticoke Rd. at Riawaukin Acres
Josiah Ellingsworth b. Nov. 23, 1809 d .Aug. 12, 1866
Maria Ellingsworth, consort of Josiah Ellingsworth, b. Apr. 6, 1813 d. Feb. 10, 1859

IRVING FAMILY GRAVEYARD
South side Pemberton Drive ½ mile East of Crooked Oak Rd. (Handy Hall)
Handy H. Dashiell aged 5 yrs. grandchild
Charlotte Dashiell aged 18 mos. grandchild
Handy H. Irving b. Feb. 28, 1789
Peggy K. Irving, wife of Handy H. Irving, b. Sept. 17, 1794
William Handy Irving aged 21 mos. child
Thomas Gilliss Irving aged 4 yrs. child
Samuel Handy Irving aged 6 mos. child
Handy H. Irving Jr. aged 15 yrs. child
Leah Handy Irving aged 15 mos. child
Elizabeth Ker Irving aged 26 yrs. child
Charlotte M. K. Irving aged 21 yrs. child

JOHNSON FAMILY GRAVEYARD
North side Pemberton Drive and West side of Crooked Oak Rd.
William Johnson (no dates)
Harriett Johnson, wife of William Johnson, d. June 29, 1859
    aged 69 yrs. 8 mos. 1 day
Purnell Johnson d. Aug. 12, 1866 aged 50 yrs. 5 mos. 14 days
William Johnson Jr., son of William & Harriett Johnson, d. 1824 aged about 23 yrs.
John Johnson, son of William & Harriett Johnson, d. about 1840 aged about 17 yrs.
Archelus Johnson b. July 28, 1862 d. Sept. 6, 1872

GEDDES - HANDY FAMILY GRAVEYARD
East side Upper Ferry Rd. and South side Cedar Crest Rd.
Mary Geddes, consort of William Geddes, Esq., collector of Chester, in this Province & youngest dau. of Capt. John Handy & Jane, his wife, b. Mar. 3, 1740 O. S. d. Dec. 30, 1766. This stone likewise contains the body of her 5th and last child inter'd in the arms of its parent.

LEONARD FAMILY GRAVEYARD
West side Windsor Drive 100 yds. South of Marvel Rd.
Joshua Leonard b. Oct. 23, 1783 d. June 5, 1853
Elizabeth Leonard, wife of Joshua Leonard, b. Aug. 30, 1793 d. Dec. 17, 1875
John H. Leonard b. July 18, 1821 d. Mar. 23, 1849
Greensbury Leonard b. Mar. 17, 1831 d. June 3, 1857

HEARN - WALSTON - CLOUSER FAMILY GRAVEYARD
Northwest side Rockawalkin Ridge Road ½ mile East of Levin Dashiell Road (Bishop Stone House)
Amy Lucretia Clouser, dau. of Jacob S. & Caroline L. Clouser, b. Jan. 11, 1886
    d. Dec. 27, 1900
Willie W. Clouser, son of Charles H. & Alice R. Clouser, b. June 5, 1897
    d. Aug. 20, 1897
Benjamin G. Hearn b. Dec. 25, 1813 d. Jan. 15, 1900
Eliza Hearn, wife of Benjamin G. Hearn, b. Dec. 12, 1812 d. July 16, 1867
Sarah Priscilla Hearn, dau. of Benjamin G. & Eliza Hearn, d. Nov. 7, 1861
    aged 21 yrs. 1 mo. 4 days
Elizabeth Jane Shipley Hearn, dau. of Benjamin G. & Eliza Hearn, d. July 20, 1852
    aged 1 yr. 8 mos. 8 days
Nellie Hearn, dau. of Benjamin G. & Mary E. Hearn, b. Nov. 30, 1868 d. Dec. 2, 1873

Alexander J. **Walston,** husband of Anne E. Walston, d. Jan. 5, 1879
    aged 43 yrs. 4 mos. 27 days
Charles A. Walston, son of Alexander J. & Anne E. Walston, d. Apr. 10, 1858
    aged 4 mos. 24 days
Ann Eliza Walston dau. of Alexander J. & Anne E. Walston, d. Nov. 22, 1870
    aged 6 yrs. 3 mos. 23 days
Laura Grace Walston, dau. of Alexander J. & Anne E. Walston, d. Oct. 23, 1879
    aged 1 yr. 4 mos. 17 days
Charles H. Walston, son of Charles G. & Mary F. Walston, d. Dec. 12, 1857
    aged 2 days
Hester E. Walston, dau. of Charles G. & Mary F. Walston, d. Aug. 15, 1865
    aged 6 yrs. 9 mos. 7 days

TAYLOR FAMILY GRAVEYARD
East side of Crooked Oak Rd. .3 mile North of Nanticoke Rd.

Ichabod **Taylor** d. Jan. 9, 1875 aged 61 yrs. 2 mos. 26 days
Emelyne Taylor b. Apr. 16, 1814 d. Sept. 28, 1878
Mary J. D. Taylor, wife of Asbury Taylor, b. Apr. 25, 1821 d. July 8, 1862
John Taylor d. Jan. 26, 1900 aged 69 yrs.
Elizabeth K. Turner (Taylor), wife of A. Sydney Taylor, b. Dec. 7, 1852
    d. Jan. 2, 1888
Maggie Taylor, dau. of A. Sydney & Elizabeth Taylor, b. July 10, 1875
    d. July 25, 1893
Infant son of James I. & Mary D. Taylor b. Sept. 29, 1898 d. Oct. 3, 1898

HANDY - TOADVINE FAMILY GRAVEYARD
East side Levin Dashiell Rd. ½ mile North of Nanticoke Rd.

Aurelia H. **Fowler,** wife of Handy I. Fowler & dau. of Matthias O. & Lucretia A.
    Toadvine, b. Jan. 28, 1834 d. Aug. 21, 1869
Maggie Fowler, dau. of Handy I. & Aurelia H. Fowler, d. Sept. 27, 1857
    aged 2 yrs. 2 mos. 18 days
Alexander Gordon Fowler, son of Handy I. & Aurelia H. Fowler, b. Feb. 13, 1859
    d. Feb. 27, 1860
Richard Henry **Handy** b. 1771 d. 1826
Elizabeth Handy, wife of Richard Henry Handy, b. 1778 d. 1820
Caroline C. **Handy,** dau. of Richard Henry & Elizabeth Handy, b. Dec. 27, 1806
    d. Apr. 18, 1868
Carrie C. **Hargis,** wife of John P. Hargis & dau. of Matthias O. & Lucretia Toadvine,
    d. Sept. 30, 1865 aged 30 yrs. 3 mos. 17 days
Matthias O. **Toadvine** b. Sept. 2, 1808 d. Mar. 5, 1870
Lucretia A. Toadvine, wife of Matthias O. Toadvine, b. Apr. 11, 1807 d. Oct. 4, 1879
Alexander G. Toadvine, son of Matthias O. & Lucretia A. Toadvine, b. Sept. 9, 1831
    d. Mar. 28, 1894
Theodora Toadvine, wife of Alexander G. Toadvine, b. Apr. 28, 1836 d. Nov. 16, 1860
Clara Helen Toadvine, dau. of Matthias O. & Lucretia Toadvine, d. Aug. 7, 1857
    aged 16 yrs. 6 mos. 23 days

BYRD FAMILY GRAVEYARD
East side of West Rd. ¼ mile North of West Salisbury Elementary School

Benjamin **Byrd**
Betsy Byrd, wife of Benjamin Byrd (no dates - stones placed by their great-great-
    granddaughter, Anna T. Byrd)
Thomas Byrd of Benjamin b. July 9, 1753 d. May 16, 1822
Elizabeth Hearn (Byrd), wife of Thomas Byrd of Benjamin, b. Nov. 6, 1767
    d. Oct. 19, 1836
John Byrd, son of Thomas & Elizabeth Byrd, b. June 9, 1808 d. June 4, 1865
William Hervey Byrd, son of John & Maria L. Byrd, d. Sept. 28, 1837
    aged 1 yr. 10 mos. 22 days
Margaret Ann **Byrd, dau. of** John & Maria L. Byrd, d. **Aug. 26, 1838**
    aged 7 mos. 10 days
Thomas Harvey Byrd, son of John & Mary C. Byrd, b. Oct. 30, 1859 d. June, 1867
Auzilia H. Byrd, dau. of George & Mary E. Byrd, d. Oct. ?, 1851 aged 1 mo. 22 days
Capt. William **Patrick** b. Dec. 1, 1768 d. Nov. 10, 1858
Capt. Thomas William Patrick, d. Dec. 29, 1854 aged 29 yrs. 2 mos. 6 days
Sarah Ann Patrick b. Mar. 17, 1830 d. Sept. 25, 1879

TRADER FAMILY GRAVEYARD
South side Naylor Mill Rd. and West side of West Road

Purnell **Trader** d. May 31, 1856 aged 74 yrs.
Leah Trader, wife of Purnell Trader, d. June 16, 1854 aged 62 yrs. 9 mos. 15 days
Freeborn Trader d. Sept. 18, 1867 aged 39 yrs. 6 mos. 6 days
Thomas G. Trader d. July 5, 1871 aged 57 yrs. 8 mos. 1 day
Christopher Trader, son of Purnell & Leah Trader, d. June 16, 1885
   aged 65 yrs. 9 mos. 28 days
Adaline Trader, dau. of Purnell & Leah Trader, d. June 20, 1890
   aged 72 yrs. 11 mos. 12 days

HITCH FAMILY GRAVEYARD
West side of West Rd. ¼ mile South of Log Cabin Rd.

Esque **Collins**, son of S. Q. & Octavia Hitch Collins, 1869 — 1869
Ora Evelyn Collins, dau. of S. Q. & Octavia Hitch Collins, 1871 — 1872
Christina W. **Haydn**, dau. of George W. & Esther Anne Hitch, 1853 — 1888
Nancy Octavia Haydn, dau. of W. T. & Christina W. Hitch Haydn, 1886 — 1887
Ezekiel **Hitch** rec'd grant of land from King George III d. Sept. 23, 1828
Elizabeth Piper (Hitch), wife of Ezekiel Hitch, d. Jan. 27, 1820
Rachael Hitch, dau. of Ezekiel & Elizabeth Hitch, d. 1827
Robert Hitch, son of Ezekiel & Elizabeth Hitch, b. Jan. 28, 1781 d. May 24, 1834
Nellie Wilson (Hitch), wife of Robert Hitch, b. Nov. 5, 1787 d. Oct. 31, 1862
Betsy Hitch, dau. of Robert & Nelly Hitch, 1807 — 1833
Hetty Hitch, dau. of Robert & Nelly Hitch, 1821 — 1831
George Wilson Hitch, son of Robert & Nelly Hitch, b. Mar. 29, 1819 d. Mar. 16, 1891
Esther Anne Leonard (Hitch), wife of George W. Hitch, b. Nov. 7, 1820
   d. Apr. 23, 1900
Emily Elizabeth Hitch, dau. of George W. & Esther Anne Hitch, b. 1839
   d. Apr. 15, 1865 after an affliction of 14 yrs. which she bore with Christian
   fortitude aged 26 yrs. 8 days
Louisa Frances Hitch, dau. of George W. & Esther Anne Hitch, b. 1843
   d. July 21, 1874 after a sad and patiently borne affliction
Samuel George Leonard Hitch, son of George W. & Esther Anne Hitch, 1845 — 1877
Olevia M. E. **Wilson**, dau. of George W. & Esther Anne Hitch, 1841 — 1893

McBRYDE - HOOPER - SLEMONS FAMILY GRAVEYARD
West of Pemberton Drive on Wicomico River

Thomas C. H. **Gordy** d. Sept. 11, 1810 aged 1 yr. 4 mos. 1 day
James **Hooper** b. Apr. 15, 1867 d. June 20, 1855
Elizabeth Hooper b. Nov. 13, 1837 d. Sept. 10, 1844
Ellen McC. Hooper b. Aug. 20, 1845 d. Jan. 24, 1846
James McCree Hooper, son of James & Eleanor R. Hooper, b. Dec. 1, 1839
   d. July 15, 1860
Frances McBryde **Humphreys**, b. May 27, 1777 d. Feb. 22, 1849 married (1) Dr. James
   McCree, (2) Gen. Thomas Humphreys; children: Eleanor, Leah, Eliza
General Thomas Humphreys d. Dec. 6, 1825 aged about 58 yrs.
Dr. James **McCree** d. Feb. 27, 1814 aged 40 yrs. 17 days
Elizabeth **McBryde** b. Jan. 20, 1782 d. Aug. 7, 1841
Rev. John B. **Slemons**, born at Pequen, Lancaster Co., Pa., Aug. 11, 1774, graduated
   at Princeton College, N. J., 1794, ordained in June 1799, d. Sept. 22, 1832
Thomas Slemons, M.D., b. Mar. 23, 1806 d. Jan. 29, 1836
John B. Slemons b. Oct. 25, 1807 d. July 20, 1850
Mary Elizabeth Slemons, wife of John B. Slemons, b. June 21, 1815 d. Mar. 3, 1876
Martha Jane Slemons b. June 7, 1807 d. June 19, 1843
James M. Slemons d. May 14, 1855 aged 42 yrs. 11 mos. 18 days
John Brown Slemons, son of James M. & Matilda Slemons, d. May 12, 1859
   aged 4 yrs.
Robert W. Slemons d. Jan. 9, 1855 aged 43 yrs. 9 mos. 8 days
John B. Slemons II, eldest son of Robert & Eleanor Slemons, b. Apr. 8, 1844
   d. Sept. 18, 1846
McBryde Slemons b. Apr. 30, 1847 d. July 30, 1847
Edwin Slemons b. Dec. 13, 1833 d. Sept. 13, 1843

(Continued on Page 106)

SHARPTOWN ELECTION DISTRICT NO. 10
TAYLOR'S CEMETERY
Ferry & Cemetery Streets, Sharptown

Lucinda **Abdell** d. May 23, 1885 aged 71 yrs. 4 mos. 23 days
James F. **Adams** 1851 — 1883
Mary L. **Bailey**, dau. of Isaac J. & Rhoda J. Bailey, b. July 16, 1894 d. Aug. 27, 1895
Joseph P. Bailey b. Apr. 7, 1832 d. Aug. 8, 1900
Sarah E. Bailey b. Aug. 25, 1842 d. Apr. 19, 1900
Tolbert D. Bailey, son of Joseph P. & Ellen Bailey, d. Mar. 15, 1878
   aged 2 yrs. 1 mo. 14 days
John B. **Bennett** d. Oct. 1, 1883 aged 96 yrs. 4 mos. 6 days
Nancy E. Bennett, wife of John B. Bennett, d. Aug. 19, 1898 aged 73
Edwin T. W. Bennett, son of John H. & Mary L. Bennett, d. Sept. 16, 1886
   aged 19 yrs. 5 mos. 16 days
John C. **Bradley** b. 1822 d. 1871
Annie V. Bradley 1869 — 1874
Lettie Isabella Bradley, dau. of Benjamin S. & Hester Bradley, d. Nov. 11, 1883
   aged 1 yr. 10 mos. 20 days
Glen Bradley, son of Grant & Lizzie Bradley, b. Sept. 13, 1892 d. Oct. 20, 1893
John M. **Conley** d. Dec. 11, 1881 aged 26 yrs. 2 mos. 7 days
Monettie I. Conley, wife of Charles Conley, b. Mar. 9, 1847 d. Apr. 15, 1899
Mary L. Conley, dau. of Charles & Mary A. Conley, b. June 3, 1867 d. Sept. 26, 1885
Earl Conley, son of Joseph E. & Mollie T. Conley, b. Aug. 25, 1892 d. Jan. 19, 1893
C. Edwin Conley, son of Joseph E. & Mollie T. Conley, b. Nov. 12, 1899
   d. Aug. 28, 1900
Hiram B. **Cooper** 1805 — 1892
Isabelle C. Cooper 1851 — 1880
Newell M. Cooper, son of Levin T. & Susie Cooper, d. Oct. 10, 1891
   aged 17 mos. 3 days
John T. **Covington** b. Aug. 8, 1829 d. June 18, 1900
Maggie E. Covington, wife of Thomas Covington, b. Jan. 1, 1869 d. Apr. 1, 1896
L. W. **Elzey** b. Mar. 17, 1866 d. Oct. 2, 1881
R. M. L. Elzey b. Sept. 12, 1822 d. Jan. 22, 1866
John Robert Elzey, son of Peter M. & Sarah A. Elzey, d. July 29, 1855
   aged 1 yr. 8 mos. 11 days
Jennie Elzey, wife of Henry W. Elzey, b. May 11, 1857 d. Mar. 8, 1892
Helen R. Elzey, dau. of Henry W. & Jennie Elzey, d. July 5, 1886
   aged 4 yrs. 6 mos. 3 days
George W. Elzey d. July 29, 1885 aged 35 yrs. 6 mos. 19 days
Sallie J. Elzey, dau. of William H. & Sallie E. Elzey, d. July 25, 1885
   aged 25 yrs. 1 mo. 5 days
Sarah E. Elzey, wife of Capt. William H. Elzey, b. Dec. 11, 1829 d. Jan. 2, 1896
Martha J. **English** 1857 — 1900
Roy Rowe C. English 1884 — 1886
Thomas B. **Fletcher** b. Feb. 10, 1858 d. Jan. 8, 1896
Flossie Fletcher, dau. of George R. & Mary E. Fletcher, d. June 27, 1886
   aged 2 mos. 21 days
Lizzie A. **Goslee**, wife of A. W. Goslee, b. Jan. 31, 1850 d. May 6, 1893
Infant son of Ernest Alphonse & Grace E. **Grodey** b. & d. Dec. 26, 1898
William J. **Hickman** b. April 3, 1858 d. Aug. 6, 1897
Grover C. **Higman**, son of William J. & J. H. Higman, b. Aug. 3, 1892 d. Jan. 19, 1893
Elmira D. **Howard**, wife of Azariah Howard, d. June 11, 1882 aged
   37 yrs. 11 mos. 11 days
Walter D. Howard, son of Azariah D. & Elmira D. Howard, b. Mar. 5, 1882
   d. Aug. 21, 1882
Marcellus **Knowles** b. Feb. 22, 1847 d. Feb. 15, 1885
Wiley A. Knowles b. Mar. 13, 1883 d. Aug. 17, 1883
Thomas C. Knowles Sr. 1837 — 1900
Thomas C. Knowles Jr. 1864 — 1898
John Allison Knowles, son of Ephraim & Mary J. Knowles, b. Oct. 12, 1854
   d. June 12, 1889
Charlie W. Knowles b. May 5, 1877 d. Nov. 25, 1898
Gertrude Ellen **McWilliams**, dau. of Zora & Annie McWilliams, b. Mar. 1, 1896
   d. June 3, 1897
Matthew **Marine** b. Aug. 19, 1797 d. Nov. 27, 1854
Nancy Marine b. Jan. 9, 1803 d. Apr. 16, 1870

Matthew W. Marine, son of Matthew & Nancy Marine, d. June 28, 1845
  aged 17 yrs. 21 days
William R. **Melson** b. Aug. 5, 1833 d. Feb. 19, 1900
Infant son of James H. & Jennie T. **Mooney** b. July 7, 1889 d. July 8, 1889
Susie E. **Morgan,** wife of Frank Morgan, d. May 4, 1885 aged 30 yrs. 5 mos. 7 days
Isaac W. **Morris** d. Feb. 22, 1891 aged 64 yrs. 3 mos. 14 days
Levin W. P. Morris, son of Isaac W. & Lucinda F. E. Morris, d. May 9, 1882
  aged 17 yrs. 11 mos. 18 days
Infant son of Isaac W. & Lucinda F. E. Morris d. June 16, 1874
Verdie Emma **Owens,** dau. of Uriah & Emma Owens, 1875 — 1896
Lottie **Pearl** (?) b. Sept. 5, 1899 d. Sept. 7, 1899
Hartley W. **Phillips,** son of William L. & Fannie B. Phillips, b. Nov. 16, 1894
  d. Mar. 21, 1896
John **Robinson** b. Aug. 24, 1823 d. July 27, 1893
George W. Robinson 1847 — 1886
Charley W. Robinson 1880 — 1883
Major A. **Robinson** b. Nov. 27, 1819 d. July 15, 1893
Henry C. Robinson, son of Major A. & Nancy E. Robinson, b. Dec. 2, 1850
  d. Aug. 6, 1854
Sallie Viola Robinson, dau. of Major A. & the late Nancy E. Robinson,
  d. Aug. 17, 1877 aged 15 yrs. 24 days
Gilbert T. Robinson, son of J. T. & Lurah H. Robinson, b. Mar. 18, 1874
  d. Jan. 18, 1884
Alva W. **Russell,** son of Everlon & Leah A. Russell, b. Oct. 29, 1871 d. Oct. 2, 1883
Harley A. **Speare** 1893 — 1900
John B. **Taylor** b. Oct. 16, 1809 d. Apr. 11, 1883
Mary Alice Taylor, dau. of John B. & Mary Taylor, b. Jan. 7, 1853 d. Sept. 18, 1880
Josephus A. Taylor b. Aug. 13, 1841 d. June 14, 1886
Loretta A. Taylor b. Nov. 20, 1846 d. Feb. 12, 1888
Howard B. **Truitt** b. Oct. 31, 1887 d. Feb. 10, 1888
Grace **Twilley,** dau. of Joseph J. & Willie M. Twilley, b. Apr. 27, 1898 d. July 11, 1898
Hattie E. Twilley, wife of J. R. Twilley, b. Nov. 25, 1859 d. Jan. 18, 1895
Robert Twilley d. Apr. 3, 1884 aged 80 yrs. 2 mos. 2 days
Nancy W. Twilley, wife of Robert Twilley, d. Aug. 28, 1882 aged 67 yrs. 9 mos. 3 days
Una Twilley, dau. of Sarah J. & Thomas J. Twilley, d. Feb. 2, 1873
  aged 7 yrs. 1 mo. 1 day
Samuel S. **Walker** b. Nov. 23, 1822 d. Aug. 23, 1884
Jesse C. Walker 1800 — 1900
Thomas W. Walker 1845 — 1898
Elizabeth E. **Windsor,** wife of George E. Windsor, b. Mar. 9, 1853 d. Sept. 2, 1898
George Lee Windsor, son of George E. & Elizabeth E. Windsor, b. Aug. 15 1878
  d. June 14, 1898
Alfred M. Windsor b. Mar. 26, 1826 d. June 1, 1893
Robert V. **Wright,** son of Rolen C. & Martha B. Wright, b. May 9, 1889
  d. Aug. 25, 1889
George Wright 1838 — 1897
Levin Wright b. Apr. 6, 1810 d. Jan. 3, 1889

METHODIST PROTESTANT CEMETERY
Main & Church Streets, Sharptown

Capt. James O. **Adams** d. Dec. 19, 1859 aged 42 yrs. 8 mos. 19 days
Samuel J. Adams, son of James O. & Vashti Adams, d. Sept. 17, 1847 aged 1 day
Susan J. T. Adams, dau. of James O. & Vashti Adams, d. Oct. 8, 1857
  aged 3 yrs. 8 mos.
John M. **Bennett,** son of W. T. & Rachel A. Bennett, d. Sept. 1, 1860 aged 1 yr. 7 days
Infant son of W. T. & Rachel A. **Bennett** b. July 26, 1861 d. Aug. 2, 1861
Dexter S. Bennett, son of W. T. & Rachel A. Bennett, d. July 8, 1882
  aged 14 yrs. 11 mos. 2 days
S. J. M. Bennett d. Feb. 4, 1880 aged 34 yrs. 2 mos. 8 days
H. B. Bennett d. Dec. 16, 1880 aged 68 yrs. 3 mos. 10 days
Elizabeth W. Bennett b. Jan. 21, 1812 d. Feb. 18, 1892
George C. Bennett b. Jan. 20, 1829 d. Aug. 24, 1891
William Bennett d. Dec. 8, 1859 aged 66 yrs. 6 mos. 7 days
Leah B. Bennett, wife of William Bennett, d. Jan. 16, 1898 aged 81 yrs. 3 mos. 8 days
Howard H. Bennett, son of C. E. & H. C. Bennett, b. July 14, 1882 died in
  New Orleans Dec. 3, 1886
William T. Bennett b. Nov. 20, 1824 d. Apr. 25, 1899

Nellie May **Bounds**, youngest dau. of James R. & Elizabeth T. Bounds,
  d. Sept. 13, 1886 aged 10 yrs. 4 mos. 13 days
Nancy L. Bennett **(Bradley)**, consort of James W. Bradley, b. Oct. 23, 1834
  d. June 16, 1857
William J. L. Bradley, son of James W. & Nancy L. Bradley, b. June 5, 1857
  d. Sept. 16, 1857
Harriet E. Bradley, dau. of James W. Bradley, d. Feb. 20, 1872
  aged 4 yrs. 2 mos. 12 days
Mary E. **Burford**, wife of Frederick S. Burford, b. Oct. 11, 1856 d. Dec. 27, 1886
Edward Burford, son of Frederick S. & Mary E. Burford, b. Dec. 19, 1886
  d. June 5, 1887
Frederick C. Burford, son of Frederick S. & Mary E. Burford, b. Dec. 19, 1886
  d. Mar. 13, 1887
Lee Weeb Burford, son of Frederick S. Burford, b. July 5, 1890 d. Mar 24, 1891
Edward Burford, husband of Nancy W. Burford, b. July 25, 1808 d. Jan. 14, 1892
James B. **Cooper**, son of William P. & Mary A. H. Cooper, d. July 14, 1873
  aged 34 yrs. 2 mos. 27 days
Infant son of John & Sarah E. Cooper, b. Apr. 4, 1860 d. Apr. 5, 1860
Rachel A. Cooper, wife of Samuel J. Cooper, d. July 8, 1886 aged 42 yrs. 17 days
Sallie T. Cooper, infant dau. of Samuel J. & Rachel A. Cooper, b. Oct. 9, 1883
  d. Sept. 25, 1884
Samuel W. M. Cooper, son of Samuel J. & Rachel A. Cooper, b. Feb. 25, 1886
  d. July 28, 1886
Emily G. **Covington**, dau. of John T. & Elizabeth W. Covington, b. Oct. 17, 1849
  d. June 27, 1850
Margaret A. M. Covington, dau. of John T. & Elizabeth W. Covington,
  b. Aug. 10, 1852 d. Sept. 6, 1859
Thomas **Dashiell** b. Jan. 29, 1796 d. May 29, 1870
Elizabeth **Dean**, wife of James H. Dean, b. Mar. 14, 1792 d. Dec. 2, 1886
Elizabeth Dean Jr., dau. of James H. & Elizabeth Dean, b. Mar. 24, 1826
  d. Oct. 19, 1894
William G. **Ellis** d. Oct. 15, 1896 aged about 53 yrs.
Charles **Elzey** b. Feb. 3, 1795 d. Nov. 11, 1881
Patience W. Elzey, wife of Charles Elzey, b. Mar. 31, 1803 d. July 30, 1883
Levin W. Elzey d. Nov. 12, 1864 aged 37 yrs. 7 mos. 16 days
Olivia A. M. Elzey, fourth dau. of Levin E. & Mary E. Elzey, d. June 10, 1877
  aged 16 yrs. 4 mos. 25 days
Mary Bennett Elzey, dau. of H. W. & Elizabeth J. Elzey, b. Dec. 29, 1896
  d. July 20, 1897
Ella **Gravenor**, wife of W. D. Gravenor, b. Aug. 16, 1869 d. Oct. 4, 1896
Ketureah Gravenor, wife of William Gravenor, b. Mar. 12, 1797 d. July 25, 1873
William Gravener Jr. b. Apr. 25, 1817 d. Feb. 18, 1849
Hester C. Gravener b. Aug. 25, 1850 d. Aug. 26, 1851
Julia A. H. Gravener b. Sept. 2, 1853 d. Aug. 14, 1856
Infant son of J. T. & M. E. Gravener (no dates)
William U. W. Gravener b. Aug. 13, 1861 d. June 24, 1863
Uriah B. Gravener, son of Isaiah T. & Elizabeth Gravener, b. June 17, 1864
  d. July 23, 1866
Ida A. Gravenor b. Dec. 14, 1858 d. May 3, 1888
James **Hackett**, son of ? & C. Hackett, d. Feb. 25, 1875 aged 4 mos.
Elizabeth **Johnston**, wife of Algernon Johnston, b. May 12, 1829 d. June 1, 1893
Carean **Kinney**, dau. of John & Sally A. Kinney, d. Aug. 20, 1859 aged 10 mos.
Ellenor **Knowles**, wife of George Knowles, b. Dec. 10, 1832 d. Nov. 3, 1857
Bertie E. **Mooney**, dau. of Charlie J. & Arcada Q. Mooney, b. Apr. 12, 1883
  d. Apr. 24, 1891
Elizabeth Walker **(Nichols)**, consort of John Nichols, b. Sept. 9, 1822
  d. Sept. 12, 1849
Washington Nichols, son of John & Elizabeth Nichols, d. Aug. 2, 1846
  aged 1 yr. 8 mos. 9 days
Rachel A. **Owens**, dau. of Irving S. & Sallie M. Owens, d. Oct. 18, 1900
  aged 1 yr. 8 days
Goldsboroug W. **Phillips** d. July 10, 1886 aged 68 yrs. 11 mos. 25 days
Noah J. E. Phillips, son of G. W. & A. W. Phillips, d. Oct. 15, 1844 aged 3 mos. 6 days
Nelly Phillips d. June 3, 1870 aged 75 yrs. 7 mos. 17 days
Thomas C. Phillips, husband of Asenith W. Phillips, 1812 — 1887
George A. Phillips 1864 — 1893
Ida E. Phillips, dau. of Sina E. & William I. J. Phillips, b. Nov. 21, 1890
  d. Sept. 20, 1891

Martha E. Phillips, dau. of Sina E. & William I. J. Phillips, b. May 4, 1895 d. Apr. 30, 1897
Julia A. **Reese**, wife of William H. Reese, b. June 4, 1826 d. Sept. 7, 1894
Susan A. **Rhodes** b. Aug. 15, 1822 d. Feb. 11, 1888
Calumbus J. W. Rhodes, b. Jan. 29, 1853 d. Aug. 2, 1878
Lizzie E. Rhodes b. Aug. 24, 1866 d. Apr. 10, 1888
Jonathan **Riggin** d. Sept. 17, 1881 aged about 68 yrs.
Elizabeth E. Riggin, consort of Jonathan Riggin, d. Jan. 24, 1849 aged 20 yrs. 4 mos. 7 days
Matelda J. Riggin, wife of Jonathan Riggin, b. Dec. 2, 1818 d. July 4, 1883
Jonathan J. B. Riggin, son of Jonathan & Matelda J. Riggin, b. Jan. 13, 1853 d. June 16, 1861
Elizabeth **Robinson** d. Apr. 8, 1883 aged 67 yrs. 4 mos. 19 days
Sarah Robinson d. Jan. 29, 1864 aged 70 yrs. 10 mos. 8 days
Lorenzo D. Robinson d. Jan. 25, 1862 aged 36 yrs. 4 days
Hester E. **Rollins**, dau. of H. F. & M. A. Rollins, d. Aug. 27, 1863 aged 1 yr. 6 mos.
Sarah E. A. J. **Selby**, wife of James E. Selby, b. Feb. 12, 1842 d. June 6, 1886
Mary T. **Smith**, wife of John H. Smith, b. Aug. 30, 1816 d. Jan. 7, 1875
George W. **Taylor**, son of William L. & Aurunda T. Taylor, b. June 17, 1870 d. June 29, 1870
Priscilla Walker (Taylor), consort of John B. Taylor, d. Mar. 10, 1855 aged 39 yrs.
Eliza E. **Twiford**, wife of Major D. Twiford, d. Nov. 27, 1882 aged 42 yrs. 5 mos. 3 days
Infant dau. of Sampel P. & Emma P. Twiford, d. Sept. 6, 1886 aged 2 mos.
Oba **Twilley**, son of John B. & Hallie E. Twilley, b. Dec. 11, 1879 d. June 27, 1880
Margaret A. **Truitt** b. Apr. 21, 1835 d. June 28, 1898
Isaac J. **Vincent** b. Apr. 1, 1836 d. Apr. 20, 1866
Maud **Williams**, dau. of William H. & Lizzie C. Williams, d. Oct. 3, 1886
Perley M. C. Williams, dau. of William H. & Lizzie C. Williams, b. Oct. 19, 1892 d. Nov. 15, 1894
Ruth Williams, dau. of William H. & Lizzie C. Williams, d. Dec. 5, 1898

OLD METHODIST CEMETERY
Southwest side Laurel-Sharptown Rd. opposite Joe Morgan Rd.

Margaret V. W. **Badley**, dau. of Thomas D. & Margaret Badley, b. Apr. 3, 1856 d. Oct. 22, 1860
Edith M. Badley, dau. of Thomas D. & Margaret Badley, b. June 10, 1859 d. Aug. 4, 1859
Matildy C. Badley, dau. of Thomas D. & Margaret Badley, b. May 30, 1860 d. June 21, 1860
Sarah A. W. **Bailey**, wife of Uriah Bailey, b. Nov. 19, 1834 d. Jan. 28, 1880
Nancy E. Bailey, dau. of Uriah & Sarah Bailey, d. Aug. 29, 1865 aged 2 mos. 12 days
Sarah A. Bailey, dau. of Uriah & Sarah Bailey, b. June 30, 1866 d. Aug. 12, 1867
Eliza E. Bailey, dau. of Isaac & Eliza Bailey, d. Sept. 2, 1860 aged 16 yrs. 1 mo. 3 days
Sarah **Bratten**, dau. of T. D. & M. M. S. Bratten, b. Feb. 5, 1851 d. Feb. 17, 1851
Jonathan C. **Collins** b. Sept. 16, 1834 d. Apr. 30, 1852
Isaac Collins, son of Isaac & Nancy Collins, b. Aug. 31, 1798 d. Jan. 22, 1864
James **Dean** d. Mar. 20, 1857 aged 72 yrs. 7 mos. 23 days
Martha A. **English**, wife of William T. English, d. Aug. 8, 1866 aged 28 yrs. 10 mos. 22 days
Jerose C. **Knowles** b. Sept. 12, 1828 d. Dec. 12, 1872
Mary **Lankford**, wife of John T. Lankford, b. 1829 d. May 9, 1898
Sally **Libby** d. Feb. 18, 1865 aged about 70 yrs.
Emiline Libby d. July 13, 1880 aged about 56 yrs.
William J. **Marvel**, son of Thomas A. & Priscilla P. Marvel, d. July 13, 1859 aged 23 yrs. 6 mos. 8 days
Edmond C. **Robinson**, son of James & Emeline E. Robinson, d. Jan. 1, 1854 aged 1 mo. 26 days
Eli J. Robinson, son of James & Emeline E. Robinson, d. Aug. 18, 1861 aged 4 yrs. 9 mos. 7 days
Elley M. Robinson, dau. of James & Emeline E. Robinson, d. July 23, 1863 aged 11 mos. 20 days
John Robinson b. Sussex Co. Del., Oct. 26, 1792 d. Apr. 11, 1857
Alice Ayer H. Robinson, dau. of John & Elizabeth A. Robinson, d. Dec. 7, 1864 aged 5 yrs. 3 mos. 20 days
Margaret E. Melson (**Selby**), wife of John W. Selby, d. July 6, 1858 aged 19 yrs. 6 mos. 27 days
Elenderal **Twiford**, wife of Hiram J. Twiford and dau. of John & Amelia Knowles, b. Mar. 23, 1839 d. Dec. 27, 1862

Margaret J. W. Walker, dau. of Samuel S. & Nancy L. Walker, d. Oct. 29, 1857
  aged 4 yrs. 3 mos. 10 days
Nancy **Wall** b. Sept. 15, 1794 d. Aug. 28, 1870
Biard C. **Windsor** b. Feb. 24, 1845 d. Sept. 21, 1846
T. J. **Wright** Co. E. 11th Md. Inf. (no dates)

FIREMEN'S (FORMERLY RED MEN'S) CEMETERY
Southwest side Sharptown-Laurel Rd. .3 mile east of Sharptown

Clifton Roy **Bradley**, son of F. J. & B. Emily Bradley, d. July 13, 1881
  aged 1 yr. 8 days
Mary L. D. **English**, wife of Robert C. English, b. Jan. 22, 1845 d. Aug. 29, 1880
Homer H. **Owens** 1881 — 1889
Mamie M. Owens 1885 — 1889
Bertha **Wheatley** 1895 — 1898

ZION METHODIST CHURCH CEMETERY
North side Cooper Mill Rd. at San Domingo Rd.

Alfred **Brown**, son of Eliza Brown, d. Apr. 16, 1881
Mary P. Brown, wife of Leonard Brown, d. Jan. 11, 1877 in 52nd. yr. of her age
Isaac T. Brown, son of Leonard & Mary P. Brown, d. Mar. 22, 1890
  aged 33 yrs. 10 mos. 21 days
Margaret A. Brown, dau. of Leonard & Mary P. Brown, d. May 10, 1876
  aged 17 yrs. 5 mos. 9 days
Mary Ann Brown, wife of Bayard Brown, d. July 15, 1885 aged 53 yrs. 4 mos. 4 days
Mary Ann **Demby**, wife of John Demby, b. Apr. 6, 1832 d. May 24, 1885
A. **Eemis** b. Feb. 28, 1885 d. Nov. 14, 1900
Ardela A. **Fooks**, wife of Jeremiah L. Fooks, d. Mar. 7, 1881
  aged 27 yrs. 1 mo. 22 days
Amos Fooks d. July 10, 1882 in 76th yr. of his age
Roland J. **Game**, son of William & Margaret Game, b. May 15, 1889 d. Oct. 17, 1892
James Game b. Jan. 15, 1820 d. Mar. 7, 1897
Ardilla **Hopkins**, wife of C. W. Hopkins, b. Mar. 2, 1858 d. Sept. 24, 1893
Emeline Hopkins b. Jan. 27, 1831 d. Apr. 31, 1884
Harriett Elizabeth **Jolley** d. July 1, 1884 aged 47 yrs. 9 mos. 7 days
Winfield L. Jolley, son of William & Harriett E. Jolley, d. Jan. 23, 1886
  aged 25 yrs. 6 mos. 27 days
Nehemiah P. Jolley, son of William & Harriett E. Jolley, d. Oct. 25, 1883
  aged 20 yrs. 1 mo. 5 days
David F. Jolley, son of William & Harriett E. Jolley, d. Apr. 18, 1883
  aged 18 yrs. 11 days
John H. **Quinton** b. Feb. 1, 1837 d. Apr. 5, 1899
Sophia A. Quinton, dau. of John H. & Sarah E. Quinton, b. Dec. 2, 1862
  d. Feb. 12, 1872
Noah F. Quinton, son of John H. & Sarah E. Quinton, b. Feb. 19, 1871
  d. Jan. 21, 1892
Horace E. Quinton, son of John H. & Sarah E. Quinton, b. Jan. 14, 1886
  d. June 22, 1892
Richard A. Quinton, son of Richard A. & Mary A. Quinton, b. Apr. 3, 1839
  d. Apr. 21, 1886
Lucy E. **Roberts**, wife of Charles E. Roberts, b. July 6, 1867 d. Oct. 31, 1887
Nora G. Roberts, dau. of Charles E. & Lucy E. Roberts, b. Dec. 31, 1886
  d. July 17, 1887

OLD ZION CHURCH CEMETERY
West side Norris Twilley Rd. ½ mile south of Quinton Rd.

Elizabeth **Brown** d. 1842
James Brown d. Aug. 31, 1858

OLD SNETHEN CHURCH CEMETERY
Northeast side Snethen-Riverton Rd. 1½ miles east of Sharptown-Mardela Rd.

Martha A. J. **English**, wife of Asa A. B. Eenglish, d. July 3, 1866 in her 45th yr.
Elizabeth A. **Jackson**, wife of John T. Jackson, b. July 12, 1834 d. Jan. 5, 1861
Child of John T. & Elizabeth A. Jackson b. Dec. 19, 1860 d. July 3, 1861

Isaac **Taylor** b. Oct. 4, 1799 d. Sept. 18, 1886
Elizabeth A. Taylor d. Oct. 1, 1888 aged 84 yrs. 4 mos. 16 days

RIVERTON METHODIST CHURCH CEMETERY
Riverton

Ebenezer T. **Bennett** b. Dec. 12, 1822 d. Feb. 12, 1899
Sallie E. Bennett, wife of Ebenezer T. Bennett, b. May 26, 1828 d. Mar. 19, 1899
Mamie Bennett, dau. of James H. & Caroline Bennett, b. Jan. 24, 1891 d. July 25, 1891
Hermond Bennett, son of James H. & Caroline Bennett, b. Jan. 24, 1891 d. Sept. 9, 1891
Octavia E. **Bradley**, wife of Jesse A. D. Bradley, b. June 16, 1861 d. July 17, 1895
Mary Elizabeth Bradley, dau. of William F. & Mary E. Bradley, b. Apr. 9, 1898 d. June 9, 1899
Christopher C. Bradley b. Dec. 15, 1819 d. Feb. 6, 1896
Caroline Bradley, wife of Christopher C. Bradley, b. Aug. 30, 1823 d. Nov. 7, 1895
William C. Bradley b. Oct. 3, 1825 d. Apr. 27, 1898
Mary A. Bradley, wife of William C. Bradley, b. May 28, 1829 d. Apr. 15, 1892
Alice A. Bradley, dau. of William R. & Maggie L. Bradley, b. Nov. 10, 1888 d. May 31, 1889
Ida May **Fletcher**, dau. of George W. & Louisa L. Fletcher, b. June 26, 1893 d. Jan. 3, 1900
Asa **Graham** b. Oct. 26, 1818 d. Aug. 24, 1889
Benjamin P. **Gravenor** b. June 19, 1825 d. Nov. 26, 1892
S. Jennie E. Gravenor, dau. of Benjamin P. & Ellinor Gravenor, d. Jan. 17, 1877 aged 17 yrs. 1 mo. 23 days
Phillis E. **Hastings**, wife of Eli Spicer Hastings, b. Mar. 20, 1841 d. May 21, 1892
John H. **Hearn** b. 1828 d. Mar. 28, 1898
Eleanor **Higgins**, wife of J. R. W. Higgins, b. Apr. 14, 1854 d. June 15, 1893
Edward M. **Jones**, husband of George Anna Jones, b. Oct. 10, 1849 d. June 23, 1900
Infant dau. of Benjamin F. & Emma R. **Kennerly** d. Aug. 8, 1895
Mollie M. Kennerly, wife of Francis J. Kennerly, b. Apr. 23, 1857 d. Nov. 22, 1896
Myrtle Blanche Kennerly, dau. of Francis J. & Mollie M. Kennerly, b. June 30, 1880 d. Oct. 2, 1881
Isaac Kennerly, husband of Mary A. Kennerly, b. Jan. 1, 1823 d. Apr. 22, 1900
Malissa V. Kennerly, wife of George T. Kennerly, 1853 — 1883
George A. Kennerly, son of George T. & Malissa Kennerly, 1880 — 1882
Annie E. **Lowe**, dau. of Marvil & Rebecca Lowe, d. Sept. 8, 1896 aged 23 yrs. 4 mos. 8 days
Zachariah S. **Phillips**, husband of Mary E. Phillips, 1850 — 1900
Gillis T. **Taylor** b. Aug. 28, 1823 d. Mar. 23, 1900
Sophronia K. Taylor, wife of Gillis T. Taylor, b. Aug. 6, 1842 d. Aug. 6, 1899
Mary Alice Taylor, wife of George W. Taylor, b. Oct. 14, 1846 d. Feb. 20, 1897
Joseph W. Taylor d. Feb. 15, 1890 aged 65 yrs. 1 mo.
Richard V. Taylor b. June 8, 1823 d. Dec. 15, 1892
Benjamin F. B. Taylor, son of Richard V. & Amanda E. Taylor, b. Oct. 17, 1861 d. Sept. 17, 1880
Arthur C. **Walker** b. Dec. 16, 1896 d. Aug. 1, 1897
James H. Walker 1798 — 1888
Mary I. Walker 1857 — 1889
Levin W. **Wright**, son of William & Nancy Wright, b. July 14, 1803 d. July 24, 1859
Martha E. Wright, wife of Levin W. Wright, b. Jan. 20, 1820 d. Jan. 2, 1898
Enoch K. Wright, son of Levin W. & Martha E. Wright, b. July 15, 1853 d. June 4, 1887

ROBINSON FAMILY GRAVEYARD
Southwest side Laurel-Sharptown Rd. opposite Joe Morgan Rd.

Jonathan W. **Bensen** d. July 16, 1882 aged 79 yrs.
Jonathan Edmond Bensen, son of Jonathan W. & Sabrea Bensen, d. Feb. 12, 1858 aged 31 yrs. 2 mos. 24 days
Henry E. V. Bensen, adopted son of Jonathan W. & Sabrea Bensen, b. Jan. 6, 1862 drowned May 6, 1876
Rhoda **Marine**, wife of James Marine, b. Mar. 30, 1813 d. Nov. 5, 1893
Eli **Robinson** b. Mar. 1, 1815 d. Dec. 9, 1897
Mary E. Robinson, wife of Eli Robinson, b. Jan. 9, 1820 d. Mar. 21, 1895
Isaac W. Robinson, son of Eli & Mary E. Robinson, b. Dec. 14, 1852 d. July 6, 1886
Eli H. Robinson, son of Eli & Mary E. Robinson, d. Oct. 3, 1866 aged 7 yrs. 7 mos. 28 days

Charles Edmond Robinson, son of Elijah & Mary J. Robinson, b. Jan. 25, 1861
d. Jan. 24, 1883
Mary G. Walker, wife of John J. W. Walker, d. Oct. 20, 1881
aged 25 yrs. 7 mos. 17 days

BRADLEY - CONNOLEY FAMILY GRAVEYARD
West end of Church St. in Pulpwood Co. Wharf lot

C. Bradley d. Aug. 1, 1802
Mary Bradley d. May 1, 1814
Capt. Matthew Connoley 1816 — 1895
Elizabeth Connoley, wife of Capt. Matthew Connoley, 1817 — 1900
John T. Connoley, son of Matthew & Elizabeth Connoley, b. Oct. 9, 1846
d. Aug. 7, 1873
Joseph E. Connoley, son of Matthew & Elizabeth Connoley, d. Apr. 6, 1859
aged 6 yrs. 11 mos. 2 days
Capt. William M. Connoley b. June 28, 1852 d. Feb. 22, 1882
Katie E. Gravener, wife of Capt. Isaac J. Gravener, b. Sept. 8, 1849 d. Aug. 7, 1877
Minnie M. Gravener, dau. of Isaac J. & Katie E. Gravener, b. Oct. 4, 1872
d. Aug. 8, 1873
John T. D. Gravener, son of Isaac J. & Katie E. Gravener, b. Sept. 10, 1874
d. Oct. 14, 1875

JOHN TWIFORD FAMILY GRAVEYARD
West side Mardela-Sharptown Rd. ½ mile south of Sharptown. In woods near bank of Nanticoke River

Elenor A. M. Twiford, consort of John B. Twiford, d. Oct. 29, 1860
aged 28 yrs. 7 mos. 17 days
Amanda P. Twiford, consort of John B. Twiford, b. May 18, 1842 d. Sept. 4, 1865
Elizabeth Twiford, wife of John Twiford, b. Dec. 2, 1798 d. Oct. 7, 1851
Sina J. Twiford, dau. of John & Elizabeth Twiford, b. Dec. 14, 1849 d. Nov. 27, 1854

QUINTON FAMILY GRAVEYARD
West side Mardela-Sharptown Rd. 1 mile south of Sharptown

Richard Quinton b. 1803 d. Jan. 18, 1858
Mary Ann Quinton, wife of Richard Quinton, b. July 4, 1806 d. Feb. 10, 1889

BRADLEY - WEATHERLY FAMILY GRAVEYARD
West side Mardela-Sharptown Rd. 1 mile south of Sharptown ½ mile back from road in woods

James K. Bradley d. Sept. 29, 1863 aged 65 yrs. 8 mos. 14 days
Anne Bradley d. Apr. 24, 1865 aged 67 yrs. 3 mos. 7 days
Elzey T. Bradley d. Feb. 18, 1860 aged 31 yrs. 10 mos. 6 days
Turpin R. Bradley b. Nov. 2, 1823 d. Jan. 30, 1888
Lester J. Bradley, son of Turpin R. & Sallie E. Bradley, was drowned Aug. 28, 1883
aged 13 yrs. 11 mos. 17 days
Annie L. Bradley, dau. of Turpin R. & Sallie E. Bradley, d. Mar. 18, 1878
aged 6 yrs. 10 mos. 8 days
Francis M. S. Bradley was drowned July 4, 1853 aged 19 yrs. 1 mo. 2 days
Leah Weatherly b. Jan. 1, 1800 d. Feb. 4, 1884
Thomas Weatherly d. Feb. 8, 1867 aged 50 yrs. 1 mo. 5 days

COOPER - BRADLEY FAMILY GRAVEYARD
East side Mardela-Sharptown Rd. North side Cooper Mill Rd.

Mary Bradley, wife of Capt. John Bradley, b. Feb. 7, 1814 d. June 5, 1874
Elizabeth E. Bradley b. Nov. 25, 1821 d. Aug. 9, 1896
Severn B. Cooper b. Mar. 13, 1823 d. July 14, 1896
Mary E. Cooper, wife of Severn B. Cooper, b. Dec. 27, 1818 d. July 21, 1889
John M. Cooper, son of Severn B. & Mary E. Cooper, b. Jan. 3, 1854 d. Mar. 13, 1876
Polley Cooper, wife of Samuel Cooper, b. 1778 d. Apr. 23, 1843
Martin Cooper, son of Samuel & Polley Cooper, b. Jan. 2, 1819 d. Aug. 5, 1847
Polley Cooper, wife of Levin Cooper, b. July 23, 1812 d. Oct. 15, 1845

BRADLEY - COOPER FAMILY GRAVEYARD

East side Norris Twilley Rd. 1.1 miles north of May Twilley Rd. deep in woods on south side of woods road

William H. **Bradley** b. Feb. 8, 1811 d. Aug. 14, 1886
Phillis Ralph (Bradley), wife of William H. Bradley, b. Nov. 18, 1818 d. May 16, 1873
Sarah E. **Bradley** b. Feb. 8, 1811 d. Apr. 2, 1900
Rachel J. S. Bradley, dau. of William H. & Phillis Bradley, b. Oct. 27, 1857 d. Sept. 14, 1860
Cornelia A. **Cooper**, dau. of Lambert H. & Martha D. Cooper, b. Jan. 3, 1861 d. Aug. 7, 1878
Levin E. Cooper, son of Lambert H. & Martha D. Cooper, b. Aug. 19, 1870 d. Jan. 19, 1885

ISAAC WRIGHT FAMILY GRAVEYARD

North side Snethen Rd. ¼ mile southeast of Cross Rd.

Isaac **Wright**, d. Jan. 1814 aged about 50 yrs.
Henrietta Wright, wife of Isaac Wright, d. Jan. 1814 aged about 50 yrs.
Henry D. Wright, son of Isaac & Henrietta Wright, b. Feb. 18, 1806 d. Feb. 13, 1882
Joseph N. Wright, son of Henry D. & Mary C. Wright, b. Nov. 22, 1838 d. Oct. 19, 1860

TAYLOR FAMILY GRAVEYARD

Southeast side of Cross Rd. ½ mile north of Snethen Rd.

Sarah Wright **Taylor**, wife of William Taylor, d. Dec. 28, 1854 aged 96 yrs. 7 mos. 16 days
Levi D. Taylor died suddenly Feb. 18, 1856 aged 56 yrs. 3 mos. 19 days
Betsey Taylor, wife of Levi D. Taylor, b. May 2, 1801 d. Mar. 19, 1884
Rebecca E. Taylor, d. Aug. 4, 1852 aged 19 yrs. 5 mos. 12 days
George W. Taylor, d. Apr. 24, 1835 aged 4 yrs. 12 mos. 7 days
Gillis T. Taylor, son of Gillis T. & Sophronia K. Taylor, b. Jan. 3, 1874 d. Aug. 1, 1875
Alison E. **Twilley**, son of John W. & Leah C. Twilley, b. Oct. 13, 1858 d. Oct. 18, 1882

WILLIAM TAYLOR FAMILY GRAVEYARD

Southeast side of Cross Rd. ½ mile north of Snethen Rd. back from road

William **Taylor** d. May 11, 1853 aged about 63
Leah Taylor d. Apr. 11, 1849 aged 51 yrs. 2 mos. 29 days
William N. Taylor, son of R. W. & Mary E. Taylor, d. May 6, 1880 aged 1 mo. 2 days

ELIZABETH TAYLOR FAMILY GRAVEYARD

South side Elzey-Brown Loop

Elizabeth **Taylor** d. June 18, 1844 aged 73 yrs.
Eunice O. Taylor, dau. of Cina Taylor, d. Sept. 9, 183? aged 5 days
Acenith J. Taylor, dau. of Cina Taylor, d. Mar. 23, 1842 aged 6 mos.

DELMAR ELECTION DISTRICT NO. 11

HASTINGS CEMETERY
South side Manson Waller Rd 1½ miles west of Delmar

Marian L. **Buker**, son of Thomas J. & Mary J. Buker d. Sept. 27, 1883
aged 3 mos. 19 days
Elmer J. Buker, son of Thomas J. & Mary J. Buker, d. Jan. 11, 1891 aged 5 yrs. 6 mos.
Miriam E. Buker, dau. of Thomas J. & Mary J. Buker, d. Aug. 9, 1892
aged 4 yrs. 8 mos. 8 days
Marget C. Buker, dau. of Thomas J. & Mary J. Buker, d. Oct. 23, 1893 aged 6 weeks
Levi S. **Calloway** b. Mar. 5, 1841 d. Dec. 17, 1899
Mary Ellen **Ellis**, wife of John H. C. Ellis & dau. of John D. & Lavinia Sheppard,
b. June 15, 1851 d. Sept. 16, 1886
Elizabeth J. Ellis d. Mar. 16, 1885 aged 56 yrs. 11 mos. 14 days
William R. Ellis d. May 28, 1877 aged 58 yrs. 4 mos. 11 days
Stephen T. Ellis b. Sept. 5, 1858 d. Jan. 7, 1889
Mary E. Ellis 1860 — 1888
Rube L. Ellis, son of William M. & Nancy E. Ellis, d. Nov. 8, 1881 aged
2 yrs. 1 mo. 2 days
Elizabeth **Gillis**, wife of Joseph Gillis, d. Oct. 11, 1899 aged 78 yrs.
William Thomas Gillis 1860 — 1891
James S. Gillis b. & d. Apr. 27, 1890
Elsie M. Gillis b. & d. Apr. 28, 1891
Mary J. **Hastings**, wife of Lemuel Hastings, b. May 8, 1830 d. Aug. 4, 1879
Pearl M. **Hearn**, dau. of S. H. & Annie A. Hearn, b. July 14, 1884 d. Oct. 15, 1888
Eddie Hearn, son of S. H. & Annie A. Hearn, b. Sept. 15, 1896 d. Sept. 15, 1896
William G. **Kenney** b. Sept. 7, 1881 d. July 21, 1883
Albert C. Kenney b. Dec. 12, 1883 d. Mar. 31, 1898
Meredith F. Kenney b. & d. Jan. 4, 1892
Florence E. **McNelia**, wife of J. F. McNelia, b. Dec. 7, 1878 d. Oct. 31, 1900
Earl B. **Majors**, son of Noah W. & Elizabeth J. Majors, b. June 21, 1894
d. Aug. 17, 1896
Infant son of Noah W. & Elizabeth J. Majors b. & d. Feb. 4, 1893
Levenia J. **Morris**, wife of James H. Morris, d. Sept. 9, 1885 aged 41 yrs.
9 mos. 10 days
William S. **Phillips** b. May 16, 1862 d. July 30, 1898
George A. Phillips, son of Theodore A. & Martha J. Phillips, b. May 5, 1862
d. Jan. 19, 1893
Rosa E. Phillips, wife of George A. Phillips, d. Nov. 27, 1890 aged 26 yrs.
8 mos. 1 day
Frank K. **Sprague** b. July 22, 1855 d. Nov. 24, 1891
George R. Sprague b. Wilm. Del. Jan 31, 1868 injured on the W. & N. RR. at Birdsboro Nov. 24, 1887 d. at St. Joseph Hospital, Reading, Pa. Nov. 26, 1887 aged
19 yrs. 9 mos. 25 days
James W. **Venables**, son of James B. & Annie M. Venables, d. June 3, 1878
aged 2 mos. 25 days
Catharine Venables, dau. of James B. & Annie M. Venables, d. Mar. 13, 1885
aged 8 mos. 10 days
Isaac M. **Williamson**, son of Isaac H. & Mary C. Williamson, b. Jan. 21, 1888
d. Mar. 21, 1888

CALLAWAY - ADKINS FAMILY GRAVEYARD
South side Manson Collins Rd. ½ mile west of Williams Rd.

Girtha A. **Callaway**, wife of Joseph S. Callaway, b. Feb. 16, 1834 d. July 8, 1897

JOHN W. GOSLEE FAMILY GRAVEYARD
South side Manson Waller Rd. ½ mile west of Williams Rd.

Lizzie **Goslee**, wife of John W. Goslee, b. Oct. 19, 1857 d. Dec. 19, 1889
Hollis H. Goslee, son of John W. & Lizzie Goslee, b. Nov. 3, 1889 d. Dec. 14, 1889

HEARNE - FREENY FAMILY GRAVEYARD
South side Manson Waller Rd. ½ mile west of Delmar

Maria **Fooks**, wife of James Minos Fooks, & dau. of James & Betsey Hearne Fooks
b. Feb. 13, 1813 d. July 13, 1893
John **Freeny** b. Sept. 25, 1775 d. Jan. 12, 1862

Matilda Freeny, wife of John Freeny, b. Jan. 2, 1785 d. May 24, 1856
Sally Freeny b. Feb. 15, 1812 d. Mar. 16, 1884
Mary Freeny b. Oct. 24, 1828 d. Mar. 27, 1871
John Minus Freeny, son of Elijah & Ellen Freeny, b. Nov. 3, 1861 d. July 7, 1862
Elijah Freeny Jr., son of Elijah & Maria E. Freeny, b. Oct. 12, 1872 d. Dec. 12, 1873
Thomas Albert Freeny, son of Elijah & Maria E. Freeny, b. Sept. 13, 1874
  d. Oct. 29, 1874
William **Hearne**, merchant, born in London, England, settled here 1688,
  d. October, 1691
Mary Hearne, born in London, died after William, her husband
Thomas Hearne, son of William & Mary Hearne, b. May 31, 1691 d. Mar. ?, 1762
Sally Wingate (Hearne), wife of Thomas Hearne, died before him
Nehemiah Hearne, son of Sally & Thomas Hearne, d. March, 1760
Bettie Hearne, wife of Nehemiah Hearne, died after him

JACKSON FAMILY GRAVEYARD
South side Foskey Lane between U. S. 13 & Old Delmar Rd.

Eleanor **Jackson**, consort of John Jackson, d. Sept. 30, 1844 aged 58 yrs.

WOOD FAMILY GRAVEYARD
North side Creteway Rd. ½ mile west of Delmar Rd.

William D. **Johnson** b. June 25, 1830 d. May 17, 1864
William T. **Wood** b. Sept. 3, 1806 d. Jan. 30, 1857
Julia Ann Wood, wife of William T. Wood, & dau. of William & Sarah Hearn,
  b. Aug. 7, 1805 d. Mar. 13, 1886
Joshua Columbus Wood, son of William T. & Julia Ann Wood, d. Sept. 4, 1836
  aged 1 yr. 6 mos. 7 days
Thomas Summerfield Wood, son of William T. & Julia Ann Wood, d. June 26, 1837
  aged 3 mos. 18 days

BELL - DAVIS - KER FAMILY GRAVEYARD
North side Log Cabin Rd. & west side West Rd.

Leah **Bell** b. Dec. 25, 1773 d. Nov. 8, 1846
Adah Bell, b. Aug. 24, 1775 d. Dec. 14, 1842
Hetty Bell b. Jan. 7, 1786 d. May 9, 1875
Eleanor B. **Davis**, consort of Rev. Daniel Davis, b. Apr. 24, 1777 d. June 30, 1851
Oliver H. P. Davis, son of Rev. Daniel Davis, b. Oct. 5, 1813 d. July 22, 1841
Samuel Harlan C. **Ker** b. Nov. 7, 1840 d. Aug. 31, 1876
Dr. Samuel J. S. Ker b. Apr. 25, 1810 d. Dec. 13, 1872
Ellen Arabella Ker, dau. of Rev. Dr. Samuel Ker, b. Sept. 20, 1831 d. Sept. 2, 1841
Willie Dudley Ker, son of Rev. Dr. Samuel Ker, b. Sept. 9, 1855 d. Oct. 4, 1860
Willie (no last name, no dates)

ROBERTS FAMILY GRAVEYARD
North side Adkins Rd. ¼ mile west of West Rd., back from road

Elizabeth A. **Roberts** Phillips, wife of Marcellus Phillips, b. Nov. 29, 1843
  d. July 29, 1900
William S. **Roberts** d. Feb. 1, 1864 aged 57 yrs. 11 mos. 1 day
Eliza A. Roberts, wife of William S. Roberts, b. May 25, 1820 d. June 11, 1885

JOHN S. GOSLEE FAMILY GRAVEYARD
East side Hickory Mill Rd. 1 mile south of Manson Waller Rd.

Baby son of William E. & Julia A. Ellis b. & d. Mar. 21, 1881
John S. **Goslee** b. Aug. 24, 1821 d. Aug. 31, 1896
Ann Maria W. Goslee, wife of John S. Goslee, b. Nov. 19, 1826 d. Oct. 13, 1894

JOHN W. WILLIAMS FAMILY GRAVEYARD
East side Hickory Mill Rd. .2 mile south of Manson Waller Rd.

John W. **Williams** b. Jan. 7, 1843 d. Oct. 31, 1890

NANTICOKE ELECTION DISTRICT NO. 12
BIVALVE METHODIST CHURCH CEMETERY
Bivalve

George W. S. **Adams**, son of John & Anna D. Adams d. Sept. 7, 1882
   aged 47 yrs. 9 mos. 3 days
Zipphora B. **Dunn** b. Aug. 19, 1830 d. July 31, 1900
Ernest S. **Dunn**, son of Samuel C. & Fannie Dunn, b. Nov. 5, 1889 d. June 10, 1890
Charlotte A. **Dunn**, youngest dau. of John & Rebecca North, b. Nov. 28, 1832
   d. Mar. 9, 1900
Annie M. **Efford**, wife of John W. Efford, b. Sept. 17, 1845 d. May 17, 1900
Margaret M. **Efford**, wife of Zachariah Efford, b. Aug. 24, 1822 d. Aug. 10, 1900
Harry O. **Elliott**, son of William J. & Mollie V. Elliott, b. Dec. 22, 1892
   d. July 26, 1893
Lulie W. **Elliott**, dau. of William J. & Mollie V. Elliott, b. Dec. 22, 1892
   d. Aug. 11, 1893
Cora M. **Foreman**, dau. of Elias E. & Julia O. Foreman, b. Mar. 16, 1877
   d. Sept. 6, 1893
Archie L. **Foreman**, son of Elias E. & Julia O. Foreman, b. May 6, 1883
   d. Mar. 17, 1896
John **Harrington** b. May 12, 1840 d. Feb. 19, 1898
Virtie **Harrington**, dau. of Delia & Beauchamp Harrington, b. Aug. 10, 1886
   d. Dec. 25, 1899
John W. **Hemans**, son of George H. & June R. Hemans, b. July 3, 1873 d. Nov. 3, 1894
Alexander **Horseman** b. Nov. 3, 1821 d. Aug. 8, 1899
Mary E. **Horseman**, wife of Severn Horseman, b. Dec. 13, 1818 d. July 8, 1898
Valentine **Insley**, consort of Mary Rosanna Insley, d. May 21, 1890 aged 90 yrs.
Lulie Washington **Insley**, dau. of James Knox Polk & Biddie A. Insley,
   b. Nov. 4, 1871 d. July 2, 1899
Esaw S. D. **Insley**, son of James Knox Polk & Biddie A. Insley, b. Apr. 10, 1873
   d. Sept. 23, 1875
Clarence R. **Insley** b. Nov. 18, 1870 d. Sept. 2, 1894
Jacob **Insley** b. Sept. 3, 1823 d. Apr. 16, 1892
Lewis E. **Insley** b. May 16, 1867 d. June 7, 1900
George H. **Insley** Jr., son of George H. & Elizabeth Insley, d. June 14, 1879
   aged 2 yrs. 7 mos. 2 days
Etta E. **Insley**, dau. of O. T. & Annie E. Insley, b. May 7, 1895 d. Oct. 8, 1895
Joshua **Jackson** b. July 30, 1830 d. Feb. 2, 1900
Samuel Ray **Langrall**, son of Samuel A. & Alice P. Langrall, b. Apr. 3, 1889
   d. June 12, 1889
Isaac B. **Larmar**, son of Isaac & Caroline Larmar, b. May 11, 1890 d. Sept. 14, 1890
Mary E. **Larmore**, wife of George W. Larmore, b. Aug. 21, 1840 d. Sept. 29, 1889
Willie **Larmore**, son of Henry C. & Mary A. Larmore, d. Sept. 16, 1888 aged
   19 yrs. 8 mos. 24 days
A. D. **Messick** d. Feb. 25, 1888 aged 58 yrs. 8 mos. 3 days
William F. T. **Roberts** b. Aug. 24, 1838 d. May 16, 1892
Charlotte J. **Roberts** b. Nov. 24, 1842 d. June 15, 1896
Annie S. **Robertson**, wife of McHenry Robertson, b. Mar. 15, 1846 d. May 15, 1898
Emma J. **Scott**, wife of George E. Scott, b. Apr. 13, 1873 d. Dec. 6, 1900
William F. **Shockley**, husband of Laura Shockley, b. Feb. 27, 1866 d. Aug. 8, 1897
Carrie L. **Shockley** b. Dec. 21, 1895 d. Dec. 28, 1895
Leonard M. **Thrift** b. May 2, 1868 d. May 6, 1894
Mary C. **Walter**, wife of George A. C. Walter, b. July 22, 1832 d. Nov. 21, 1888
Willie N. **Ward**, son of George R. & Lula Ward, b. Jan. 14, 1889 d. Aug. 30, 1889
W. F. Rodney **White**, son of Benjamin F. & Louisa White, b. Oct. 24, 1883
   d. Dec. 30, 1894
Victoria E. **White**, dau. of Benjamin F. & Louisa White, b. Apr. 29, 1894
   d. Dec. 28, 1895
James A. **Willing** b. Apr. 13, 1827 d. Feb. 27, 1899
Susan **Willing**, wife of James A. Willing, d. Aug. 17, 1888 aged 59 yrs. 11 mos. 7 days
Lillian **Willing**, wife of George W. W. Willing, b. July 10, 1870 d. Feb. 27, 1892

JONES METHODIST CHURCH CEMETERY
East side Jesterville Rd. & south side Clara Rd.

Louisa J. **Catlin**, wife of Julius Catlin, b. Mar. 26, 1853 d. Sept. 3, 1898
Maria **Colburn** b. Sept. 1, 1819 d. Oct. 23, 1882
Mary C. **Dickerson** b. Sept. 28, 1828 d. Nov. 9, 1887

Sarah V. **Jenkins**, wife of Theodore K. Jenkins, b. Apr. 29, 1851 d. Oct. 4, 1899
Minus D. **Messick** b. Dec. 21, 1859 d. Sept. 12, 1881
Ritty A. **Messick**, b. Sept. 10, 1825 d. Feb. 16, 1879
Mahlon S. **Messick** b. Apr. 9, 1826 d. Dec. 5, 1894
Henry J. **Messick** b. Mar. 10, 1833 d. June 17, 1892
Mabel **Messick**, dau. of Henry J. & Annie E. Messick, b. May 6, 1893 d. Sept. 3, 1894
Margaret **Messick**, wife of George Messick, b. Mar. 4, 1803 d. Apr. 17, 1883
Albert T. **Mezick**, son of Delius Mezick, b. Jan. 8, 1854 d. Oct. 11, 1878
Lucy E. A. **Travers**, wife of Francis M. Travers, b. Feb. 5, 1865 d. May 11, 1885

JESTERVILLE METHODIST CHURCH CEMETERY
West side Jesterville Rd. & south side Cove Point Rd.

Annie M. **Jester**, wife of J. Fred Jester, b. Sept. 19, 1836 d. Jan. 11, 1893

TURNER CEMETERY
East side Nanticoke-Waterview Rd.

Lafayette J. Coats **Ackerly**, son of William & Martha Ackerly, d. Oct. 21, 1862
    aged 2 yrs. 2 mos. 17 days
Elizabeth **Barkley** b. Dec. 12, 1820 d. Aug. 22, 1837
William P. **Crosby** b. Mar. 10, 1829 d. July 7, 1896
John S. **Douglass** b. July 10, 1847 d. Dec. 4, 1882
Nehemiah P. Douglass b. Jan. 17, 1822 d. Oct. 7, 1866
Carolina C. Douglass b. July 11, 1851 d. May 20, 1870
Samuel L. Douglass 1860 — 1897
Eleric Douglass 1890 — 1895
Milton E. **Elliott**, son of William E. & Sarah M. Elliott, b. Aug. 16, 1896
    d. Sept. 21, 1897
William Elliott b. Jan. 2, 1835 d. Sept. 7, 1891
Francis H. **Evans** b. Feb. 1, 1829 d. Oct. 21, 1876
Nathaniel Evans d. Oct. 15, 1839 aged 41 yrs. 4 mos. 14 days
Mary **Gibson** d. Jan. 14, 1840 aged 75 yrs.
Alice **Hitch**, wife of Levin Hitch, b. Jan. 28, 1786 married Mar. 4, 1808
    d. June 28, 1825
Effie Dora **Kennerly**, dau. of W. R. & Lizzie R. Kennerly, b. Mar. 27, 1875
    d. May 27, 1892
Thomas Ross Kennerly, son of W. R. & Lizzie R. Kennerly, b. July 10, 1882
    drowned July 28, 1891
Hannah **Larmour**, dau. of G. H. & Angie Larmour, b. Nov. 28, 1877 d. Mar. 26, 1883
Jesse H. **Parks** b. July 19, 1797 d. Jan. 6, 1869
Hannah W. Parks, consort of Jesse H. Parks, d. July 8, 1879
Jesse S. Parks b. July 21, 1832 d. Sept. 22, 1866
J. Carl Parks, infant son of John W. & Sarah V. Parks, d. July 8, 1879
Ware **Toadvine**, son of Louis C. & Edith M. Toadvine, b. Mar. 2, 1895
    d. July 13, 1896
Priscilla **Travers**, d. Nov. 29, 1836 aged 63 yrs. 9 mos. 6 days
Edward Travers b. July 14, 1831 d. May 27, 1891
Alice J. Travers, dau. of Edward & Margaret Travers, b. Oct. 22, 1858 d. June 2, 1877
Mathew **Turner** d. Apr. 3, 1812 aged 39 yrs.
John W. Turner b. May 5, 1839 d. Sept. 2, 1898
Aabitha Turner d. July 8, 1869
Polly Turner d. Aug. 28, 1862 aged 81 yrs. 8 days
John Turner d. Apr. 12, 1840 aged 59 yrs. 4 mos. 26 days
Edith Turner d. Oct. 9, 1817 in 10th yr. of her age
Alice H. Turner b. Jan. 4, 1812 d. Oct. 20, 1857
Cornelia A. Turner b. Oct. 8, 1836 d. Oct. 5, 1870
Emma B. Turner, dau. of John & Cornelia A. Turner, b. Sept. 6, 1870 d. Nov. 1, 1870
John Turner b. Nov. 25, 1813 d. Aug. 5, 1889
Infant dau. of E. S. S. & Alice P. Turner d. July 10, 1880
Roger Keene Turner, son of E. S. S. & Alice P. Turner, b. Dec. 8, 1889
    d. July 14, 1890
Alice Rebecca Turner, dau. of Alex F. & Sarah R. Turner, b. July 12, 1870
    d. July 6, 1871
Alice Rebecca Turner, dau. of Alex F. & Sarah R. Turner, b. Jan. 13, 1879
    d. Jan. 14, 1879
Alice L. Turner b. Feb. 26, 1845 d. Feb. 3, 1854
Caroline R. Turner d. Dec. 13, 1849 aged 3 yrs. 4 mos. 12 days

George F. Turner d. Oct. 6, 1830 aged 11 mos. 23 days
William Richardson Turner b. Jan. 11, 1820 d. July 1, 1822
Mrs. Alice Ida **Walter** b. Jan. 6, 1851 d. Jan. 3, 1881
Ware Thomas Walter, son of Ware C. & Alice Walter, b. Dec. 16, 1876 d. Aug. 23, 1877
Mary G. **Watson** b. Mar. 14, 1832 d. July 18, 1866
Auther **Willin** b. Sept. 5, 1835 d. Apr. 5, 1836
Thomas Richardson Willing, son of Ware & Rebecca A. Willing, b. Mar. 13, 1841 d. June 22, 1842

ROBERTSON CEMETERY
East side Clara Rd. ¼ mile south of Capitola Rd.

George H. **Robertson** b. Jan. 22, 1845 d. Mar. 21, 1896
George W. Robertson b. Nov. 22, 1822 d. Jan. 9, 1897
Esther A. Robertson 1850 — 1876

BARZILIA EVANS FAMILY GRAVEYARD
East side Waterview Rd. & south side Spring Lane

Barzilia **Evans** b. Oct. 12, 1777 d. July 19, 1855
Barzelly Evans d. Mar. 30, 1862 aged 42 yrs.
Levin J. Evins b. Feb. 20, 1831 d. July 4, 1854
Ann M. Evins d. July 9, 1838 aged 33 yrs. 4 mos. 24 days
Jehu Evans d. Sept. 3, 1838 aged 1 yr. 24 days

McCLESTER - EVANS FAMILY GRAVEYARD
Waterview Hotel, Waterview

Robert **Evans** b. Dec. 12, 1813 d. June 25, 1885
Lucy A. Evans, dau. of Francis & Sallie Ann Weston Evans, wife of Capt. Robert Evans, mother of Emily, Augusta, Virginia, Robert & Alice, d. Sept. 20, 1867 aged 46 yrs. 5 mos. 8 days
Robert Evans, son of Robert & Sallie Evans, d. Sept. 15, 1875 aged 1 yr. 9 mos. 17 days
Howard S. Evans, son of Robert G. & Emma V. Catlin Evans, b. Jan. 2, 1886 d. Jan. 16, 1889
Richard G. Evans d. June 20, 1870 in his 18th yr.
Sarah **Hughes**, wife of Jesse Hughes, d. Feb. 26, 1800 aged 45 yrs.
Amelia **Insley** b. Apr. 7, 1755 d. Nov. 6, 1824
Capt. John **McClester**, d. Nov. 5, 1792 in the 73rd yr. of his age
Capt. John McClester d. Mar. 22, 1827 in the 80th yr. of his age
Fredie W. **Webster**, son of James W. & Mary J. Webster, b. Sept. 1, 1894 d. Mar. 17, 1895

WILLING FAMILY GRAVEYARD
Between Red Hill Lane & Nanticoke Wharf Rd.

George O. P. **Douglass** b. Feb. 14, 1853 d. Aug. 2, 1883
R. A. Douglass, wife of George O. P. Douglass, b. Feb. 2, 1861 d. Aug. 18, 1882
Roxie Douglass, dau. of George O. P. & R. A. Douglass, b. June 17, 1882 d. Jan. 13, 1883
Rebecca E. **Robertson** b. Jan. 30, 1835 d. Dec. 7, 1898
John M. Robertson d. Jan. 27, 1899 aged 24 yrs. 10 mos.
Michel **Todd** b. Feb. 22, 1817 d. July 10, 1879
W. J. L. **Willing** b. Feb. 12, 1810 d. Apr. 3, 1863
Rachael Willing d. June 10, 1850 aged 36 yrs. 11 mos.
Auburnia C. Willing b. Oct. 4, 1854 d. Aug. 15, 1861
Ware Willing b. Oct. 23, 1854 d. Dec. 17, 1863
Annie S. Willing b. Sept. 29, 1845 d. Apr. 1, 1895
Infant son of John W. & Georgia Willing (no dates)
Infant son of John W. & Georgia Willing (no dates)
Infant dau. of John W. & **Georgia** Willing (no dates)
Frederick A. J. Willing, son of James R. & Annie S. Willing, b. Dec. 21, 1878 d. Jan. 21, 1884
Infant son of James R. & Annie S. Willing (no dates)

HEATH - WHITE FAMILY GRAVEYARD
East side Salisbury-Nanticoke Rd. & south side Windsor Cove Rd. ¼ mile from each

Elizabeth E. Heath, wife of William D. Heath, b. Dec. 22, 1819 d. July 11, 1885
William H. W. Heath b. Mar. 10, 1849 d. Jan. 4, 1853
John S. Heath b. Aug. 29, 1850 d. Aug. 26, 1852
Mary E. P. Heath b. Oct. 3, 1859 d. June 17, 1860
James R. Heath b. Sept. 1, 1860 d. Dec. 17, 1860
Virginia W. White, wife of John O. White, b. June 16, 1835 d. Aug. 28, 1858

RENCHER FAMILY GRAVEYARD
West side Salisbury-Nanticoke Rd. & north side Ragged Point-Jesterville Rd.

Alpheus Rencher b. Mar. 18, 1841 d. May 19, 1900
Ora Elvira Rencher, dau. of Alpheus & Anna S. Rencher, b. Jan. 22, 1884 d. July 13, 1884
Humbert Rencher, son of Alpheus & Anna S. Rencher, b. Mar. 31, 1891 d. Sept. 5, 1891
Ettrick S. Rencher, son of Alpheus & Anna S. Rencher, b. Aug. 17, 1892 d. Aug. 25, 1893
Infant son of Alpheus & Anna S. Rencher b. Jan. 30, 1895 d. Jan. 30, 1895

COVINGTON - COLLIER - HORSMAN FAMILY GRAVEYARD
West side of Old Tyaskin-Nanticoke Rd. on north side of lane to Windmill Hill

Priscilla Collier, wife of George P. J. Collier, b. June 25, 1806 d. May 24, 1846
Phillip Covington b. Mar. 12, 1785 d. May 17, 1855
Martha W. Covington, wife of Phillip Covington & dau. of Nathan & Nancy Evans, b. Dec. 18, 1792 d. Feb. 9, 1878
Hugh R. Covington, son of Phillip & Martha W. Covington, d. Oct. 25, 1867 aged 30 yrs. 5 mos. 3 days
Hugh P. C. Covington d. Feb. 21, 1828 aged 8 mos. 28 days
Margaret N. Evans, wife of Marcellus Evans, d. Aug. 30, 1871 aged 55 yrs. 8 mos 7 days
Marcellus Albert Evans, son of Marcellus & Margaret Evans, b. Feb. 6, 1846 d. Aug. 8, 1863
Perry L. Horsman b. Feb. 11, 1822 d. May 18, 1869
Susan Jane Horsman, wife of Perry L. Horsman, b. Feb. 3, 1821 d. June 1, 1848
Matilda E. R. Jackson d. Dec. 30, 1853 aged 34 yrs. 9 mos. 24 days
Samuel Robertson b. June 26, 1820 d. Apr. 22, 1886

INSLEY FAMILY GRAVEYARD
West side Salisbury-Nanticoke Rd. ½ mile south of Bivalve

Esau S. D. Insley b. May 5, 1831 d. July 28, 1898
Caroline F. Insley, wife of Esau S. D. Insley, b. Oct. 7, 1842 d. Aug. 31, 1879
Ann Eliza Dickey (Insley), wife of Esau S. D. Insley, b. Jan. 11, 1844 d. Dec. 12, 1900
Susan J. Insley b. Apr. 22, 1806 d. July 26, 1880
Sarah Ann Jarrett, wife of Hazrow Jarrett, d. Feb. 20, 1889 aged 62 yrs.
Infant child of Watson D. & Lelia B. Insley Mitchell b. June 26, 1897 d. June 27, 1897
Margaret A. Robertson d. Nov. 2, 1851 aged 6 yrs.

WALTER - DUNN FAMILY GRAVEYARD
East side Jesterville Rd. ¼ mile north of Windsor Cove Rd.

Priscilla J. Dunn b. Oct. 1, 1824 d. Mar. 13, 1897
Margaret E. Wainwright b. Sept. 8, 1819 d. June 15, 1853
Robert Walter b. Apr. 12, 1818 d. Sept. 2, 1891
Rosa J. Walter, wife of Robert Walter, b. Feb. 20, 1820 d. July 21, 1890
Biddie J. Wareham, wife of James Wareham, b. Dec. 8, 1826 d. Oct. 8, 1894
Margaret E. Willing, wife of Chandler A. Willing, d. Aug. 13, 1873 in her 26th yr.

JONES - DASHIELL - ROBERTS FAMILY GRAVEYARD
East side Jesterville Rd. ¾ mile north of Muddy Hole Rd.

Algernon Dashiell b. Nov. 11, 1809 d. Oct. 15, 1839

Susan E. J. Dashiell, wife of Algernon Dashiell, b. Apr. 22, 1814 d. Jan. 21, 1891
Isaac Jones Dashiell, son of Algernon & Susan Dashiell, d. Mar. 15, 1844
 aged 8 yrs. 5 mos. 11 days
Samuel T. Dashiell, son of Algernon & Susan Dashiell, b. Sept. 9, 1839
 d. Aug. 28, 1870
Eliza Priscilla Dashiell, dau. of Algernon & Susan Dashiell, d. Mar. 14, 1844
 aged 1 yr. 2 mos. 14 days
Algernon Sydney Dashiell, son of Algernon & Susan Dashiell, d. Mar. 25, 1854
 aged 2 yrs. 8 mos. 11 days
Mary M. Dashiell, dau. of Algernon & Susan Dashiell, b. Aug. 25, 1853
 d. Jan. 22, 1873
William N. Evans b. Aug. 3, 1834 d. June 14, 1894
John Jones of Benjamin b. Feb. 11, 1757 d. Feb. 5, 1831
Betsey Jones, consort of John Jones of Benj., b. May 27, 1762 d. May 6, 1834
Benjamin I. Jones b. May 17, 1783 d. Mar. 19, 1868
Priscilla E. Jones, wife of Benjamin I. Jones, b. Mar 15, 1785 d. Dec. 9, 1838
Samuel A. Langrall b. Mar. 27, 1830 d. Apr. 13, 1895
Mary J. Langrall, wife of Samuel A. Langrall, b. Feb. 12, 1840 d. May 10, 1895
Milbourn W. Langrall, son of Samuel A. & Mary J. Langrall, b. Apr. 27, 1860
 d. July 9, 1879
Ella J. Langrall, dau. of Samuel A. & Mary J. Langrall, b. Oct. 7, 1869
 d. Oct. 21, 1870
Missouria B. Langrall, dau. of Samuel A. & Mary J. Langrall, b. Oct. 14, 1871
 d. Sept. 9, 1872
William C. Langrall, son of Samuel A. & Mary J. Langrall, b. Dec. 21, 1873
 d. Sept. 21, 1874
Thomas Roberts, son of John & Martha Roberts, 1784 — 1870
William U. Roberts b. July 15, 1815 d. Sept. 1, 1894
John E. Roberts b. June 3, 1843 d. Apr. 14, 1869
Underwood Roberts b. Jan. 12, 1852 d. Mar. 26, 1877
S. Edward Roberts b. Feb. 20, 1864 d. Aug. 8, 1881
Glen F. Roberts b. Apr. 15, 1882 d. May 3, 1897
Alice J. Summers, dau. of Capt. Edward & Henrietta Evans, d. Aug. 14, 1864
 aged 19 yrs. 10 mos. 20 days

WALTER - JONES FAMILY GRAVEYARD

East side Jesterville Rd. between Salisbury-Nanticoke Rd. & Bivalve'Lodge Rd.

George D. Walter d. Oct. 18, 1858 aged 37 yrs. & 17 days
Mary J. Walter b. Aug. 1, 1846 d. Dec. 20, 1849
George D. Walter Jr. b. Apr. 16, 1848 d. May 20, 1848
Sarah E. Walter b. Nov. 23, 1851 d. June 30, 1852

LARAMORE FAMILY GRAVEYARD

South side Bivalve Harbor Rd. .2 mile west of Salisbury-Nanticoke Rd.

Mary E. A. Laramore, dau. of Isaac L. & Caroline Laramore, d. Mar. 19, 1876
 aged 1 yr. 7 mos. 1 day
D. N. Gilbert Laramore, son of Isaac L. & Caroline Laramore, d. July 6, 1886
 aged 4 yrs. 5 mos. 16 days
Infant son of Isaac L. & Caroline Laramore aged 1 day (no dates)

HARRINGTON FAMILY GRAVEYARD

North side of Bivalve Harbor Rd. on southerly slope of a large sand dune

Lavinia R. Harrington d. May 28, 1837 aged 2 yrs. 6 mos. 20 days

JARRETT FAMILY GRAVEYARD

East side of a dirt lane leading north from Bivalve Harbor Rd.

William H. W. Jarrett d. Sept. 4, 1882 aged 60 yrs. 8 mos. 10 days
Albertie T. White, wife of C. T. White, b. July 9, 1862 d. July 20, 1889
C. C. White b. Mar. 9, 1889 d. July 20, 1889

NOAH JACKSON FAMILY GRAVEYARD

North side of Jackson Harbor on hill opposite inner line of boats

Noah Jackson d. June 25, 1880 aged 73 yrs. 4 mos. 22 days

JACKSON - JILES FAMILY GRAVEYARD

Northeast side Bivalve Lodge Rd. between Texas Rd. & West Side Community Center

George D. Jackson b. Apr. 7, 1829 d. May 28, 1897
Martha Matilda Jackson, wife of George D. Jackson, d. Oct. 28, 1890 aged 60
Joseph H. Jiles b. Mar. 18, 1821 d. Dec. 13, 1891, husband of Sarah E. Jiles
Emily H. Robertson b. July 6, 1872 d. Feb. 12, 1893
Mary E. Robertson b. Sept. 3, 1855 d. Sept. 24, 1891

ROBERTSON - DOWNING FAMILY GRAVEYARD

East side Texas Rd. ½ mile south of Bivalve Lodge Rd.

Alton J. Downing, infant son of William A. & Annette Downing (no dates)
James B. Downing, infant son of William A. & Annette Downing (no dates)
Lulu M. Harrington, wife of George T. Harrington, b. Sept. 9, 1863 d. Aug. 14, 1885
Martha F. Robertson, wife of Charles F. Robertson, d. June 17, 1890 aged
    42 yrs. 11 mos. 17 days
Lizzie E. Robertson, dau. of Charles F. & Martha F. Robertson, b. Feb. 16, 1880
    d. Nov. 13, 1889
Sadie L. Robertson, dau. of Charles F. & Martha F. Robertson, b. Oct. 17, 1882
    d. Oct. 23, 1889

JOHN W. JONES FAMILY GRAVEYARD

South side Salisbury-Nanticoke Rd. ¼ mile east of Jesterville Rd.

John W. Jones b. Nov. 19, 1826 d. Jan. 8, 1896
Ella S. Jones, wife of Irving C. Jones, b. July 31, 1864 d. Jan. 25, 1888

JOSHUA WAINWRIGHT FAMILY GRAVEYARD

North side Mezick Rd. .1 mile west of Shiles Creek

Joshua Wainright d. Aug. 21, 1849 aged 62 yrs. 10 mos. 5 days
Mary Wainright d. Feb. 28, 1847 aged 65 yrs. 3 mos. 7 days
Joshua C. Wainright d. Apr. 10, 1855 aged 30 yrs. 9 mos. 1 day

JOHN NORTH FAMILY GRAVEYARD

West side Bivalve-Nanticoke Rd. .3 mile south of Bivalve Harbor Rd.

John H. North aged 72 yrs. (No dates)
Sarah V. North, wife of John H. North, aged 47 yrs. (No dates)

CAMDEN ELECTION DISTRICT NO. 13

HASTINGS FAMILY GRAVEYARD

West side of Hastings Street, Salisbury

Luellen **Hastings**, dau. of J. W. & Luvicannia Hastings, b. Sept. 6, 1877 d. Dec. 13, 1877
Rollie Morris Hastings, son of J. W. & Luvicannia Hastings, b. Mar. 29, 1887 d. June 21, 1888
Virgie Hastings 1887 — 1890
Frederick Hastings, husband of Grace L. Hastings, b. 1818 d. Mar. 31, 1895

PARKS - WILLIAMS FAMILY GRAVEYARD

North side of Onley Road behind last house adjoining Bennett High School

Elizabeth **Parks**, wife of William L. Parks, b. Nov. 26, 1813 d. Feb. 29, 1859
Samuel **Williams** d. June 17, 1852 aged 65 yrs. 11 mos. 17 days

GUNBY - McALISTER FAMILY GRAVEYARD

Formerly located where Rivercrest Development now is in Salisbury. The following markers were located being used as stepping-stones on Camden Ave.

John H. **Gunby** b. May 23, 18??
James **McAlister** b. Jan. 3, 1820 d. Apr. 17, 1893

WILLARDS ELECTION DISTRICT NO. 14

NEW HOPE CEMETERY

East side New Hope Rd. ½ mile north of Whaleysville-Willards Rd.

Charles W. **Baker** b. Sept. 11, 1858 d. Mar. 21, 1890
Stella M. **Davis**, dau. of William & Anna S. Davis, d. June 10, 1889
aged 11 yrs. 2 mos. 5 days
Irma F. **Davis**, dau. of William & Anna S. Davis, d. July 26, 1894 aged 6 mos.
Catherine **Duncan**, wife of H. K. Duncan, b. June 15, 1829 d. Apr. 15, 1892
John E. **Duncan**, son of H. K. & Catherine Duncan, b. Nov. 16, 1846 d. Mar. 29, 1888
Garretson **Gordy** b. Nov. 10, 1803 d. Apr. 1, 1888
Margaret **Gordy**, wife of Garretson Gordy, b. July 6, 1800 d. July 5, 1874
Levi D. **Gordy**, son of Garretson Gordy, b. Oct. 25, 1829 d. May 22, 1899
Mary H. **Gordy**, wife of Ernest D. Gordy & dau. of H. K. & Catherine Duncan,
b. Nov. 3, 1839 d. June 6, 1891
Infant son of Ernest D. & Mary H. Gordy b. Oct. 13, 1898 d. Sept. 9, 1899
Milbourn A. **Layton** b. Feb. 20, 1838 d. May 6, 1899
William L. D. **Massey**, husband of Laura J. Massey, 1856 — 1882
Joal **Rayne** b. June 12, 1841 d. Apr. 4, 1891
Noah **Rayne** b. Nov. 8, 1843 d. Mar. 6, 1882
B. Galvin **Wilkins**, son of John W. & Ida Wilkins, b. Nov. 11, 1895 d. Dec. 10, 1900

MOUNT PLEASANT CHURCH CEMETERY

North side Mt. Pleasant Rd. 2 miles east of Willards-Whiton Rd.

Amanda Jones (**Bailey**), wife of Cyrus E. Bailey, b. Feb. 14, 1867 d. Oct. 15, 1894
John H. **Brittingham** b. Nov. 22, 1832 d. Mar. 6, 1897
Charles W. **Collins** b. Sept. 15, 1845 d. May 15, 1892
Addie P. **Collins**, dau. of Charles W. & Anda E. Collins, b. Jan. 10, 1887
d. Sept. 19, 1889
Henry **Dennis** d. Jan. 29, 1890 aged 23 yrs. 8 mos. 29 days
Herman H. **Jones**, son of Archibald H. & Emma P. Jones, b. Nov. 15, 1885
d. Oct. 20, 1893
John F. **Jones** b. Aug. 6, 1811 d. Feb. 8, 1899
John M. **Jones** b. Aug. 5, 1835 d. Sept. 22, 1892
Barton Jones b. Dec. 9, 1874 d. Nov. 16, 1896
Pet Jones, dau. of J. W. & Annie P. Jones, b. Dec. 15, 1892 d. June 1, 1893
Milbourn A. **Layton**, son of John J. & Rebecca E. Layton, b. July 19, 1893
d. Sept. 6, 1896
Isaac W. **Lewis**, b. June 22, 1858 d. June 7, 1900
Edwin **Massey** b. Aug. 27, 1896 d. Oct. 18, 1897
Sarah M. **Patey** b. Feb. 12, 1854 d. Sept. 6, 1896
John M. Pattey b. Apr. 11, 1821 d. Oct. 1, 1889
Samuel J. **Perdue** 1859 — 1889
Peter Powell of P b. Apr. 1821 d. July 25, 1886
Nancy A. **Powell**, wife of Peter Powell, b. Oct. 30, 1826 d. Aug. 30, 1893
Seamere T. **Rayne** 1857 — 1895
William Talbot **Truitt** b. July 2, 1832 d. Nov. 20, 1889
Clarissa E. **Williams** b. Apr. 6, 1863 d. May 18, 1890

FRIENDSHIP CEMETERY

Northeast side Friendship Rd. 3 miles south of Pittsville

William E. **Parsons**, son of Isaac W. & Mary C. Parsons, b. Apr. 13, 1884
d. Jan. 4, 1900
Charles W. **Truitt**, husband of Sallie E. Truitt, b. Aug. 11, 1833 d. July 25, 1893

LEWIS CEMETERY

East side Willards-Whiton Rd. ¼ mile south of U. S. Route 50

Julia M. **Dennis**, dau. of Benjamin & Amelia J. Dennis, b. May 17, 1867
d. Dec. 14, 1867
Alma Dennis b. Sept. 16, 1897 d. July 5, 1899
Alma L. **Lewis**, dau. of Sydney & Lizzie Lewis, b. Dec. 6, 1899 d. Mar. 13, 1900

GRACE METHODIST CHURCH CEMETERY
Willards, south of Community Hall

Ella M. **Davis**, dau. of Ebenezer G. & Ella S. Davis, b. Jan. 22, 1888 d. July 27, 1889
Walter E. Davis, son of Ebenezer G. & Ella S. Davis, b. Nov. 6, 1889 d. Aug. 5, 1891
Ruth Davis, dau. of Ebenezer G. & Ella S. Davis, b. Jan. 1, 1892 d. Jan. 5, 1894
Infant dau. of Ebenezer G. & Ella S. Davis b. June 8, 1898 d June 15, 1898

HAMBLIN FAMILY GRAVEYARD
Southwest side Woodyard Rd. at U. S. Route 50

John S. **Hamblin** 1833 — 1887
John I. Hamblin, son of John S. Hamblin, 1867 — 1888
Allen E. Hamblin, son of John S. Hamblin, 1870 — 1892

DENNIS - DAVIS FAMILY GRAVEYARD
East side Willards-Whiton Rd. ½ mile south of Friendship Rd.

Levicy O. L. **Davis**, wife of Lodawick F. Davis, b. Feb. 17, 1821 d. Mar. 25, 1857
Mary E. **Layton** b. Mar. 16, 1822 d. July 5, 1869
Minos C. **Littleton**, son of Thomas & Mary Littleton, b. Dec. 8, 1830 d. July 6, 1860
Martha C. Davis (Littleton), wife of Minos C. Littleton, b. July 27, 1828
  d. May 18, 1875
Charlotte E. **Lurton**, wife of Milbourn A. Lurton, b. Sept. 27, 1844 d. June 24, 1874

BRITTINGHAM FAMILY GRAVEYARD
East side Warren Farm Rd. ½ mile south of Manlius Morris Rd.

Isaac S. **Brittingham** b. Nov. 12, 1812 d. Apr. 1, 1884
Ann M. Brittingham, wife of Isaac S. Brittingham, b. Jan. 30, 1812 d. Mar. 7, 1897
Robert J. Brittingham, son of Isaac S. & Ann M. Brittingham, b. Mar. 26, 1849
  d. Oct. 15, 1888
Sallie M. Brittingham, dau. of Isaac S. & Ann M. Brittingham, b. Jan. 1, 1854
  d. July 7, 1858
Infant son of Robert J. & Amelia M. Brittingham b. & d. Mar. 25, 1879
Lula E. Brittingham, dau. of Robert J. & Amelia M. Brittingham, b. Feb. 18, 1882
  d. Jan. 11, 1890
Isaac P. Brittingham, son of Zadock & Ann Brittingham, b. Mar. 13, 1850
  d. May 3, 1886
Emiline Brittingham b. Dec. 26, 1830 d. Aug. 20, 1885, mother of James H. Turner,
  George L. Turner, Maria L. Brittingham, & George E. Brittingham
Lillie A. **Parsons**, dau. of Thomas A. & Julia A. Parsons, b. July 26, 1877
  d. Nov. 21, 1877
Cora A. Parsons, dau. of Thomas A. & Julia A. Parsons, b. Jan. 17, 1879
  d. Jan. 9, 1890
Isaac W. T. **Workman**, son of G. J. & Levenia M. Workman, b. May 18, 1873
  d. Jan. 17, 1874
Sallie A. M. Workman, dau. of G. J. & Levenia M. Workman, b. Mar. 11, 1878
  d Oct. 17, 1879
Rosa L. E. Workman, dau. of G. J. & Levenia M. Workman, b. Aug. 4, 1880
  d. Sept. 22, 1898

TORBERT FAMILY GRAVEYARD
South side Line Rd. 100 yds. east of Bethel Rd.

Robert W. **Torbert** b. June 29, 1852 d. Mar. 25, 1878

NEILLE FAMILY GRAVEYARD
West side Richardson Rd. & north side Bishop Rd.

Nathaniel Miller M. **Neille** d. Aug. 16, 1849 aged 19 yrs. 10 mos. 12 days

WILLIAM DENNIS FAMILY GRAVEYARD
South side Cobb's Hill Rd. & west side New Hope Rd.

William **Dennis** d. June 21, 1864 aged 68 yrs. 2 mos. 7 days
Rev. John M. Dennis, of Md. Annual Conference of the M. P. Church & eldest son of William & Rachel Dennis b. June 22, 1827 d. Feb. 11, 1870
William A. Dennis, son of William & Rachel Dennis, b. Sept. 16, 1829 d. Oct. 31, 1876
Jesse T. Dennis, youngest son of William & Rachel Dennis, d. July 26, 1858 aged 26 yrs. 3 mos. 28 days

CLARK FAMILY GRAVEYARD
North side Ben Davis Rd. 1½ miles west of Willards-Whiton Rd. deep in the woods northeast of entrance road

George H. **Parsons** b. June 18, 1847 d. Mar. 11, 1899

BRATTEN FAMILY GRAVEYARD
South side New Hope Rd. .7 mile east of Bethel-Willards Rd.

Jesse **Bratten** 1793 — 1877
Anna Bratten, wife of Jesse Bratten, 1799 — 1881
Martha E. Bratten, dau. of Jesse & Anna Bratten, b. Oct. 25, 1826 d. Jan. 13, 1869
Jesse T. Bratten b. Apr. 20, 1837 d. Dec. 29, 1869

THOMAS LITTLETON FAMILY GRAVEYARD
West side Willards-Whiton Rd. .1 mile south of Friendship Rd.

Thomas **Littleton** d. Feb. 11, 1873 aged 63 yrs. 2 mos. 3 days

HEBRON ELECTION DISTRICT NO. 15

ST. PAUL'S EPISCOPAL CHURCH CEMETERY
East side U. S. 50 at Hebron Rd.

Columbus **Anderson** b. Oct. 12, 1842 d. July 4, 1874
Cora Anderson, dau. of Columbus & Alverda Anderson, d. Jan. 26, 1887 aged 18 yrs. 1 mo. 2 days
Sarah Ellen **Austin**, wife of George E. Austin & dau. of William & Eleanor T. Wailes, d. Sept. 1, 1841 aged 23 yrs. 10 mos. 12 days
Horace Binney **Dashiell**, son of John J. & Mary Ann Dashiell, d. July 18, 1841 aged 13 mos. 17 days
John Polk Dashiell, son of John J. & Mary Ann Dashiell, d. Apr. 24, 1844 aged 2 yrs. 4 mos. 3 days
Edward **Fowler** 1795 — 1868
Matilda Fowler 1793 — 1864
James Fowler, son of Edward & Matilda Fowler, 1829 — 1831
Benjamin Fowler, son of Edward & Matilda Fowler, 1820 — 1840
Henry Fowler, son of Edward & Matilda Fowled, 1822 — 1870, Confederate Soldier
Ellen E. Fowler, wife of Dr. Edward Fowler, b. Apr. 17, 1838 d. July 1, 1869
Maggie L. Fowler, dau. of Dr. Edward & Ellen E. Fowler, b. May 28, 1867 d. June 11, 1868
Ellen H. Fowler, dau. of Dr. Edward & Ellen E. Fowler, b. Apr. 11, 1869 d. June 26, 1869
Dr. John Edward Fowler, M.D., b. Feb. 19, 1825 d. Feb. 13, 1865
Mary Jane Fowler, wife of John Edward Fowler, b. Apr. 3, 1830 d. June 17, 1898
Mary Eveline Fowler, dau. of John Edward & Mary Jane Fowler, b. Apr. 2, 1852 d. Nov. 11, 1857
Matilda E. Fowler, dau. of John Edward & Mary Jane Fowler, b. July 11, 1854 d. Nov. 13, 1857
Elizabeth D. **Phillips** b. May 25, 1834 d. Mar. 17, 1864
J. Wilmer Phillips b. May 29, 1810 d. Dec. 27, 1884
Maria E. Phillips, wife of J. Wilmer Phillips, b. Nov. 29, 1827 d. Mar. 16, 1896
Fannie Phillips, dau. of J. Wilmer & Maria E. Phillips, d. July 17, 1876 aged 19 yrs. 9 mos. 3 days
Samuel J. Phillips b. Mar. 13, 1824 d. Sept. 7, 1883
S. Ernest Phillips, son of Samuel J. & Sarah A. Phillips, b. Oct. 20, 1876 d. Feb. 13, 1883
Elizabeth **Trader** b. Mar. 19, 1787 d. Apr. 29, 1859
Charles **Travers**, son of Mitchell Wallace Travers, grandson of Edward & Matilda Fowler, 1849 — 1870
William **Wailes** d. Jan. 23, 1856 aged 68 yrs. 6 mos. 23 days
James W. **Wilson** b. Nov. 24, 1843 d. Dec. 3, 1897

NELSON CEMETERY
Main Street, Hebron

Benjamin **Bradley** b. July 2, 1820 d. Feb. 10, 1888
Eliza E. Bradley b. July 24, 1861 d. June 12, 1863
Granvil Bradley, son of Benjamin & Talatha C. Bradley, b. July 5, 1871 d. Aug. 11, 1874
Stephen **Mills** b. Aug. 5, 1786 d. July, 1840
Levinah Mills, wife of Stephen Mills, b. July 5, 1783 d. Jan. 5, 1842
Lemuel M. Mills, b. Nov. 17, 1811 d. Feb. 12, 1870
Mary M. Mills, wife of Lemuel M. Mills, b. Dec. 19, 1819 d. Dec. 4, 1886
Annie E. Mills, dau. of Lemuel M. & Mary M. Mills, b. July 21, 1847 d. May 19, 1847
Maurice E. Mills, son of George D. & Laura E. Mills, b. June 8, 1870 d. Jan. 16, 1899
George D. Mills b. Mar. 17, 1841 d. July 16, 1900
Laura E. Mills, wife of George D. Mills, b. Sept. 19, 1849 d. Mar. 16, 1897
Charles H. Mills b. 1878 d. 1881
Infant Mills b. & d. 1894
Elizabeth S. **Shields** 1863 — 1897
John T. **Smith** b. Mar. 7, 1858 d. Jan. 24, 1899
Mary E. W. **Waller**, wife of J. J. Waller, d. Sept. 5, 1875 aged 25 yrs.

ADKINS FAMILY GRAVEYARD
Southwest side U. S. 50 at Rockawalkin Rd.

Lambert **Adkins** b. Dec. 22, 1812 d. June 4, 1857
Clarrissa L. Adkins b. Mar. 22, 1822 d. May 28, 1897
Fanny Adkins b. Mar. 17, 1853 d. Dec. 4, 1853
Sally T. Adkins b. Mar. 18, 1855 d. Mar. 24, 1889
William M. **Henry** b. Sept. 3, 1832 do. Oct. 8, 1862

HITCH FAMILY GRAVEYARD
Southwest side U. S. 50 ½ mile northwest of Spring Hill Church

Ezekiel **Hitch** b. July 25, 1816 d. Oct. 16, 1893
Sidney Hitch, son of Ezekiel & Sarepta Hitch, b. Sept. 5, 1848 d. Dec. 4, 1866
Mary Hitch, dau. of Ezekiel & Sarepta Hitch, b. Sept. 14, 1860 d. Sept. 30, 1862

GOSLEE FAMILY GRAVEYARD
Southwest side U. S. 50 ½ mile north of Old Railroad ⅔ mile back from road

Clement **Goslee** b. Oct. 19, 1800 d. Jan. 17, 1893
Olevia Elizabeth Goslee, wife of Clement Goslee, b. Dec. 14, 1815 d. Nov. 19, 1881
George Loudy Goslee, son of Clement & Olevia E. Goslee, b. Aug. 15, 1838 d. Aug. 7, 1881
Olevia Ann Goslee, dau. of Clement & Olevia E. Goslee, b. June 30, 1848 d. Apr. 19, 1873
Lydia Victoria Goslee, dau. of Clement & Olevia Goslee, b. Apr. 23, 1851 d. July 30, 1873
Emily Eliza Goslee, dau. of Clement & Olevia E. Goslee, b. May 15, 1852 d. June 27, 1881

HARRIS FAMILY GRAVEYARD
East side Alice Hitch Rd. & north side Hebron-Quantico Rd. In woods

Mary E. **Cathell** b. July 22, 1859 d. Oct. 12, 1863
Margaret E. Cathell b. Apr. 14, 1861 d. Oct. 24, 1863
John E. **Harris** b. July 12, 1812, marr. to Margaret H. Vickers Oct. 21, 1835, d. Mar. 22, 1879
Margaret H. Vickers Harris, wife of John E. Harris, b. Dec. 18, 1815 d. Oct. 6. 1895
William E. Harris who departed this life in the Confederate Army June 4, 1862 aged 25 yrs. 7 mos. 1 day
John T. S. Harris b. Dec. 20, 1841 d. July 6, 1845
Charlotte C. Harris b. Aug. 1, 1843 d. Feb. 24, 1846
John C. Harris b. Oct. 12, 1859 d. Oct. 28, 1863
Nancy **Hopkins** d. Mar. 1865 aged about 77 yrs.

BRADLEY FAMILY GRAVEYARD
East side Alice Hitch Rd. ¼ mile north of Holland Gravel Pit Rd.

Lucine M. **Bradley** b. July 20, 1826 d. Jan. 12, 1882
Ellen Bradley, wife of Lucine M. Bradley, b. Mar. 3, 1824 d. Nov. 10, 1863
Josephine Bradley, wife of Lucine M. Bradley, b. Aug. 21, 1846 d. June 12, 1900

CROCKETT - WAILES FAMILY GRAVEYARD
South side Alice Hitch Rd. ½ mile west of U. S. 50

John Shiles **Crockett** b. Nov. 2, 1805 d. Mar. 4, 1858
Emily Catherine Crockett, dau. of John & Emily M. Crockett, b. Feb. 10, 1859 d. Dec. 18, 1863
Mary E. **Wailes** b. Apr. 5, 1856 d. Nov. 10, 1863
Arcadia E. Wailes b. Oct. 30, 1858 d. Nov. 29, 1863

HORSEY - TRADER FAMILY GRAVEYARD
North side Hebron-Quantico Rd. ½ mile west of Alice Hitch Rd.

Edmund Custis **Horsey**, son of John & Susan Horsey, b. Jan. 30, 1812 d. Aug. 13, 1853
Matilda E. J. **Trader**, wife of Levin W. Trader, b. Sept. 4, 1820 d. Sept. 16, 1870

JAMES GILLISS FAMILY GRAVEYARD
South side Alice Hitch Rd. ¼ mile west of Old Railroad

Infant son of James W. & Willie C. Gillis **Darby** (no dates)
James **Gillis** b. July 4, 1812 d. Jan. 23, 1898
Leah Eleanor Gillis, wife of James Gillis, b. Dec. 10, 1819, d. Aug. 3, 1890
Laurinda Elizabeth Gillis, dau. of James & Leah Eleanor Gillis, b. Apr. 19, 1857 d. Mar. 1, 1894
Mary E. Gillis, dau. of William Rush & Nancy C. Gillis, d. June 27, 1892 aged 19 yrs. 1 mo. 13 days
Two Infant children of William Rush & Nancy C. Gillis d. July 4, 1890
Lionel Lewis Gilliss, son of William Rush & Nancy C. Gilliss, b. Mar. 21, 1892 d. Oct. 22, 1892
William Glenwood Gilliss, son of William Rush and Nancy C. Gilliss, b. June 11, 1898 d. July 12, 1898

WILSON - LOWE FAMILY GRAVEYARD
East side Memory Gardens Lane ¼ mile nor th of U. S. 50

Isabella H. **Lowe**, consort of James W. Lowe, d. Mar. 7, 1876 aged 28 yrs. 4 mos. 4 days
Ida Isabella Lowe, wife of J. S. Lowe, d. Jan. 7, 1878 aged 24 yrs. 1 mo. 15 days
James **Wilson** b. Aug. 1, 1799 d. Sept. 27, 1853
Elizabeth Wilson, wife of James Wilson, b. July 14, 1814 d. Aug. 15, 1879

WEATHERLY FAMILY GRAVEYARD
East side Spring Hill Lane ¼ mile south of Manson Waller Rd.

Matilda A. **Lowe** b. Oct. 4, 1807 d. Dec. 18, 1892
Mary C. Lowe, wife of William Wallace Lowe, b. Feb. 3, 1836 d. Jan. 17, 1893
James **Weatherly** 1782 — 1834
Elizabeth Weatherly 1784 — 1860
Peter D. Weatherly b. Aug. 8, 1805 d. Apr. 13, 1877
Hester A. Weatherly, wife of Peter D. Weatherly, b. Feb. 12, 1822 d. Jan. 12, 1892
Eliza E. Weatherly 1816 — 1848
John A. Weatherly 1854 — 1855
Esther A. Weatherly b. May 8, 1858 d. July 11, 1884

EPHRAIM HOLLOWAY FAMILY GRAVEYARD
West side Hickory Mill Rd. 1 mile south of Manson Waller Rd.

Mary E. **Holloway**, wife of Ephraim J. Holloway, b. Oct. 13, 1827 d. Nov. 2, 1886
Olivia F. Holloway, wife of Ephraim J. Holloway, b. Aug. 8, 1841 d. Sept. 24, 1888

JAMES DONOHO FAMILY GRAVEYARD
South side Delmar-Mardela Rd. ¼ mile east of Middle Point Marker, far enough south of road to be in Maryland

James **Donoho** b. Feb. 11, 1769 d. May 9, 1826
Ann Donoho, wife of James Donoho, b. Mar. 17, 1785 d. Mar. 10, 1826

FRUITLAND ELECTION DISTRICT NO. 16
ST. JOHN'S METHODIST CHURCH CEMETERY
Main Street, Fruitland

Eliza Jane **Anderson**, wife of Gillis Anderson, d. Nov. 17, 1863 aged 47 yrs.
Joseph William Gillis Anderson, son of Gillis & Eliza Jane Anderson, b. July 13, 1839 d. Oct. 31, 1857
Isaac H. **Banks** Jr. 1891 — 1899
James **Brereton** d. Jan. 11, 1870 aged 59 yrs. 6 mos.
George Grey **Cathell**, son of George W. & Mary J. Cathell, b. July 15, 1862 d. July 29, 1896
Lula May Cathell, dau. of George W. & Mary J. Cathell, b. Dec. 5, 1874 d. Aug. 24, 1888
Anna M. P. **Conner**, dau. of Eldrich N. & Maria P. Conner, both mutes, b. Apr. 9, 1857 d. Feb. 6, 1862
Amelia Ann **Dashiell**, consort of Levin M. Dashiell, b. Sept. 27, 1825 d. July 23, 1865
John H. **Davis**, husband of Emma E. Davis, d. Oct. 2, 1890 aged 23 yrs. 2 mos. 7 days
Ebenezer **Disharoon** b. Apr. 26, 1804 d. July 5, 1877
Charlotte W. Disharoon, wife of Ebenezer Disharoon, b. Mar. 31, 1802 d. July 3, 1882
Aurelia M. Disharoon, dau. of Ebenezer & Charlotte Disharoon, b. Feb. 24, 1847 d. Nov. 15, 1857
Annie M. **Dulaney** b. May, 1801 d. Aug. 1, 1883
James M. **Dykes** 1860 — 1900
Robert Houston **Ellegood** b. Sept. 11, 1803 d. Nov. 28, 1871
Maria Ellegood, wife of Robert H. Ellegood, b. June 4, 1805 d. Nov. 12, 1854
Patty Ann Ruark (Ellegood), wife of Robert H. Ellegood, b. Aug. 29, 1814 d. July 25, 1890
Joseph W. Ellegood, son of Robert H. & Maria Ellegood, b. Jan. 26, 1839 d. Aug. 26, 1854
Bertha S. **Gray**, dau. of Rev. J. W. & Charlotte E. Gray, d. Sept. 2, 1892 aged 16 yrs. 11 mos. 21 days
Ida Louis White **Gunby**, dau. of John & Charlotte Gunby, d. Dec. 22, 1853 aged 4 yrs. 7 mos. 21 days
Levin W. **Hayman**, son of Joseph H. & Mary E. Hayman, d. Nov. 8, 1896 aged 45 yrs. 3 mos. 17 days
Rev. William W. Hayman, son of Handy & Mary Hayman, d. July 22, 1879 aged 59 yrs. 10 mos.
Ann Mariah Hayman, wife of William W. Hayman, b. Feb. 29, 1824 d. May 9, 1886
Theodore Hayman b. Sept. 25, 1818 d. Dec. 16, 1857
Matilda B. Hayman, b. Jan. 2, 1823 d. Apr. 16, 1899
Sidney J. Hayman, son of Theodore & Matilda Hayman, b. Aug. 8, 1852 d. Sept. 20, 1852
Sidney T. Hayman, son of Theodore & Matilda Hayman, b. Feb. 23, 1854 d. Dec. 8, 1875
Amelia A. **Hearn** b. June 5, 1847 d. July 1, 1882
Infant son of I. Joseph & Clara E. Hearn b. Nov. 8, 1895 d. Jan. 22, 1896
Henry F. **Levingston**, d. Apr. 14, 1872 aged 27 yrs. 9 mos. 5 days
Mary F. Levingston b. Aug. 21, 1819 d. Apr. 8, 1879
Stephen A. **McKenzie** d. Aug. 11, 1887 aged 73 yrs. 5 mos. 16 days
Ellenor B. McKenzie, wife of Stephen A. McKenzie, d. Jan. 5, 1892 aged 75 yrs. 11 mos. 25 days
Robert T. **Malone** b. Oct. 5, 1852 d. Dec. 20, 1894
Annie S. Ross Malone, dau. of Robert T. & Effie G. Malone, b. Jan. 13, 1875 d. May 28, 1883
Robert Lillian Malone, son of Robert T. & Effie G. Malone, b. Nov. 22, 1891 d. Feb. 19, 1893
Elizabeth Malone b. Mar. 22, 1804 d. Sept. 25, 1881
Addie Grace **Mezick**, dau. of Elizabeth I. & Isaac F. Mezick, b. Aug. 22, 1882 d. Nov. 26, 1895
Sally **Moore** b. Dec. 17, 1804 d. Feb. 15, 1852
William P. **Morris** b. Aug. 14, 1819 d. Sept. 1, 1897
Sarah Anne Morris, consort of Dr. Louis White Morris, b. Sept. 17, 1828 d. Oct. 5, 1852
Mary E. B. Morris, dau. of Dr. L. W. & Sarah A. Morris, b. Mar. 27, 1850 d. Dec. 3, 1865

Frona M. **Murray**, dau. of I. J. & Hettie J. Murray, b. Sept. 2, 1884 d. Feb. 8, 1885
Emma **Phillips** b. Jan. 1, 1814 d. June 25, 1877
Mary A. **Pollitt** 1819 — 1838
Lewis Pollitt b. Apr. 20, 1807 d. Nov. 8, 1882
Leah J. Pollitt, wife of Lewis Pollitt, b. Aug. 10, 1809 d. Oct. 30, 1883
Hollis White Pollitt, son of Louis A. & Martha J. Williams Pollitt, b. Oct. 3, 1882 d. Nov. 7, 1883
Sally A. **Pusey**, wife of Henry Pusey, b. Mar. 11, 1826 d. July 9, 1890
Elizabeth Ann **Robertson**, wife of Otis M. Robertson and dau. of George W. & Mary Cathell, b. July 8, 1856 d. July 8, 1884
Caroline M. **Ryall**, wife of John W. Ryall, b. Jan. 10, 1826 d. Mar. 12, 1883
William R. **Smith** b. Sept. 1, 1820 d. Nov. 8, 1858
William **Somers** b. Sept. 20, 1815 d. Feb. 13, 1900
Sally Ann Somers, wife of William Somers, b. Sept. 17, 1828 d. Nov. 9, 1859
Nancy Somers b. Sept. 15, 1791 d. Nov. 12, 1872
Samuel Somers d. May 31, 1860 aged 75 yrs.
Samuel R. Somers b. Apr. 12, 1825 d. Jan. 23, 1862
John P. **Summers** d. Sept. 9, 1855 in his 25th yr.
George Annie **Washburn**, wife of Columbus C. Washburn, b. Dec. 3, 1861 d. July 7, 1898
William H. **Watson** b. Jan. 31, 1840 d. Dec. 2, 1899
William J. **Whayland** b. Oct. 25, 1826 d. July 9, 1882
Margaret J. Whayland, wife of William J. Whayland, b. Aug. 1, 1828 d. Aug. 15, 1896
Sinia A. **Wilson**, wife of Mathias Wilson, b. Aug. 29, 1830 d. Apr. 21, 1888

MT. CALVARY METHODIST CHURCH CEMETERY
Division Street, Fruitland

Tamer **Burris** 1795 — 1892
Sarah M. **Peters** b. May 20, 1863 d. Jan. 12, 1893

SHAD POINT CEMETERY
South side River Road, Shad Point

Mollie **Adams**, wife of Sidney S. Adams, b. May 9, 1861 d. Nov. 12, 1895
C. C. **Ball** b. Sept. 15, 1817 d. Sept. 30, 1859
Elizabeth Ball, wife of C. C. Ball, b. Sept. 25, 1817 d. July 10, 1896
Louis W. Ball, son of C. C. & Elizabeth Ball, b. Feb. 13, 1851 was drowned in Fishing Bay Apr. 16, 1863
John Brinkly Ball b. Sept. 14, 1858 was fatally injured by falling tree and died Dec. 23, 1864
Uncle Johnnie **Bowles** b. Feb. 3, 1809 d. June 26, 1881
Gladys **Brown**, dau. of Walter S. & Frona F. Brown, b. May 13, 1892 d. July 1, 1893
Charlie L. H. **Carey**, son of W. T. & Ida M. Carey, b. Sept. 11, 1888 d. Apr. 24, 1892
Ida Page Carey, dau. of W. T. & Ida M. Carey, b. Oct. 29, 1891 d. July 26, 1892
Charles N. **Crew** b. Apr. 20, 1828 d. Mar. 8, 1893
Littitia Gardener (Crew), wife of Charles N. Crew, d. May 4, 1894 aged 67 yrs.
Susan A. **Crockett**, wife of John C. Crockett, b. Feb. 9, 1817 d. June 26, 1895
Scott P. Crockett, son of John C. & Susan A. Crockett, b. Feb. 11, 1850 d. Nov. 16, 1897
James **Dailey** b. Aug. 25, 1791 d. Oct. 29, 1868
William P. Dailey, son of James & Patty A. Dailey, b. Mar. 8, 1821 d. Apr. 5, 1868
Annie Amelia **Elliott**, dau. of William J. & Sarah A. Elliott, b. Jan. 31, 1895 d. Dec. 21, 1897
George C. **Fields** b. Sept. 20, 1809 d. Sept. 22, 1891
Nancy Fields, wife of George Fields Sr., b. Sept. 28, 1808 d. July 24, 1877
Capt. George H. Fields drowned from his boat, b. Feb. 16, 1836 d. Mar. 10, 1892
Mary A. Fields, wife of George H. Fields, b. Feb. 18, 1832 d. July 3, 1899
Littleton F. Fields, son of George H. & Mary A. Fields, b. Jan. 23, 1858 d. Nov. 14, 1859
Ida V. Fields, dau. of George H. & Mary A. Fields, b. Mar. 18, 1865 d. Sept. 24, 1874
Annie M. Fields, dau. of George H. & Mary A. Fields, b. July 16, 1867 d. Aug. 3, 1869
Wilmore H. Fields, son of George H. & Mary A. Fields, b. Oct. 1, 1869 d. Sept. 23, 1871
Infant child of George H. & Mary A. Fields (no dates)
Perry E. Fields b. Nov. 18, 1839 d. Jan. 18, 1893
Mary J. Fields, wife of James B. Fields, b. May 18, 1854 d. May 26, 1899
Daisy Fields, dau. of James B. & Mary J. Fields, b. July 10, 1892 d. May 2, 1895

William G. Fields, son of George H. & Annie C. Fields, b. Sept. 27, 1879 d. July 14, 1880
David M. Fields b. Oct. 20, 1840 d. July 28, 1898
William W. Fields, husband of Henrietta Fields, b. July 9, 1879 d. July 25, 1891
Oron M. Fields, son of William W. & Henrietta Fields, b. July 9, 1879 d. Oct. 9, 1879
Levi Fields, husband of Catherine Fields, b. Apr. 8, 1847 d. June 18, 1898
Latatia E. Fields, wife of John Fields, b. July 18, 1844 d. Apr. 26, 1869
Emma V. Fields, dau. of John and Letitia E. Fields, b. Feb. 28, 1867 d. Sept. 24, 1870
Letitia E. Fields, dau. of John & Letitia E. Fields, b. Apr. 14, 1869 d. June 25, 1869
William W. Fletcher b. Sept. 2, 1807 d. May 7, 1881
Temporah E. Fletcher, wife of William W. Fletcher, b. Feb. 20, 1806 d. Feb. 2, 1883
Betsy Jane Fletcher, dau. of Capt. William & Temporah Fletcher, d. Feb. 28, 1864 aged 16 yrs. 6 mos. 17 days
Severn G. Fooks b. Nov. 8, 1795 d. Apr. 15, 1845
Elizabeth Fooks, wife of Severn G. Fooks, b. July 18, 1807 d. Mar. 10, 1896
John M. Fooks b. Mar. 11, 1828 d. Dec. 19, 1844
Joseph W. Fooks b. Oct. 15, 1833 d. Aug. 24, 1854
Elizabeth C. Fooks b. Feb. 21, 1833 d. Oct. 28, 1857
Matilda F. Fooks b. Sept. 11, 1842 d. Aug. 5, 1866
Mariah E. Fooks b. June 15, 1830 d. Feb. 23, 1837
Wesley Jenkins b. Oct. 30, 1823 d. May 22, 1886
Mary E. Jenkins, dau. of Wesley & Charlotte T. Jenkins, b. Apr. 28, 1872 d. July 14, 1884
Infant son of Wesley & Charlotte T. Jenkins b. July 9, 1874 d. July 11, 1874
Catty H. Jenkins, wife of Richard E. Jenkins, b. Feb. 8, 1818 d. Jan. 16, 1890
Roydon Jenkins, son of Alonzo & Mary Jenkins, b. Jan. 10, 1894 d. Sept. 2, 1894
Sallie A. Jones, wife of Isaac Jones, d. Aug. 19, 1900 aged 48 yrs. 9 mos. 4 days
Eliza E. Kibble, sonsort of John W. Kibble, b. Mar. 23, 1842 d. Sept. 28, 1876
Susie A. Kibble, dau. of George W. & Dorothy A. Kibble, b. May 15, 1865 d. Sept. 6, 1898
Mary M. Kibble, dau. of George W. & Dorothy A. Kibble, b. Nov. 8, 1866 d. Dec. 2, 1866
Infant of George W. & Dorothy A. Kibble b. Oct. 5, 1867 d. Oct. 6, 1867
Mary V. Kibble, dau. of George W. & Dorothy A. Kibble, b. Apr. 7, 1871 d. Oct. 22, 1872
Lenie B. Kibble, dau. of George W. & Dorothy A. Kibble, b. Mar. 11, 1882 d. June 21, 1883
Jennie E. McGlaughlin, wife of Joseph W. McGlaughlin, b. Feb. 21, 1855 d. Sept. 14, 1894
Elizar Ann McGrath, consort of William McGrath, b. Jan. 5, 1841 d. Oct. 1, 1862
Sarah R. McGrath, wife of William J. McGrath, b. Feb. 22, 1846 d. Jan. 17, 1897
George E. Moore b. May 13, 1823 d. July 9, 1895
Mattie J. Phillips b. Sept. 29, 1860 d. Feb. 4, 1890
John H. Ruark b. Oct. 3, 1826 d. Oct. 16, 1896
Sarah P. Ruark, wife of John H. Ruark, b. July 15, 1827 d. Oct. 5, 1894
Hugh Henry Ruark, son of M. T. & Sarah D. Ruark, d. Oct. 10, 1836 aged 4 yrs. & 28 days
William J. Ruark, son of M. T. and Sarah D. Ruark, d. Jan. 23, 1857 aged 11 yrs. 8 mos. 18 days
James H. Ruke b. Oct. 17, 1837 d. Jan. 8, 1862
Olevia C. Smith, wife of George W. Smith, b. July 7, 1846 d. Apr. 2, 1867
G. Price Smith, son of George L. & Mary L. Smith, b. Jan. 27, 1897 d. Aug. 24, 1897
W. Paul Smith, son of L. M. & C. W. Smith, b. June 3, 1891 d. Aug. 6, 1892
Charley L. Smith, son of E. & C. F. Smith, husband of E. L. Smith, b. Nov. 24, 1858 d. July 30, 1891
S. S. Smith b. 1825 d. Apr. 20, 1892
Martha A. Smith, wife of Vandermount Smith, b. Jan. 5, 1871 d. Dec. 9, 1891
Amelia Stanford, dau. of Constant D. & Tempy Stanford, b. Feb. 20, 1827 d. Feb. 9, 1895
William J. Todd, son of Henry T. & Mary A. Todd, d. May 28, 1869 aged 2 yrs. 8 mos. 14 days
Virgil Todd, son of Henry T. & Mary A. Todd, b. & d. Oct. 19, 1874
Lorena E. Todd, dau. of Henry T. & Mary A. Todd, b. Feb. 3, 1879 d. Sept. 26, 1897
Samuel J. Turner d. June 14, 1892 aged 61 yrs. 3 days
Hettie Turner, dau. of Edward & Clarissa Turner, b. 1867 d. 1898 aged 31 yrs.
Josephus Washburn, husband of Sarah E. Washburn, b. May 2, 1845 d. Oct. 21, 1885
John W. Washburn, husband of Ella Washburn, b. Sept. 28, 1872 d. Oct. 7, 1899
William Weedon d. July 29, 1871 aged 52 yrs. 4 mos. 2 days
Samuel Williams, husband of Charlotte H. Williams, b. May 10, 1828 d. Aug. 14, 1888

Eliza Ann Fooks (Williams), wife of John P. Williams, b. Dec. 16, 1831 d. July 22, 1868

WHITE - SMITH - FIELDS FAMILY GRAVEYARD
Sharps Point Rd. at Shad Point Rd.

Matilda Fields, wife of Capt. John Fields, b. Sept. 30, 1819 d. June 16, 1862
Lewis Fields, son of John & Matilda Fields, b. Nov. 28, 1851 d. Apr. 5, 1875
Richard S. Smith, son of Cap. S. & Miranda Smith, b. Jan. 30, 1840 d. June 25, 1854
Mary M. Smith, dau. of Cap S. & Miranda Smith, b. Sept. 23, 1845 d. Mar. 4, 1849
Betsy A. Smith, dau. of Cap S. & Miranda Smith, b. June 5, 1846 d. June 7, 1849
Sally Ann Esther White, wife of Capt. Thomas W. H. White & dau. of Capt. Calib & Sharlotte Hughes, b. May 6, 1836 d. Sept. 30, 1858
Sharlotte Ann Esther White, dau. of Capt. Thomas W. H. & Sally Ann Esther White, b. Sept. 11, 1858 d. Oct. 11, 1858
Infant child of Capt. Thomas W. H. & Sally Ann Esther White (no dates)
Lillie White, dau. of Capt. Thomas W. H. & Sally Ann Esther White, b. Dec. 17, 1856 d. Oct. 11, 1857
Louisa Ann White, wife of Capt. Thomas W. H. White and dau. of John & Esther Fooks, b. May 1, 1839 d. June 25, 1871
Infant child of Capt. Thomas W. H. & Louisa Ann White (no dates)
Infant child of Capt. Thomas W. H. & Louisa Ann White (no dates)
Henry White b. Dec. 20, 1807 initiated a member of Newton Lodge I.O.O.F. Feb. 28, 1849 d. Feb. 24, 1850
Sally White, wife of Capt. Henry White, b. Sept. 25, 1804 d. July 13, 1864
Mary Emeline White, dau. of Capt. Henry & Sally White, b. Sept. 9, 1845 d. Mar. 3, 1849

JENKINS FAMILY GRAVEYARD
North side Silver Run Lane east of Dove Point Lane

Capt. Littleton Jenkins b. Jan. 10, 1817 d. July 2, 1869
Sarah J. Jenkins, wife of Capt. Littleton Jenkins, b. 1818 d. Feb. 22, 1898

WASHBURN FAMILY GRAVEYARD
North side Crows Nest Rd. ¾ mile west of Salisbury-Allen Rd.

Capt. William F. Washburn b. Dec. 8, 1816 d. Feb. 4, 1887
Sallie Washburn, wife of William F. Washburn, b. Dec. 4, 1816 d. Mar. 22, 1862

DASHIELL - HUSTON - RIDER FAMILY GRAVEYARD
South side Tony Tank Lake between Camden Ave. & South Salisbury Blvd.

Robert Dashiell b. Sept. 29, 1745 d. Mar. 4, 1814
Isabell Dashiell, consort of Robert Dashiell, Esq., d. Mar. 4, 1833 in the 88th year of her life
Ann Dashiell d. Sept. 5, 1800 aged 20 yrs. 9 mos.
Dr. John Huston, b. Jan. 20, 1768 d. Jan. 25, 1828
Sarah Huston, widow of Dr. John Huston, d. Dec. 29, 1853 in her 81st year
Miss Sally E. Huston, b. Mar. 31, 1804 d. July 10, 1855. She was endowed with a strong intellect and possessed a mild and amiable temper so chastened and refined by Divine Grace as to commend the admiration and love of all who knew her
Noah Rider b. Mar. 7, 1796 d. Oct. 12, 1865
Elizabeth Rider, wife of Noah Rider, d. Feb. 26, 1851 aged 53 yrs. 3 mos. 26 days
John Byrd Rider b. May 15, 1819 died suddenly May 6, 1844
Dr. T. W. P. Rider, son of Noah & Elizabeth Rider, b. Jan. 12, 1823 d. Mar. 27, 1861
Dr. Noah S. Rider, son of Noah & Elizabeth Rider, b. Mar. 26, 1828 d. Dec. 5, 1869
Henry Harrison Rider, son of Noah & Elizabeth Rider, b. Feb. 5, 1840 d. June 13, 1863
Emma E. Rider, dau. of Dr. William Hearn & Margaret Ann Rider, d. July 21, 1849 aged 2 yrs. 7 mos.

FOOKS FAMILY GRAVEYARD
East side South Division St. & south side Union Road

Thomas Fooks d. Oct. 17, 1886 aged 3 yrs.

CAREY - FIELDS FAMILY GRAVEYARD
East side Slab Bridge Road 1 mile southeast of Sauth Division St.

Michael Carey b. Apr. 30, 1821 d. Aug. 31, 1896
Sally Jones (Carey), wife of Michael Carey, b. Apr. 9, 1828 d. Mar. 5, 1892
William Handy Carey b. June 1, 1831 d. Aug. 5, 1868
Capt. A. B. Fields d. July 19, 1879 aged 62 yrs.

JOSIAH McGRATH FAMILY GRAVEYARD
East side Meadowbridge Rd. 1.6 miles south of Fruitland

Josiah McGrath d. July 4, 1876 aged 41 yrs. 5 mos. 10 days
Elenora C. McGrath, wife of Josiah McGrath, b. Mar. 13, 1838 d. Jan. 12, 1899
Columbus R. McGrath, d. July 30, 1865 aged 2 yrs. 3 mos. 11 days

RIGGIN FAMILY GRAVEYARD
West side Meadowbridge Rd. ¼ mile north of Wicomico County line

Priscilla F. Riggin, wife of Joseph W. Riggin, d. Dec. 10, 1864 aged about 42 yrs.
Margaret H. Riggin, wife of John H. Riggin, b. May 22, 1823 d. Nov. 24, 1887

(Continued from Page 77)

DANIEL MELSON FAMILY GRAVEYARD
Levin Dashiell Road near Rockawalkin Road

Daniel F. Melson b. Dec. 18, 1818 d. Sept. 19, 1882
Sarah E. White Melson, wife of Daniel F. Melson, b. Feb. 27, 1823 d. Feb. 19, 1881
Robert Newton Melson, son of Daniel F. & Sarah E. Melson, b. Dec. 27, 1879
    d. Feb. 19, 1881
Infant child of Daniel F. & Sarah E. Melson (No dates)
Infant child of Daniel F. & Sarah E. Melson (No dates)
Beulah Melson, infant dau. of Thomas A. & Ella A. Catlin Melson, b. May 16, 1885
    d. July 30, 1885

INDEX

ABBOTT — Caroline p. 54, Elizabeth R. p. 55, Merrill p. 54, William M. p. 54, 55.
ABDEL — Eddie C. p. 38, Lucinda p. 78, Robert D. p. 38, 61, Sallie A. p. 38, 61
ACKERLY — Lafayette J. Coats, p. 89, Martha p. 89, William p. 89
ACWORTH — Elizabeth McB. p. 36, Ellen p. 20, James P. 20, Train p. 15, William H. p. 20
ACKWORTH — William W. p. 20
ADAMS — Anna D. p. 88, Clifford p. 61, George W. S. p. 88, J. C. p. 61, James F. p. 78, Capt. James O. p. 79, John p. 88, Lavenia E. p. 61, Mollie p. 102, Samuel J. p. 79, Sidney S. p. 102, Susan J. T. p. 79, Vashti p. 79
ADKINS — Benjamin L. p. 41, Benjamin W. B. p. 61, Clarissa L. p. 99, E. C. H. p. 48, Edwin M. S. p. 61, Elijah S. p. 61, Elijah W. p. 40, Elizabeth p. 41, Elizabeth W. p. 61, Elwood p. 40, Fannie E. p. 51, Fanny p. 99, Georgia A. p. 61, Hennie F. p. 61, Jane p. 48, John p. 40, Josiah p. 46, Kate Savage p. 36, Lambert p. 99, Leland M. p. 13, Lola C. p. 13, M. Orlando p. 61, Maria Magee p. 46, Mariah P. p. 40, Marria E. p. 29, Mary E. p. 48, Mary E. Snelling p. 51, Mary G. p. 49, N. James p. 29, Richard A. p. 51, Robert H. p. 36, Sally T. p. 99, Sarah A. p. 41, Stanton p. 61, William Fulton p. 61, William of S p. 41
AIKMAN — Eleanor p. 61, Sallie E. Moore p. 61, Wesley R. p. 61, William p. 61, William S. p. 61
AKE — Hiram J. p. 29, John H. D. p. 29, Mary G. p. 29, William J. p. 29
ALLEN — William Francis p. 51
ANDERSON — Alverda p. 98, Anne M. E. p. 73, Columbus p. 98, Cora p. 98, Eliza Jane p. 101, Ellen p. 74, Giles p. 54, Gillis p. 101, Isaac p. 73, 94, Joseph William Gillis p. 101, Maria p. 16, Martha J. Simms p. 54, Polly p. 36, Robert p. 16, Willie p. 74
ARMSTRONG — David J. p. 5, Elizabeth Jane Bounds p. 5, George T. p. 5, James B. p. 5
ARVEY — Levi O. p. 29, Sallie E. p. 29
ATKINSON — George D. p. 22
AUSTIN — George E. p. 98, Mary E. E. p. 5, Nathaniel p. 5, Sarah Ellen Wailes p. 98
AYDELOTT — Rev. Joseph p. 61, Mary p. 61
BACON — Edgar M. p. 6, James E. p. 6, John H. p. 6, Lenna p. 6, Lizzie A. p. 6, Maria J. p. 6, 14, Virginia E. p. 6, William p. 6, 14, William Winder p. 14
BADLEY — Edith M. p. 81, Margaret p. 81, Margaret V. W. p. 81, Matildy C. p. 81, Thomas D. p. 81
BAFFORD — Alpharetta G. p. 61, Edward T. p. 61, Wilber F. J. p. 61
BAILEY — Addie C. p. 8, Adie Frances p. 8, Amanda Jones p. 95, Clarra W. p. 9, Cyrus E. p. 95, E. R. p. 47, Elijah G. p. 49, Eliza p. 81, Eliza E. p. 81, Elizabeth p. 47, Ellen p. 78, Eugene W. p. 6, George S. p. 8, Ida Belle p. 6, Isaac p. 81, Isaac J. p. 78, Jesse L. p. 17, John T. p. 51, John W. p. 9, John Wesly p. 9, Joseph P. p. 78, Josiah M. p. 49, Littleton H. p. 47, Littleton R. p. 47, Marcellus W. p. 8, Mary Adoria M. p. 8, Mary E. K. p. 8, Mary F. p. 8, Mary G. Adkins p. 49, Mary L. p. 78, Mateldia C. p. 41, Nancy E. p. 81, Olevia E. p. 63, Otis Franklin p. 8, Rhoda J. p. 78, Sallie A. p. 9, Samuel B. p. 41, Sarah A. p. 81, Sarah A. W. p. 81, Sarah E. p. 78, Sarah Elizabeth p. 8, Sarah J. p. 51, Stephen T. p. 9, Theodore T. p. 8, Thomas C. p. 41, Tolbert D. p. 78, Uriah p. 81
BAKER — Annie p. 32, Annie D. p. 31, Carl Nelson p. 32, Charles W. p. 95, Maria B. p. 31, Nelson p. 32, P. Taylor p. 31, Rida May p. 31
BALL — C. C. p. 102, Elizabeth p. 102, Florence T. p. 61, James Edward p. 61, John Brinkly p. 102, Louis W. p. 102, Norman E. p. 61
BANKS — Isaac H. Jr. p. 101, John H. N. p. 55, John W. p. 54, Margaret E. p. 54, Martha Ellen p. 54, Mary E. p. 54
BARKER — Richard p. 74
BARKLEY — Elizabeth p. 89, Capt. Joseph p. 61
BARRETT — Arnold F. p. 5, N. J. p. 5, T. B. p. 5
BATLEY — Patty p. 24
BATTS — Esther Ann p. 70
BEACH — Amanda C. p. 6, J. F. p. 6, Levin H. p. 6, Levin T. p. 10, Maggie Lee p. 6, Mary L. English p. 10, William A. p. 6
BEATHARD — Adam P. p. 49, Charles H. p. 49, Henry C. p. 49, Isabella p. 49, Joseph P. p. 49, Martha C. p. 61, Sallie A. p. 49
BEAUCHAMP — Jennie p. 61, M. E. p. 61, Thomas L. p. 61
BEDSWORTH — Anna p. 13, Elizabeth J. p. 25, James L. p. 25
BELL — Adah p. 87, Amanda E. J. Dashiell p. 36, Ann p. 36, Hetty p. 87, Joseph C. p. 36, Joseph Castleman p. 61, Leah p. 87, Margaret E. p. 36, Peter p. 36, Thomas p. 36, William A. p. 36, William B. p. 36

INDEX (Continued)

BEMIS — Isaac Augustus p. 61
BENJAMIN — Albert p. 37, Cecil Naisby p. 36, I. M. p. 37
BENNETT — Ann M. p. 8, Asbury (?) J. p. 12, Biddie B. p. 61, C. E. p. 79, Caroline p. 83, Charles B. p. 61, Corlton W. p. 6, Dexter S. p. 79, Ebenezer T. p. 83, Ebenezer T. Jr. p. 6, Edward H. p. 12, Edward J. p. 12, Edwin Gillis p. 6, Edwin T. W. p. 78, Elisha p. 12, Elisha P. p. 6, Elisha T. p. 10, Elizabeth p. 8 Elizabeth A. p. 5, Elizabeth W. p. 79, Esther V. p. 6, George C. p. 79, George W. p. 12, Georgette p. 12, Gillis p. 12, Gillis E. p. 6, Grafton J. p. 12, H. B. p. 79, H. C. p. 79, Harold A. p. 6, Henry James p. 8, Hermond p. 83, Hester P. p. 8, Howard H. p. 79, James p. 8, James H. p. 83, James Lay p. 8, John A. p. 5, John B. p. 78, John H. p. 78, John M. p. 79, John T. p. 61, Jonathan N. p. 12, Jonathan W. p. 10, L. C. p. 8, Leah B. p. 79, Levin p. 15, Levin H. p. 6, Louella p. 8, Mamie p. 83, Mary E. p. 8, Mary Ellen p. 8, Mary H. p. 6, Mary L. p. 78, Milton L. p. 6, Nancy p. 12, Nancy E. p. 78, Nancy L. p. 80, Noah S. p. 8, Rachel A. p. 79, Rebecca p. 12, Roland E. p. 12, Roxy A. p. 9, S. J. M. p. 79, Sadie H. p. 6, Sallie p. 9, Sallie E. p. 83, Sarah English p. 10, Thomas A. p. 12, Thomas W. p. 8, W. H. p. 12, W. T. p. 79, William p. 8, 79, William T. p. 79.
BENSEN — Henry E. V. p. 83, Jonathan Edmond p. 83, Jonathan W. p. 83, Sabrea p. 83
BETHARD — Annie M. p. 5, Daniel R. p. 5, John E. p. 5, Mary E. Hughes p. 5
BIDDLE — James H. p. 23, M. E. p. 23
BIRCKHEAD — Charles A. p. 74, Charles Ross p. 61, Elizabeth p. 74, Elizabeth E. p. 61, Lenox p. 74, Leven p. 74, Mary Ann C. p. 61, Mary D. p. 74, Mary M. Smith p. 74, Robert H. p. 61, William p. 61
BISHOP — Emma F. p. 17, Emma Leona Farrington p. 17, George H. p. 61, George W. p. 33, Jacob W. p. 33, Lemuel J. p. 17
BOND — Annie E. p. 29, George L. p. 29
BOUNDS — Andrew Ringgold p. 6, Ann p. 73, Annie Whayland p. 55, Armenia p. 55 Asriah C. p. 55, Bonie p. 55, Celia A. p. 55, Dorothy Bell p. 51, Eleanor E. J. p. 10, Elgin Gertrude p. 6, Elizabeth p. 20, Elizabeth E. R. King p. 54, 55, Elizabeth Jane p. 5, Elizabeth Rachel p. 6, Elizabeth T. p. 80, Elizabeth W. p. 51, Elizabeth Z. p. 6, Emily W. p. 73, Emma p. 55, Esther E. p. 51, George A. p. 17, George Franklin p. 6, Isaac B. p. 51, James p. 20, James R. p. 10, 80, John H. p. 54, 55, Jones p. 55, L. C. p. 55, Prof. Leon Langsdale p. 17, Maranda A. p. 54, Marcellas p. 20, Marcellus p. 6, Margaret A. p. 51, Margaret E. p. 10, Mrs. Martha A. p. 20, Mary A. p. 17, 55, Mary J. p. 6, 20, Matuler p. 55, Maydell p. 54, Mildred Jane p. 6, Mrs. Nellie p. 17, Nellie May p. 80, Peter p. 54, Rachel Ann p. 6, Raymond p. 55, Richard A. p.51, 51, Richard S. p. 51, Robert W. p. 54, Samuel T. p. 73, Train A. p. 5, William p. 55, 55, William H. p. 54, William Henry p. 54, William J. p. 6, 17, 51, 54
BOWDEN — A. W. p. 31, Charles G. p. 29, Hiram W. p. 29, L. B. p. 31, Minerva E. p. 29, W. Herman p. 29
BOWLES — Uncle Johnnie p. 102
BRADLEY — Alice A. p. 83, Anne p. 84, Annie L. p. 84, Annie V. p. 78, B. Emily p. 82, Benjamin p. 98, Benjamin S. p. 78, C. p. 84, C. Rebecca p. 17, Caroline p. 83, Charles D. p. 10, Charlotte p. 12, Christopher p. 83, Clifton Roy p. 82, Daniel D. p. 9, Eli H. p. 6, Elisha T. p. 17, Eliza E. p. 98, Elizabeth p. 11, Elizabeth E. p. 84, Ellen p. 99, Elzey T. p. 84, F. J. p. 82, Francis M. S. p. 84, George L. p. 61, George W. p. 13, Glen p. 78, Grant p. 78, Granvil p. 98, Harriet E. p. 80, Hester p. 78, James K. p. 84, James W. p. 80, Jeremiah p. 6, 12, Jesse A. D. p. 83, Capt. John p. 11, 84, John C. p. 78, John W. p. 12, 15, Josephine p. 99, Lemuel p. 11, 12, 15, Lester J. p. 84, Lettie Isabella p. 78, Levi R. p. 12, Lizzie p. 78, Lucine M. p. 99, Maggie L. p. 83, Margaret p. 15, Maria E. p. 10, Mary p. 84, 84, Mary A. p. 83, Mary A. D. p. 12, Mary E. p. 83, Mary Elizabeth p. 83, Melissa J. p. 13, Nancy L. Bennett p. 80, Nellie Wilson p. 17, Octavia E. p. 83, Phillis Ralph p. 85, Rachel J. S. p. 85, S. Ellen p. 5, Sallie E. p. 84, Sallie S. p. 9, Sarah E. p. 85, Talatha C. p. 98, Turpin R. p. 84, Varden W. p. 70, William C. p. 83, William F. p. 83, William H. p. 85, William J. L. p. 80, William R. p. 83
BRADSHAW — Charles H. p. 9, Laura p. 9, Willie H. p. 9
BRADY — Annie Elizabeth p. 17, Osborn A. F. p. 17, Samuel Osborn p. 17
BRATTAN — Elizabeth H. p. 12, 37, Joseph p. 12, Helen Maria p. 12, Joshua p. 12, Margaret E. p. 12, Mariana p. 37, Nancy Porter p. 12, Samuel p. 12
BRATTEN — Anna p. 97, Jesse p. 97, Jesse T. p. 97, M. M. S. p. 81, Martha E. p. 97, Sarah p. 81, T. D. p. 81
BRENNEN — Johannah p. 74, William p. 74
BRERETON — James p. 101
BREWINGTON — Ann p. 42, Annie M. p. 61, C. p. 22, Carrie p. 38, Charlie p. 38,

INDEX (Continued)

E. p. 38, Ellenor J. Davis p. 38, George p. 42, George Robert p. 38, George W. p. 61, Henrietta p. 38, Henry p. 38, Henry J. p. 38, Herbert Fillmore p. 61, Horace B. p. 43, J. S. C. p. 38, John E. p. 61, John H. p. 42, L. p. 22, Leah E. p. 61, Lily Frances p. 38, Lizzie Allen p. 38, Lottie Virginia p. 61, Margaret p. 42, Margaret F. p. 61, Marion V. p. 61, Martha A. p. 38, Martha A. W. p. 61, Minnie C. p. 61, Orenthia A. p. 38, Pearl p. 22, Polly p. 61, Sallie p. 61, Sally p. 42, Sarah A. E. p. 61, Scott p. 61, Theodore p. 61, Vernon p. 38, Walter Herbert p. 61, William p. 42, William Lee p. 61

BRINKLEY — Emilie W. Gunby p. 61, 62, Ida Gunby p. 62, Lillian p. 62, Thomas p. 61, 62

BRITTINGHAM — Alice B. p. 32, Ann M. p. 96, Burgnan N. p. 62, Charlotte E. p. 62, Emiline p. 96, Esther Elizabeth p. 62, George E. p. 96, Georgie A. p. 32, Ida A. p. 62, Isaac P. p. 96, Isaac S. p. 96, John p. 62, John H. p. 95, Laurah E. p. 32, Lula E. p. 96, Maria L. p. 96, Mary S. p. 41, Nathaniel p. 41, Nellie p. 43, Robert J. p. 96, Ruth p. 62, Sallie M. p. 96, Southey A. p. 32, Zadock p. 96

BRITTON — Emma J. p. 62, James E. p. 62

BROHAWN — Mahala J. Parker p. 60

BROWN — Alfred p. 82, Bayard p. 82, Bessie L. p. 43, Eliza p. 82, Eliza A. p. 11, Elizabeth p. 82, Frona F. p. 102, George W. p. 40, Gertrude p. 40, Gladys p. 102, Isaac T. p. 82, James p. 82, John W. p. 13, Leonard p. 82, Louisa A. p. 43, Lovey J. p. 43, Maggie J. p. 40, Margaret A. p. 82, Mary Ann p. 82, Mary E. S. p. 38, Mary Ellen Gordy p. 43, Mary Jane p. 13, Mary P. p. 82, Noah J. p. 43, Capt. Samuel p. 13, Sarah J. p. 13, Walter S. p. 102, William H. p. 11, William I. p.43, 43

BUDD — John R. p. 5

BUKER — Elmer J. p. 86, Marget C. p. 86, Marian L. p. 86, Mary J. p. 86, Miriam E. p. 86, Thomas J. p. 86

BURBAGE — Amanda W. p. 49, Calvin p. 49, Cornelia p. 49, Emory H. p. 49, Eva Belle p. 48, George W. p. 49, Ida May p. 49, Laura G. p. 48, Lida C. p. 49, Margaret Ann p. 48, Samson p. 48, William S. p. 47

BURFORD — Edward p. 80, 80, Frederick C. p. 80, Frederick S. p. 80, Lee Weeb p. 80, Mary E. p. 80, Nancy W. p. 80

BURGESS — James p. 38, Mary N. p. 38, William M. A. p. 38

BURNETT — Mary p. 74

BURRIS — Tamer p. 102, William p. 38

BUSH — Capt. Joseph C. p. 62, Lafayette L. p. 62, Willie p. 62

BUSSELS — Gillis p. 57, Mamie p. 57, Ocie Day p. 57

BYRD — Anna T. p. 76, Auzilia H. p. 76, Benjamin p. 76, Benjamin Hervey p. 62, Betsy p. 76, Elizabeth p. 62, Elizabeth Hearn p. 76, Ellon Nora p. 62, Ernest Villiers p. 62, Esther Anna Parsons p. 62, George p. 76, George W. p. 73, Henrietta p. 62, John p. 76, Margaret Ann p. 76, Maria L. p. 76, Mary C. p. 76, Mary E. p. 76, Sallie p. 73, Thomas I p. 62, Thomas II p. 62, Thomas of Benjamin p. 76, Thomas Harvey p. 76, William Hervey p. 76, William James p. 62, William R. p. 73

CALLAWAY — Aaron H. p. 13, Girtha A. p. 86, Joseph S. p. 86

CALLOWAY — Benjamin p. 62, Claton W. p. 16, Levi S. p. 86, Mary E. p. 62, S. M. p. 16, Thomas C. p. 16

CAMBELL — Henry p. 38, Sallie A. p. 38

CAMPBELL — Irma Pearl p. 31, James W. p. 29

CANNON — Daniel Burton p. 62, Ella J. p. 62, George P. p. 62, Herbert P. p. 62, James p. 66, Jennie p. 62, Jennie E. p. 66, Lydia p. 66

CANTWELL — Delia p. 57, Joseph Lewis, p. 51, Capt. Noah R. p. 54, Samuel K. p. 51

CAREY — Charlie L. H. p. 102, Ebenezer p. 62, Elijah V. p. 45, Ida M. p. 102, Ida Page p. 102, Laird S. p. 62, Mary G. p. 62, Michael p. 105, Priscilla J. p. 45, Sally Jones p. 105, W. T. p. 102, William Handy p. 105

CATHELL — Annie Vickers p. 62, Elizabeth Ann p. 102, George Grey p. 101, George W. p. 101, James E. p. 62, L. James p. 37, Lula May p. 101, Margaret E. p. 99, Mary E. p. 99, Mary J. p. 101, Rebecca p. 69, Rosie F. p. 37, William H. p. 62

CATLIN — Alice p. 28, Caroline L. p. 28, Edward W. p. 28, Elizabeth A. C. p. 27, Ella A. p. 77, Emma W. p. 90, George William p. 23, Isaac Henry p. 23, Julius p. 23, 88, June C. p. 23, Louisa J. p. 88, Mary A. p. 28, Thomas G. p. 23, Virginia S. A. p. 27, William p. 27

CAUSEY — Elinor p. 43, 60, Emaline p. 57, Harriet W. p. 60, James p. 43, 60, James M. p. 60, Josiah p. 58, Patrick p. 58, Polly p. 58, Sally p. 58, Seth p. 43

CHATHAM — C. W. p. 57, Charles p. 36, Christianna p. 54, Drucilla A. p. 62, E. F. p. 57, Henrietta p. 36, J. W. p. 54, Joseph p. 51, Joseph C. p. 62, Josephus p. 62,

INDEX (Continued)

Marian W. p. 54
CHIPMAN — Anna R. p. 38, J. C. p. 38, Sarah p. 38
CHRISTOPHER — Margaret p. 51, Mrs. Patty p. 36, Capt. Thomas p. 51
CLOUSER — Alice R. p. 75, Amy Lucretia p. 75, Caroline L. p. 75, Charles H. p. 75, Jacob S. p. 75, Willie W. p. 75
CLUFF — Rev. Robert F. p. 17
COCHEL — Rev. C. T. p. 6, E. A. p. 6, Olive p. 6
COLBURN — Maria p. 88
COLLIER — Alice p. 37, Claude H. p. 62, Elmon Westwood p. 17, Emory J. p. 17, Eusebius p. 17, Francis Miranda p. 17, George P. J. p. 91, John F. p. 17, John Francis p. 17, Laura A. p. 62, Levin D. p. 37, Margaret Elizabeth p. 17, Martha Simpson p. 17, Miranda W. p. 17, Priscilla p. 91, Ronie M. p. 72, Silliman I. p. 17
COLLINS — A. P. p. 32, Addie P. p. 95, Amanda J. R. p. 35, Anda E. p. 95, Charles W. p. 95, Esque p. 77, Etta M. p. 32, Isaac p. 81, Jane H. p. 35, John B. p. 35, Jonathan C. p. 81, Joseph p. 58, Joseph R. p. 35, Josephine L. p. 58, Martha E. p. 32, Martha W. p. 58, Mary p. 71, Mattie p. 65, Nancy p. 81, Octavia Hitch p. 77, Ora Evelyn p. 77, S. Q. p. 77, William M. p. 62
CONLEY — C. Edwin p. 78, Charles p. 78, Earl p. 78, John M. p. 78, Joseph E. p. 78, Mary A. p. 78, Mary L. p. 78, Mollie T. p. 78, Monettie I. p. 78
CONNELLEY — Rev. John H. p. 73, Maria L. Disharoon p. 73
CONNELLY — Hermon E. p. 62, John H. p. 62, Mary E. p. 62
CONNER — Anna M. P. p. 101, Eldrich N. p. 101, Maria P. p. 101
CONNOLEY — Elizabeth p. 84, John T. p. 84, Joseph E. p. 84, Capt. Matthew p. 84, Capt. William M. p. 84
CONWAY — Ida A. p. 24, James R. W. p. 24, Martha W. p. 24, Mary V. p. 62, Rebecca Smith p. 24, Ruth p. 24, Samuel J. p. 24, William C. p. 62, Winfield S. p. 24
COOK — Stephen S. p. 23
COOPER — Bertha M. p. 50, Cornelia A. p. 85, Elizabeth E. p. 62, Dr. George R. p. 22, George W. M. p. 62, Hiram B. p. 78, Hiram J. p. 50, Isabelle C. p. 78, James B. p. 80, John p. 80, John M. p. 84, Jonah p. 73, Joseph H. p. 62, Lambert H. 5, 85, Laura M. p. 50, Levin p. 13, 84, Levin E. p. 85, Levin T. p. 78, Levin W. p. 13, Martha D. p. 85, Martha D. W. p. 5, Martin p. 84, Mary A. H. p. 80, Mary E. p. 50, 84, Newell M. p. 78, Polley p. 84, 84, Rachel A. p. 80, Sallie T. p. 80, Samuel p. 84, Samuel J. p. 80, Samuel J. C. p. 13, Samuel W. M. p. 80, Sarah E. p. 80, Severn B. p. 84, Susie p. 78, Warden D. p. 73, William A. p. 50, William P. p. 80
CORBIN — Clarence B. p. 62, Denard p. 62, Levin P. p. 62, Mabel p. 62, Margaret E. p. 62
CORDAY — Jennie A. p. 33
CORDREY — Benjamin p. 32, Joseph H. p. 32, Nancy Ann p. 32
COTTMAN — Benjamin p. 38, Charlotte J. p. 38
COULBOURN — Elijah P. p. 59, Gatty J. p. 59
COVINGTON — Catherine p. 62, Elizabeth W. p. 80, Emily G. p. 80, G. W. p. 46, Gertrude L. p. 22, Hugh P. C. p. 91, Hugh R. p. 91, John T. p. 78, 80, Maggie E. p. 78, Margaret A. M. p. 80, Martha W. Evans p. 91, Mary C. p. 27, Phillip p. 27, 91, Thomas p. 78, W. E. R. p. 22, William L. p. 62, Willie P. p. 22
CRAWFORD — Andrew J. p. 10, 17, 20, Christianna James p. 10, H. N. p. 20, Henry Jr. p. 20, Henry Sr. p. 20, Horatio Nelson p. 20, Lizzie A. p. 20, Margaret S. Dickerson p. 20, Mary p. 20, (Mary?) Virginia p. 20, William C. p. 20, Williamanna Caroline p. 20
CREW — Charles N. p. 102, Littitia Gardener p. 102
CROCKETT — Augustus W. p. 62, Emily Catherine p. 99, Emily M. p. 99, John p. 99, John C. p. 102, John Shiles p. 99, Scott P. p. 102, Susan A. p. 102
CROSBY — William P. p. 89
CROUCH — Ester p. 62, Joshua p. 62
CULVER — Anna p. 73, Elijah p. 74, George W. p. 24, John T. p. 54, Theodore J. p. 62
D. — E. p. 27
DAILEY — James p. 102, Patty A. p. 102, William P. p. 102
DARBY — Eliza G. p. 16, George D. p. 8, James N. p. 16, James W. p. 100, Laura E. p. 16, Laura Eleanor Wright p. 11, Laura G. p. 16, Mary E. p. 8, 16, Richard J. p. 16, Richard p. 16, Richard W. p. 16, W. M. T. p. 11, William C. p. 8, Willie C. Gilliss p. 100
DASHIELDS — John W. p. 14
DASHIELL — Algernon p. 91, Algernon Sydney p. 92, Amanda E. J. p. 36, Amelia

INDEX (Continued)

Ann p. 101, Ann p. 104, Anne Ellen p. 62, Cadmus p. 25, Charles p. 62, 74, Charles F. p. 62, Charles Rider p. 63, Charlotte p. 75, Clarence W. p. 23, Clarietta Ellen p. 17, Clarissa p. 17, Edwin p. 17, Elia A. p. 62, Eliza p. 17, Eliza J. p. 23, Eliza Priscilla p. 92, Ellen L. p. 17, Emily p. 25, Emily Virginia p. 63, Esther A. E. p. 17, George M. p. 25, Hampden H. p. 17, Handy H. p. 75, Hannah B. p. 55, Harriet p. 17, Harriett E. p. 25, Harriet T. W. p. 25, Henrietta p. 17, Henry J. p. 55, Horace Binney p. 98, Isaac Jones p. 92, Isabell p. 104, Jane p. 62, Jesse T. p. 55, John J. p. 98, John Polk p. 98, Lambert H. p. 23, Laurence Laurenson p. 63, Levin M. p. 101, M. Edward p. 16, Margaret P. p. 55, Martha p. 25, Martha F. p. 25, Mary p. 62, 63, 66, Mary Amelia p. 63, Mary Ann p. 98, Mary Eleanor p. 17, Mary Frances p. 25, Mary M. p. 92, Mary P. p. 51, Matilda Anne Kennerly p. 62, Matilda I. P. p. 62, Matthias p. 17, 25, Gen. Matthias p. 25, Nathan Rufus p. 25, Nathaniel P. p. 17, Olivia F. p. 16, Orlando p. 62, R. Marion p. 23, Rebecca E. p. 25, Robert p. 62, 63, 104, Robert Lee p. 17, Rufus p. 25, Ryland Burton p. 16, Samuel T. p. 91, Sarah P. p. 25, Susan A. E. p. 25, Susan E. J. p. 92, Susan U. W. p. 62, Susie T. p. 17, Theresa p. 55, Thomas p. 80, Thomas W. p. 55, Dr. W. H. H. p. 17, William H. p. 17, Winfield T. p. 17

DAUGHERTY — George p. 36, Hetty Maddix p. 36, Samuel p. 36

DAVIS — Amanda p. 36, Anna S. p. 95, Annie May p. 31, Charles p. 38, 38, Charles Jr. p. 38, Rev. Daniel p. 36, 87, Ebenezer G. p. 96, Edward E. p. 39, Edward F. p. 39, Eleanor B. p. 87, Eliza A. p. 37, Ella M. p. 96, Ella S. p. 96, Ellenor J. p. 38, Emma E. p. 101, Emmie p. 63, Gattie E. p. 31, George E. p. 17, Irma F. p. 95, Jesse p. 63, John B. p. 24, John H. p. 101, Joseph Ames p. 31, Joseph G. p. 31, Joseph S. p. 63, Josephine p. 63, Joshua p. 47, Kate p. 31, Levicy O. L. p. 96, Lodawick F. p. 96, Lucinda L. p. 24, Margaret Freeny p. 63, Martha C. p. 96, Mary p. 38, Mary A. p. 29, Mary E. p. 47, Minos A. p. 31, Oliver H. P. p. 87, Phoebe M. p. 29, Ruth p. 96, Sallie C. p. 36, Sally E. p. 39, Sally H. p. 39, Samson p. 29, Samuel D. p. 59, Spencer p. 47, Stella M. p. 95, Tabitha W. p. 47, Walter E. p. 96, William p. 95, William Alfred p. 31, William B. p. 63

DAWSON — E. H. p. 32, Ethel C. Watson p. 63, Severn p. 63, W. F. p. 32

DEAN — Elizabeth p. 80, Elizabeth Jr. p. 80, James p. 81, James H. p. 80

DEBNAM — Bessie p. 66

DEMBY — John p. 82, Mary Ann p. 82

DEMORY — Rebecca Link p. 34

DENNIS — Alma p. 95, Amelia J. p. 95, Benjamin p. 95, Bessie p. 47, Billy p. 48, Cora Belle p. 50, D. Henry p. 63, Ebenezer p. 31, Elizabeth Riley p. 47, Ella p. 50, Evie B. p. 31, Fannie E. p. 42, George W. p. 48, Henry p. 95, Henry C. p. 33, Jenkins p. 50, Jesse T. p. 97, John of T. p. 31, Rev. John M. p. 97, Johnny T. p. 42, Julia A. E. p. 31, Julia M. p. 95, L. T. p. 42, Larry E. p. 31, Laura A. p. 48, Lillie p. 63, Littleton Quinton p. 47, Lovey J. p. 50, Mary p. 31, Mary A. p. 41, Mary E. p. 33, 63, Nancy Eliza p. 31, Nancy L. p. 31, Rachel p. 97, Robert p. 21, Dr. S. P. p. 63, Sarah p. 21, Thomas p. 31, Thomas Handy p. 50, William p. 97, William A. p. 97, William H. p. 41, William J. p. 50, William T. p. 31, Willis P. p. 73

DENSON — E. A. p. 55, Emma p. 55, Ethie E. p. 55, H. J. W. p. 55, Hester p. 55, Isaac p. 63, John H. p. 55, Rhoda p. 63, Sally p. 55

DESHIELD — Rachel p. 27

DICKERSON — A. L. p. 24, Emily E. p. 8, Francis M. p. 24, Margaret S. p. 20, Mary A. I. p. 24, Mary C. p. 88, Oliver p. 8

DICKEY — Ann Eliza p. 91

DISHAROON — Annie M. p. 51, Aurelia M. p. 101, Charles R. p. 49, Charlotte W. p. 101, Cindrela E. W. p. 51, Cornelia Burbage p. 49, E. Kate p. 50, Earnest W. p. 51, Ebenezer p. 101, Edward A. p. 73, Elizabeth B. p. 17, G. I. p. 51, George C. p. 73, James p. 29, Jane p. 17, Janie M. p. 51, Maria L. p. 73, Mary H. p. 63, Matthias H. p. 73, May p. 73, Mollie E. p. 73, Nancy p. 73, Priscilla P. p. 51, Rebecca p. 51, Robert p. 63, Sallie E. p. 63, Stansbury p. 50, Stengle A. p. 17, T. F. p. 17, Ulysses M. p. 17, W. Wesley p. 17, William p. 51, William W. p. 51, 51

DIXON — Edward H. p. 58, James p. 63

DOLBEY — Fannie L. p. 23, J. D. p. 23

DONOHO — Alexander p. 24, 26, Alexander Cyrus p. 24, Anne p. 100, Benjamin T. p. 5, Deborah Emiline Penn p. 24, Elizabeth p. 26, Emely A. p. 13, James p. 100, Mary p. 26, Mary E. p. 13, Mary K. p. 24, Sarah E. p. 13, Sarah P. p. 13, Sophiah Eleanor Precilla p. 24, Stella p. 13, William p. 26, William Alexander Benjamin Cincinnatus p. 24, William D. p. 13, William F. p. 13, William R. p. 26

DOODY — Eugene p. 74

(111)

INDEX (Continued)

DORMAN — Alice H. p. 63, Edna Stanley p. 63, John p. 17, John R. p. 24, L. Clifford p. 63, Laura E. Langsdale p. 17, Levin R. p. 63, Levin W. p. 63, M. Emiline p. 10, Mary T. p. 24, Matthias p. 10, Rachel Waller p. 63, Richard Capelle p. 63
DOUGHERTY — Hetty p. 22, John p. 22, John W. p. 22, Mary Catherine p. 22
DOUGLASS — Carolina C. p. 89, Eleric p. 89, George O. P. p. 90, John S. p. 89, Nehemiah P. p. 89, R. A. p. 90, Roxie p. 90, Samuel L. p. 89
DOVE — Helen May p. 63, Lucy E. p. 63, R. T. p. 63
DOWARD — E. Ellis p. 63, J. H. p. 63, Maggie H. p. 63
DOWNING — Alton J. p. 93, Annette p. 93, Denard L. p. 63, Hannah J. p. 35, James B. p. 93, James H. p. 63, Virginia S. p. 63, William A. p. 93, William J. p. 35
DRISCOLL — John W. p. 45
DRISKELL — Louey King p. 63
DRURA — Lurana p. 54, Stephen p. 54
DRURY — Eleanor Messick p. 51
DRYDEN — Elizabeth C. p. 39, Robert H. p. 39
DUFFY — Harry E. p. 63, Marion R. p. 63, Mary M. p. 63
DULANEY — Annie M. p. 101, William Henry p. 63
DUNCAN — Catherine p. 95, H. K. p. 95, John E. p. 95
DUNN — Charlotte A. North p. 88, Ernest S. p. 88, Fannie p. 88, Priscilla J. p. 91, Samuel C. p. 88, Zipphora p. 88
DYKES — Alonzo p. 58, James p. 60, James M. p. 101, Mary E. p. 58, Molley Prior p. 58, Pet(t)er p. 58, Roxanna p. 63
EAGHAN — Alexander p. 51
EATON — George Grover p. 5, Ida p. 5, Rev. James S. p. 5
ECKELS — Roy Mervin p. 37, Soe T. p. 37
EEMIS — A. p. 82
EFFORD — Annie M. p. 88, John W. p. 88, Margaret M. p. 88, Zachariah p. 88
ELLEGOOD — Joseph W. p. 101, Maria p. 101, Patty Ann Ruark p. 101, Robert Houston p. 101
ELLINGSWORTH — Maria p. 75, Josiah p. 75
ELLIOTT — Ann Maria p. 11, Annie Amelia p. 102, Emma V. p. 28, Ethel V. p. 16, Eugene p. 5, Harry O. p. 88, Henry E. p. 5, Hessica p. 5, J. P. p. 11, James H. p. 11, 28, James M. p. 11, John p. 7, Julia p. 28, Lulie W. p. 88, Margaret p. 11, Margaret E. p. 11, Maria p. 11, Mary Eleanor Handy p. 7, Milton E. p. 89, Mollie V. p. 88, Polly P. p. 6, Samuel V. p. 28, Sarah A. p. 102, Sarah M. p. 89, William p. 89, William E. p. 89, William G. W. p. 11, William J. p. 88, 102
ELLIS — Annie B. p. 63, Elizabeth J. p. 86, George W. p. 63, Georgetta p. 63, Gertrude p. 63, Helen B. p. 63, John H. C. p. 86, John T. p. 63, Julia A. p. 87, Louisa p. 63, Mary E. p. 86, Mary Ellen Sheppard, p. 86, N. Jennie p. 63, Nancy E. p. 86, Paul D. p. 63, Rube L. p. 86, Stephen T. p. 86, Thomas Elwood p. 63, William E. p. 87, William G. p. 80, William M. p. 86, William R. p. 86
ELZEY — Charles p. 80, Elizabeth J. p. 80, George W. p. 78, H. W. p. 80, Helen p. 63, Helen R. p. 78, Henry W. p. 78, Jennie p. 78, John Robert p. 78, L. W. p. 78, Levin W. p. 80, Mary Bennett p. 80, Mary E. p. 80, Myra L. p. 63, Olivia A. M. p. 80, Patience W. p. 80, Peter M. p. 78, R. M. L. p. 78, Robert P. p. 63, Sallie E. p. 78, Sallie J. p. 78, Samuel p. 63, Sarah A. p. 78, Sarah E. p. 78, William H. p. 78
ENGLISH — Alfred p. 5, Asa A. B. p. 82, Cornelius W. p. 10, Ibby D. p. 5, Isaac Levin p. 10, Ivison W. p. 10, Levin Oswood p. 10, Louisa H. p. 10, Martha A. p. 81, Martha A. J. p. 82, Martha E. p. 6, 10, Martha J. p. 78, Mary A. p. 10, Mary L. p. 10, Mary L. D. p. 82, Mary Lillie p. 10, Robert C. p. 82, Roy Rowe C. p. 78, Sarah p. 10, Thomas p. 10, Thomas Webster p. 10, William T. p. 81
ENNIS — Alverta p. 63, Elijah H. p. 63, Elizabeth J. p. 63, Henrietta p. 63
ENNISS — all page 39
ENT — Enoch p. 51
EVANS — Alice J. p. 92, Ann M. p. 90, Augusta p. 90, Barzelly p. 90, Barzilia p. 90, Carrie E. p. 16, Charles H. p. 7, Charlotte Alice p. 90, Dorothy L. p. 5, Edmond p. 74, Capt. Edward p. 92, Eliza A. p. 7, Eliza J. p. 7, Emily p. 90, Emma V. Catlin p. 90, Francis H. p. 89, Francis p. 90, G. C. p. 16, Henrietta p. 92, Howard S. p. 90, Ichabod D. p. 7, Jefferson D. p. 5, Jehu p. 90, Levin J. p. 90, Lucy Ann p. 90, Madolian E. p. 16, Mae Ruth p. 63, Marcellus p. 91, Marcellus Albert p. 91, Margaret N. p. 91, Martha W. p. 91, Mary Ann p. 74, Mary E. p. 70, Mattie p. 63, Minerva Jane p. 5, Nancy p. 91, Nathan p. 91, Nathaniel p. 89, Nina H. p. 63, Richard G. p. 90, Capt. Robert p. 90, Robert G. p. 90, Rodney p. 7, Sallie Ann Weston p. 90, Sarah Virginia p. 71, 90, Susan D. p. 63, Thomas p. 74, Victoria p. 16, Warren R. p. 63, William J. F. p. 7, William N. p. 92

(112)

INDEX (Continued)

EVERSMAN — Arthur P. p. 5, Benjamin T. p. 17, J. E. p. 5, Capt. John E. p. 17, Julia H. p. 5
FARLOW — Abigail Fooks p. 34, Anne p. 63, Benjamin p. 29, Benjamin D. p. 31, Billy Fooks p. 29, Billy Handy p. 34, Charley H. p. 29, Clara p. 29, Clarissa p. 29, Cornelia C. M. p. 31, Daniel G. p. 58, David p. 63, Elitea E. S. p. 29, George p. 34, George R. p. 29, Georgie A. p. 58, Hiram W. p. 29, Hurl W. p. 31, J. R. p. 29, John p. 63, John W. p. 29, Josephus p. 63, Lloyda E. p. 29, Louisiana R. p. 31, Lucy E. p. 29, Mary P. p. 29, 58, Mary T. p. 29, Phedosha L. p. 29, Sarah Fooks p. 29, Stansbury H. p. 29, Tabitha Parker p. 34
FARRINGTON — Emma Leona p. 17, William H. p. 17, Zenobia p. 17, Zenophine p. 17
FIELDS — Capt. A. B. p. 105, Annie C. p. 103, Annie M. p. 102, Catharine p. 103, Charley T. p. 54, Daisy p. 102, David M. p. 103, Emily p. 54, Emma V. p. 103, George C. p. 102, Capt. George H. p. 102, 103, Henrietta p. 103, Ida V. p. 102, James B. p. 102, Capt. John p. 104, John p. 54, 103, Latatia E. p. 103, Letitia E. p. 103, Levi p. 103, Lewis p. 104, Littleton F. p. 102, Mary A. p. 102, Mary J. p. 102, Matilda p. 104, Nancy p. 102, Oron M. p. 103, Perry E. p. 102, William G. p. 103, William W. p. 103, Wilmore H. p. 102
FISH — Bennett L. p. 63, Mary p. 63, Sallie A. p. 63
FITZGERALD — Columbus W. p. 51, Julia Anethomas p. 51, Martha E. p. 51
FLETCHER — Betsy Jane p. 103, Flossie p. 78, George R. p. 78, George W. p. 83, Ida May p. 83, Louisa L. p. 83, Marrie S. p. 17, Mary E. p. 78, Sarah P. p. 19, Temporah E. p. 103, Thomas B. p. 78, Thomas W. p. 19, William T. p. 17, Capt. William W. p. 103
FONTAINE — Dr. James McR. p. 17, Mary Ann p. 17, Virginia p. 17
FOOKS — Amos p. 82, Ardela A. p. 82, Asbury J. p. 63, Betsey Hearne p. 86, Billy (William) p. 29, 34, Catty p. 64, Charlotte Catherine p. 57, Clarence E. p. 63, Daniel Edwin p. 64, Ebenezer H. p. 45, Eliza p. 34, Eliza Ann p. 104, Eliza Jane Alice p. 34, Elizabeth p. 103, Elizabeth C. p. 103, Emily J. p. 64, Emily Priscilla p. 45, Esther p. 104, Handy p. 64, James p. 34, 86, James Minos p. 86, Jehu p. 36, Jeremiah L. p. 82, Joannah Beulah p. 64, John p. 104, John M. p. 103, John T. p. 51, Joseph W. p. 103, Leander F. p. 51, Louisa Ann p. 104, Maria p. 86, Mariah E. p. 103, Mary Ella p. 64, Mary Owens p. 51, Matilda F. p. 103, Merrill Henry p. 64, Nancy p. 34, Nehemiah p. 57, Olevia E. Bailey p. 63, Purnell M. p. 64, Rebecca Cathell p. 45, Ritchie p. 34, Sallie A. Morris p. 36, Sarah p. 29, Sarah C. p. 45, Severn G. p. 103, Thomas p. 104, Turner p. 29, 34, William (Billy) p. 29, 34, William James p. 64
FOREMAN — Archie L. p. 88, Cora M. p. 88, Elias F. p. 88, Julia O. p. 88
FOSKEY — Amanda K. p. 64, Charles W. p. 64, Edna M. p. 32, Howard W. p. 32, John C. p. 32, Laura Jones p. 51, Lily p. 51, Tom p. 32
FOSKY — P. Elizabeth p. 32
FOWLER — Alexander Gordon p. 76, Aurelia H. p. 76, Benjamin p. 98, Edward p. 98, Dr. Edward p. 98, Eliza Ellen p. 71, Ellen E. p. 98, Handy I. p. 76, Henry p. 98, James p. 98, Dr. John Edward p. 98, Maggie p. 76, Maggie L. p. 98, Mary Eveline p. 98, Mary Jane p. 98, Matilda p. 98, Matilda E. p. 98, Sarah p. 22, William p. 22
FREENEY — Joseph J. p. 59, Mary A. p. 59
FREENY — Anne Maria p. 37, Elijah p. 87, Elijah Jr. p. 87, Ella p. 47, Ellen p. 87, G. W. p. 47, J. Oscar p. 64, John p. 86, John Minus p. 87, Maggie Whitelock p. 64, Margaret p. 64, Mary p. 87, Matilda p. 87, Peter p. 17, Sally p. 87, Thomas Albert p. 87, Virgil p. 47, William p. 37
FRIEND — Frederick M. p. 17
FULTON — Jean Boyd p. 64, Nancy Organ p. 64, Rev. William p. 64
FURBUSH — George p. 23, George W. p. 24, Mary R. p. 24
FURNISS — Sarah A. p. 22
GALE — George H. p. 22, Henry p. 19
GAME — James p. 82, Margaret p. 82, Roland J. p. 82, William p. 82
GARDENER — Littitia p. 102
GEDDES — Mary p. 75, William p. 75
GERMAN — George W. p. 64, G. William p. 64
GIBBONS — John E. p. 29, Zenia S. Parsons p. 29
GIBSON — Mary p. 89
GILES — Alison T. p. 16, Beulah A. p. 16, Clara p.   , Keturah p. 21, Thomas M. p. 17, Wesley T. p. 17, William p. 21
GILLIS — Beauchamp L. p. 64, Edith G. p. 64, Elizabeth p. 86, Elsie M. p. 86, James S. p. 86, Joseph p. 86, Margaret E. p. 10, Washington p. 10, William Thomas p. 86
GILLISS — G. Alpheus p. 18, George A. p. 18, Ida F. p. 18, James p. 100, Laurinda

(113)

INDEX (Continued)

Elizabeth p. 100, Leah Eleanor p. 100, Lionel Lewis p. 100, Mary E. p. 100, Nancy C. p. 100, Rollie T. p. 18, Thomas C. C. p. 18, William Glenwood p. 100, William Rush p. 100, Willie C. p. 100
GLATT — Fred B. p. 64
GODFREY — John J. p. 64, Lulu p. 64, Mary B. p. 64, Minnie E. p. 64, Thomas S. p. 64
GODWIN — Annie K. p. 39, George C. p. 39
GOODMAN — Joseph O. p.
GORDON — Elizabeth p. 18
GORDY — B. F. p. 18, Benjamin B. p. 42, Benjamin H. p. 39, Carroll p. 64, Charles E. p. 64, Clayton W. p. 43, Edward E. p. 43, Elijah M. p. 73, Elijah S. p. 59, Elizabeth p. 39, 42, Ella p. 59, 63, Ernest D. p. 95, Garretson p. 95, Harry Dashiell p. 20, Henrietta p. 43, Henry Lee p. 42, Hermus C. p. 43, Hester A. p. 43, 63, Hettie M. p. 64, Ira P. p. 43, J. T. P. p. 43, James H. p. 46, Janie M. p. 20, John P. p. 42, John S. p. 42, Laura E. p. 43, Laura L. p. 43, Leah Murray p. 37, Levi D. p. 95, Levin Ames p. 18, Levin Ernest p. 18, Margaret p. 95, Margaret H. p. 43, Marion B. p. 43, Martha E. p. 73, Martha Ellen Augusta p. 42, Martha K. p. 18, Mary p. 42, Mary Ellen p. 43, Mary H. p. 95, Milley p. 64, Rosena p. 64, S. A. p. 43, Samuel p. 37, Sarah Caroline p. 42, Sarah J. p. 42, T. L. p. 64, T. W. p. 18, Thomas B. p. 20, Thomas C. H. p. 77, Rev. William p. 42, William Garretson p. 42, William M. p. 43, 64, William W. p. 64
GOSLEE — A. W. p. 78, Almira O. p. 51, Ann p. 51, Ann Maria W. p. 87, Annie M. p. 54, Clement p. 99, Capt. Edwin p. 51, Elizabeth p. 51, Emily Eliza p. 99, George Loudy p. 99, Henry J. p. 51, Hollis H. p. 86, James p. 19, James M. p. 51, 51, John p. 51, John S. p. 87, John T. p. 51, 51, John W. p. 86, Lemuel R. p. 19, Lizzie p. 51, 86, Lizzie A. p. 78, Lydia Victoria p. 99, Mary A. p. 15, Mary Caroline p. 51, Mary Elizabeth p. 51, Olevia Ann p. 99, Olevia Elizabeth p. 99, Permealia Ann p. 51, Romie Pierce p. 51, Ruth p. 51, Samuel H. p. 51, Samuel T. p. 19, Sarah L. p. 19, Sewell p. 51, Susan C. p. 51, Susan E. p. 15, Thomas p. 51, William J. p. 54
GRAHAM — Asa p. 83, Benjamin H. p. 6, Ehrman p. 5, Ellen p. 5, Forris p. 6, Hester A. p. 5, Jean Boyd Fulton p. 64, John James p. 13, John P. p. 11, John T. p. 11, 18, John W. p. 11, L. H. p. 6, Leah J. p. 18, Leonia I. p. 9, Levin p. 5, Levina p. 5, Margaret p. 5, Mary L. p. 13, Nancy Ellen p. 13, Naomi p. 6, Patty Ann p. 13, Peter p. 14, Sallie J. p. 14, Col. Samuel A. p. 64, Sarah p. 18, W. J. p. 5, William G. p. 9
GRAVENER — Benjamin p. 13, Benjamin T. p. 12, Elizabeth p. 80, Elizabeth Anna p. 13, Hester C. p. 80, Capt. Isaac J. p. 84, Isaiah T. p. 80, J. T. p. 80, John T. D. p. 84, Julia A. H. p. 80, Katie E. p. 84, Leah p. 12, M. E. p. 80, Margaret p. 12, Mary p. 13, Minnie M. p. 84, Thomas p. 12, Uriah B. p. 80, William Jr. p. 80, William H. J. H. p. 13, William U. W. p. 80
GRAVENOR — Benjamin P. p. 83, Elisha S. p. 41, Ella p. 80, Ellinor p. 83, Ida A. p. 80, Ketureah p. 80, S. Jennie E. p. 83, W. D. p. 80, William p. 80
GRAY — Bertha S. p. 101, Charlotte E. p. 101, Rev. J. W. p. 101
GREEN — Eliza J. p. 51, J. p. 11, L. E. p. 11, Laura V. p. 11, Polly A. p. 14
GRIER — Carl F. p. 64, Fred A. p. 64, Lydia M. p. 64, Maggie T. p. 64, Robert D. p. 64, Robert D. Jr. p. 64
GRIFFIN — John H. p. 64, Sarah M. p. 64, Theodore S. p. 64
GRIFFITH — Sina p. 54
GRODEY — Ernest Alphonse p. 78, Grace E. p. 78
GUNBY — Alonzo p. 64, Annie S. p. 64, Charles H. p. 64, Charlotte p. 64, 101, Clara G. p. 64, Emilie W. p. 61, Francis M. p. 64, Ida Louis White p. 64, 101, Jane M. p. 61, 64, 67, John p. 64, 101, John W. p. 64, Julia p. 64, Juliet F. p. 67, Lizzie p. 64, Louis M. p. 64, Louis W. p. 64, William p. 61, 64, 67
GUTHRIE — Martha J. p. 58, William W. p. 58
H. — I. p. 26
HACKETT — C. p. 80, James p. 80
HADDOCK — Alexander p. 32, Edward H. p. 32, James p. 34, John W. p. 34, Mary p. 34, Mary A. p. 32, Mary J. p. 32, William J. p. 32, Willie E. p. 32
HALL — Emma p. 32, Felix W. p. 32, Laura L. p. 32, Lelia B. p. 32, Lemuel A. p. 47, Lillie p. 32, Lizzie p. 47, Louisa E. p. 32, Mary E. p. 32, Nathan C. p. 32, Nathaniel p. 32, Sarah C. p. 32
HAMBLIN — Allen E. p. 96, Bessie E. p. 29, Isaac T. p. 29, J. J. p. 29, Jacob H. p. 29, John I. p. 96, John S. p. 96, L. E. p. 29, S. M. p. 29
HAMBURY — Albert M. p. 23, Alice J. p. 23, Elsie M. p. 23, Thomas p. 23, William T. p. 23
HAMMOND — Minos p. 41, Otis G. p. 41

INDEX (Continued)

HAMOND — Burly M. p. 41, Charley K. p. 41, Della P. p. 41, Maria F. p. 41, Miery K. p. 41, Walter H. p. 41
HANDY — Caroline C. p. 76, Elizabeth p. 76, Jane p. 75, Capt. John p. 75, Mary Eleanor p. 7, Richard Henry p. 76
HARCUM — Blan E. p. 55, Elizabeth Ann p. 55, Eugene B. p. 55, Henry Lee p. 55, Mary E. p. 55
HARGIS — Carrie C. p. 76, John P. p. 76
HARRINGTON — Beauchamp p. 88, Delia p. 88, George T. p. 93, John p. 88, Lavinia R. p. 92, Lulu M. p. 93, Virtie p. 88
HARRIS — Charlotte C. p. 99, Elizabeth p. 26, Ephraim K. p. 26, Georgia A. p. 26, James B. p. 26, John C. p. 99, John E. p. 99, John T. S. p. 99, Kezia p. 26, Littleton P. p. 26, Margaret H. Vickers p. 99, Mary L. p. 26, Nellie R. p. 64, William p. 26, William E. p. 99
HART — Mary H. Parsons p. 64
HASTINGS — Amanda J. p. 64, Arrenid p. 64, Betsy S. p. 41, Caroline p. 41, Cordelia S. p. 64, Eli S. p. 46, Eli Spicer p. 83, Elisha p. 41, Elisha W. p. 41, Elizabeth p. 46, Frederick p. 94, Grace L. p. 94, Henrietta Gordy, p. 43, Hettie p. 41, Isaac p. 43, J. W. p. 94, Lemuel p. 86, Levin W. p. 29, 41, Luellen p. 94, Luvicannia p. 94, M. J. p. 41, Martin E. p. 64, Mary E. p. 29, Mary J. p. 86, Phillis E. p. 83, Rollie Morris p. 94, Rosetta B. p. 64, Samuel p. 64, Samuel A. p. 32, Sarah E. p. 64, Staton p. 46, Virgie p. 94, William Shelley p. 64, Winder p. 64
HAWKINS — Annie Irvine p. 65, Laura C. p. 65, Margaret p. 64, Marion S. p. 64 Samuel p. 64, Walter p. 65
HAYDN — Christina W. Hitch p. 77, Nancy Octavia p. 77, W. T. p. 77
HAYMAN — Ann Mariah p. 101, Annie p. 29, Annie W. p. 52, Benjamin F. p. 29, Carl p. 29, David J. p. 57, Elenor p. 57, Elmira p. 65, F. E. p. 29, Handy p. 57, 101, J. T. p. 65, John H. p. 57, Joseph H. p. 101, Levin W. p. 101, Martha J. p. 52, Mary p. 29, 101, Mary E. p. 101, Mary H. p. 29, Matilda B. p. 101, Mattie J. p. 52, Polley p. 57, Revelle p. 51, 52, Revel E. p. 52, Sidney p. 65, Sidney J. p. 101, Sidney T. p. 101, Theodore p. 101, Virginia C. p. 59, Rev. William W. p. 101
HEADLY — Jennie H. p. 9
HEARN — Alice Catlin p. 28, Amanda p. 40, Amelia A. p. 101, Annie A. p. 86, Archie A. p. 28, Benjamin G. p. 75, Bessie C. p. 30, Brinkley A. p. 40, C. Gazelle p. 65, Cadmus D. p. 26, Clara E. p. 101, Cornelia F. p. 65, E. V. p. 29, Eddie p. 86, Effie R. p. 32, Eliza p. 75, Eliza J. p. 65, Eliza Jane Williams p. 40, Elizabeth p. 76, Elizabeth Jane Shipley p. 75, Esther p. 40, Evie C. p. 30, George p. 65, Harriet A. F. p. 32, I. Joseph p. 101, Ichabod p. 26, Isaac p. 73, Isaac N. p. 32, John A. S. p. 28, John H. p. 83, Joseph p. 40, Julia Ann p. 87, Lissie p. 29, Luchcretia C. p. 26, Magruder J. p. 65, Mary Ann p. 65, Mary E. p. 75, Mary H. p. 32, 73, Merrel p. 39, Nattie p. 30, Nellie p. 75, Oleavia A. p. 29, 30, Pearl M. p. 86, S. H. p. 86, Sallie p. 40, Samuel G. p. 65, Sarah p. 87, Sarah Priscilla p. 75, Thomas W. p. 40, Wilbur L. p. 65, William p. 87, William Henry p. 73, William W. p. 65, Willie p. 30
HEARNE — Bettie p. 87, Mary p. 87, Nehemiah p. 87, Sally Wingate p. 87, Thomas p. 87, Thomas S. p. 65, William p. 87
HEATH — Elizabeth E. p. 91, James R. p. 91, John S. p. 91, Margaret F. p. 24, Mary E. F. p. 91, Samuel H. p. 24, William D. p. 91, William H. W. p. 91
HEMANS — George H. p. 88, John W. p. 88, June R. p. 88
HENRY — Wil p. 39, William M. p. 99
HERRON — Ann p. 65, Rev. James p. 65
HICKMAN — William J. p. 78
HIGGINS — Eleanor p. 83, J. R. W. p. 83
HIGMAN — J. H. p. 78, Grover C. p. 78, William J. p. 78
HILGHMAN — Sallie Polk p. 65, Thomas C. p. 65
HILL — A. W. p. 37, M. p. 37, Martha E. p. 37
HITCH — Alice p. 89, Annie p. 65, Betsy p. 77, Christina W. p. 77, Elizabeth Piper p. 77, Emily Elizabeth p. 77, Esther Anne Leonard p. 77, Ezekiel p. 77, 99, George R. p. 65, George Wilson p. 77, Herbert H. p. 65, Hetty p. 77, Laura E. p. 65, Levin p. 89, Louisa Frances p. 77, Mary p. 99, Mary M. p. 52, Nancy p. 65, Nellie Wilson p. 77, Nelly p. 65, Octavia p. 77, Olevia M. E. p. 77, Rachael p. 77, Rachel p. 65, Robert p. 77, Robert J. p. 52, Samuel George p. 77, Sarepta p. 99, Sidney p. 99
HITCHENS — Elizabeth A. p. 40, John M. p. 40, Joseph p. 65, Mary E. p. 65, William B. p. 40
HOLLAND — John J. p. 47
HOLLIDAY — Mary E. p. 16

(115)

INDEX (Continued)

HOLLOWAY — Billy Handy p. 45, Catty M. p. 45, Cyrus F. S. p. 44, D. J. p. 65, Daniel p. 45, Daniel J. p. 41, Daniel R. p. 29, Doratha E. p. 45, E. Quinton p. 45, Edward J. p. 35, Elijah p. 45, Elisha p. 44, Ephraim J. p. 100, Fannie L. p. 5, Fred H. p. 5, Grove Carline p. 29, Henrietta p. 41, Hessie A. p. 5, Joshua p. 29, Joshua G. p. 45, 45, Joshua Leonard p. 41, Martha E. p. 35, Mary E. p. 100, Mary Elizabeth p. 45, Mary Estell p. 41, Mary T. Farlow p. 29, Nancy E. p. 29, Nancy T. p. 30, Olivia F. p. 100, Rosa C. p. 45, Sallie T. p. 45, Sarah C. Fooks p. 45, Sarah J. p. 29, Theodora J. p. 72
HOLMES — Mary C. p. 6, Rev. William G. p. 6
HOOPER — Eleanor p. 77, Eleanor K. p. 37, Elizabeth p. 77, Ellen McC. p. 77, Henry p. 65, James p. 77, James McCree p. 77, John B. F. p. 65, John T. p. 65, Leah p. 65, Mary Elizabeth p. 65, Nancy p. 70, Susan B. p. 65, Thomas p. 65, Thomas F. p. 65, Willie F. p. 65
HOPKINS — Ardilla p. 82, C. W. p. 82, Charlotte J. p. 65, Cora E. p. 5, Elizabeth C. p. 18, Emeline p. 82, Florence p. 6, George p. 27, Isaac p. 27, Isaac S. p. 65, James T. p. 5, Jane p. 27, Jane E. B. p. 27, Joshua J. p. 6, Leah p. 65, Leah A. p. 24, Mary p. 27, Matthias D. p. 27, Matthias D. Jr. p. 27, Merle E. p. 5, Nancy p. 99, Nelly p. 27, Sarah M. p. 6, William p. 27
HORSEMAN — Alexander p. 88, Mary E. p. 88, Severn p. 88
HORSEY — Annie L. p. 40, Caleb Edgar Alonzo p. 19, Charles p. 18, Columbus G. p. 18, Edmund C. p. 19, Edmund Custis p. 99, Eglantine p. 19, Isaac p. 40, John p. 99, Laurinda J. p. 18, Mary T. T. p. 65, Milcah p. 18, Stella p. 40, Susan p. 99, Dr. William Sewell p. 65
HORSMAN — John C. p. 13, Perry L. p. 91, Sallie A. p. 13, Susan Jane p. 91
HOUSTON — Isaac H. p. 65
HOWARD — Azariah D. p. 78, Beauchamp p. 9, Elmira D. p. 78, Elyzer Ann p. 9, Emily E. p. 13, George p. 9, Harland P. p. 5, Henry H. p. 9, Hetty p. 9, Hiram H. p. 5, Ira C. p. 9, John p. 9, John G. p. 5, Joseph H. p. 9, Katie Lay p. 18, Kerr W. p. 9, L. J. p. 13, Lenora W. p. 5, Levin J. p. 9, Levin T. p. 9, Lizzie E. p. 9, Loisa Caroline p. 48, Mahala p. 9, Margaret P. p. 9, Mary A. p. 7, Mary H. p. 5, Noah E. p. 9, Noah H. p. 9, Noah J. p. 9, Patty p. 18, Rachel Ann p. 9, Sally E. p. 9, Walter D. p. 78, William p. 18, Woodland W. p. 9
HUDSON — Annie E. p. 31, Annie M. p. 31, Annie Stella p. 31, Carrie E. p. 31, David W. p. 31, George R. p. 31, Isabell p. 31, John E. p. 31, John H. p. 31, John S. p. 31, Lizzie p. 31, S. W. p. 36, Sarah J. p. 31
HUFFINGTON — Carrie E. p. 52, Eliza p. 52, Gladdis E. p. 52, Hester E. p. 52, James p. 15, 52, Jesse p. 52, Jesse B. p. 52, John p. 52, Jonathan p. 52, Martha J. p. 52, Maud V. p. 52, Reettah L. p. 15, Robert J. P. p. 52, William J. p. 52, William W. p. 52
HUGHES — Capt. Caleb p. 22, 104, Charlotte p. 22, 104, Henrietta E. p. 20, Henry J. p. 55, Capt. Jesse p. 22, 90, John p. 55, Levin p. 20, Margaret p. 22, Mary p. 22, Mary E. p. 22, Mary J. p. 55, Sally Ann Esther p. 104(Sarah p. 90, Sarah H. p. 22, Thomas B. F. p. 22
HULL — Ephraim p. 8, Sinia H. p. 8
HUMPHREYS — Adelaide Victoria p. 65, Amanda A. p. 65, Amelia A. p. 73, Amelia E. p. 74, Arabella p. 66, Archelaus B. p. 19, Archelaus E. p. 19, Azariah p. 73, Beeson C. p. 73, Bessie Debnam p. 66, Dr. Cathell p. 37, Charles E. F. p. 73, Charles W. p. 73, Edgar p. 74, Elijah p. 19, Eliza J. C. p. 73, Eliza Jane p. 37, Mrs. Elizabeth p. 36, Elizabeth A. p. 73, Elizabeth Parsons p. 44, Eugene Randolph p. 44, Eugene W. p. 65, Everett B. p. 74, Fountain B. p. 65, Frances p. 77, Frank Howard p. 66, Frederick William p. 37, George Washington p. 65, 66, Gertrude p. 74, Harriet p. 73, Hester E. p. 73, Hettie A. Parsons p. 66, Horatio T. p. 74, Gen. Humphrey p. 44, Huston p. 37, Isabella Huston p. 37, J. C. p. 73, John V. p. 73, Josephus p. 19, 65, Josiah p. 73, L. P. p. 65, Laura A. p. 66, Leah D. p. 37, Lizzie Leonard p. 65, M. Josephine I. p. 65, 66, M. Virginia p. 37, Margaret p. 73, Margaret A. W. p. 19, Margaret M. p. 73, Maria Virginia p. 37, Marietta T. p. 19, Martha p. 73, Martha A. p. 74, Martha E. p. 74, Mary E. p. 74, Mary Ann p. 19, Mary Anne p. 19, 74, Mattie Collins p. 65, N. Matilda Miles p. 65, 66, R. Parsons p. 65, Randolph p. 66, Reuben J. p. 73, Robert G. p. 74, Robert H. p. 65, Sallie H. p. 37, Sally A. p. 65, Sarah A. W. Johnson p. 65, Susan p. 73, T. Edward p. 66, Theodora p. 65, Gen. Thomas p. 77, Thomas p. 37, Thomas Parsons p. 44, Virginia p. 37, William J. p. 65, William Richard p. 65
HUMPHRISS — J. Adaline p. 19, William E. p. 19
HURLEY — Ann Maria p. 11, Henry p. 11
HURL(E)Y — James M. p. 11
HURST — Samuel M. p. 9

(116)

INDEX (Continued)

HUSTON — Annie M. p. 36, Charley p. 66, Eliza S. p. 72, Elizabeth A. p. 36, 66, Esther p. 39, Dr. John p. 104, Levin p. 39, Lillie p. 66, Maria J. p. 36, Sally E. p. 104, Sarah p. 36, Samuel J. p. 104, William C. p. 36, 66
HYLAND — Mary P. p. 22
INGERSOLL — Angeline p. 52, Betsy J. p. 26, E. Grant p. 66, E. Margaret p. 66, Evergreen p. 52, Capt. George E. p. 66, James p. 52, John R. p. 16, 26, Lena E. p. 52, Oliver p. 52, Olivia p. 52
INSLEY — Alphus D. p. 16, Alphus Leewood p. 16, Amelia p. 90, Ann Eliza Dickey p. 91, Annie E. p. 88, Biddie A. p. 88, Caroline F. p. 91, Clarence R. p. 88, Elizabeth p. 88, Esaw S. D. p. 91, Etta E. p. 88, George H. p. 88, George H. Jr. p. 88, Jacob p. 88, James Knox Polk p. 88, Lewis E. p. 88, Lulie Washington p. 88, Martha Z. p. 16, Mary Rosanna p. 88, O. T. p. 88, Susan J. p. 91, Valentine p. 88
IRVING — Charlotte M. K. p. 75, Elizabeth Ker p. 75, Handy H. p. 75, Handy H. Jr. p. 75, Leah Handy p. 75, Nellie H. G. p. 75, Peggy K. p. 75, Samuel Handy p. 75, Thomas Gilliss p. 75, William Handy p. 75
JACKSON — Alfred E. p. 14, Annie p. 24, Arabella Humphreys p. 66, Arabella W. p. 66, Benjamin p. 30, Charles p. 39, Eben p. 30, Eleanor p. 87, Elihu p. 30, Elizabeth A. p. 82, Elizabeth R. p. 24, Emma G. p. 39, 39, Estelle May p. 66, George D. p. 93, George W. p. 14, George W. G. p. 14, Hannah p. 40, Hugh p. 66, Isaac Benston p. 66, Isaac N. p. 66, James p. 40, Jane H. p. 66, Jennie Cannon p. 66, John p. 87, John T. p. 82, Johnnie Lee p. 30, Jonathan p. 25, Josephus H. p. 66, Joshua p. 88, Lena Elva p. 7, Louisa p. 30, Louisa J. p. 6, Maria p. 14, Martha Matilda p. 93, Mary F. p. 30, Matilda E. R. p. 91, Noah p. 93, Polly A Green p. 14, Sallie McCombs p. 66, Samuel p. 14, 14, Samuel M. p. 66, Sarah Anne p. 30, Sarah E. p. 30, Sarah McBride p. 66, Thomas L. p. 7, William p. 66, William E. p. 6, William H. p. 66, William J. p. 6, William Marion p. 7, William P. p. 66
JACOB — Mar ? p. 20, Phillip p. 20
JAMES — Christianna p. 10, Jane p. 5
JARMAN — Hetty M. p. 50, William R. p. 50
JARRETT — Alfred M. p. 22, Charlotte p. 22, Hazrow p. 91, Sarah Ann p. 91, William H. W. p. 92
JENKINS — Alonzo p. 103, Catty H. p. 103, Charlotte T. p. 103, George W. p. 7, Isabella p. 52, Capt. Littleton p. 104, Mary p. 103, Mary E. p. 103, Richard E. p. 103, Roydon p. 103, Samuel R. p. 7, Sarah J. p. 104, Sarah V. p. 89, Theodore K. p. 89, Wesley p. 103
JESTER — Annie M. p. 89, J. Fred p. 89
JILES — Joseph H. p. 93, Sarah E. p. 93
JOHNSON — Albert S. p. 47, Alfra D. p. 47, 59, Alvie E. p. 59, Annie McCree p. 74, Archelus p. 75, Benjamin p. 47, Benton Harris p. 66, Betsey p. 47, 59, Catharin Morris p. 47, Elijah C. p. 66, Elijah S. p. 66, Elisha C. p. 66, Ella M. p. 59, Emma J. p. 47, Ernest J. p. 37, Harriett p. 75, J. D. p. 37, J. L. p. 19, J. Scott p. 66, John p. 75, Joshua p. 59, Josiah p. 66, Josiah B. p. 47, Josiah H. p. 8, L. V. p. 37, Lida H. p. 66, Louisa B. p. 74, Martha A. Humphreys p. 66, Mary A. p. 66, 74, Mary C. p. 74, Mary E. p. 66, Mattie H. p. 66, Purnell p. 75, Rufus p. 47, Sallie A. p. 66, Sarah p. 66, Sarah A. W. p. 65, Tabitha W. Davis p. 47, Virginia p. 59, Virginia C. Hayman p. 59, William p. 75, William Jr. p. 75, William Anna p. 66, William D. p. 66, 87, William F. p. 47, William J. p. 66, William W. p. 74, William Woolford p. 66, Wilmour p. 59
JOHNSTON — Algernon p. 80, Elizabeth p. 80
JOLLEY — David F. p. 82, Harriett Elizabeth p. 82, Nehemiah P. p. 82, William p. 82, Winfield L. p. 82
JONES — Alfred T. p. 44, Amanda p. 95, Anne p. 32, Annie P. p. 95, Archibald H. p. 95, Barton p. 95, Benjamin G. p. 52, Benjamin I. p. 92, Betsey p. 92, Charles Franklin p. 32, Charlotte p. 39, Cornelia E. p. 18, Delia Margaret p. 22, Denwood p. 18, Edith p. 37, Edna M. p. 30, Edward M. p. 83, Eglantine p. 20, Eglantine K. p. 18, Elizabeth p. 32, Ella S. p. 93, Emaline p. 52, Emma P. p. 95, Florence p. 18, Gatty p. 59, George Anna p. 83, George Leonard p. 52, George W. S. p. 22, George Waller p. 18, Herman H. p. 95, Irving C. p. 93, Isaac p. 103, J. B. p. 32, J. W. p. 95, Jacob R. p. 32, James Mc. p. 18, Jeremiah p. 32, Jesse H. p. 22, John of Benjamin p. 92, John F. p. 95, John M. p. 95, John W. p. 52, 93, Joseph p. 18, Julia A. p. 32, Julia D. p. 18, Laura p. 51, Lena p. 52, Lewis G. p. 30, Manlius C. p. 66, Capt. Marcellus p. 22, Maria Eglantine p. 20, Maria S. p. 20, Martha A. p. 44, Martha Ellen p. 44, Martha K. Gordy p. 18, Mary A. p. 18, Mary A. H. p. 22, Mary Hughes p. 22, Mary J. p. 32, Mary L. p. 44, Nancy B. p. 49, Olevia Alice p. 32, Pet p. 95, Polly R. p. 32, Priscilla E. p. 92, Purnell E.

(117)

INDEX (Continued)

p. 37, Purnell J. p. 44, Robert p. 59, S. B. D. p. 20, Sallie A. p. 103, Sally p. 105, Samuel p. 39, Samuel D. p. 18, Thedosia J. p. 52, Thomas Rodney p. 18, Unicy D. p. 32, Virginia Emily p. 44, William B. p. 52, William Homer p. 52, Williamanna p. 52, Woodland C. p. 18
JORDAN — Cathrin p. 66, Conrad E. p. 66, Conrad R. p. 66
KAYLOR — John p. 66
KELLEY — Edward M. p. 59, Capt. George p. 66, Dr. James p. 59, Mary E. p. 59, Mary Rider p. 66, Sallie J. Travers p. 59, Virginia W. p. 66
KELLY — Davis M. p. 66
KENNERLY — B. F. p. 5, Benjamin F. p. 83, Caleb p. 18, Columbus p. 18, Effie Dora p. 89, Eleanor p. 5, Elizabeth p. 13, Emma R. p. 83, Francis J. p. 83, George A. p. 83, George T. p. 83, Henry p. 18, Henry Harrison p. 18, Isaac p. 83, Lizzie R. p. 89, Luther p. 5, Malissa V. p. 83, Mary A. p. 83, Mary Ann p. 18, Matilda Anne p. 62, Mollie M. p. 83, Myrtle Blanche p. 83, Thomas B. p. 13, Thomas Ross p. 89, W. R. p. 89
KENNEY — Albert C. p. 86, Joshua Herman p. 16, Meredith F. p. 86, William G. p. 86
KENT — J. W. p. 66, L. E. p. 66, Marion F. I. p. 66
KER — Ellen Arabella p. 87, Samuel Harlan B. p. 87, Dr. Samuel J. S. p. 87, Willie Dudley p. 87
KIBBLE — Dorothy A. p. 103, Eliza E. p. 103, George W. p. 103, John W. p. 103, Lenie B. p. 103, Mary M. p. 103, Mary V. p. 103, Susie A. p. 103
KING — A. J. p. 40, Daniel H. p. 40, Elizabeth E. p. 54, Elizabeth E. R. p. 54, James p. 54, Mary M. p. 40, Samuel p. 40
KINNEY — Carean p. 80, John p. 80, Sally A. p. 80
KNOWLES — Amelia p. 81, Charlie W. p. 78, Ellenor p. 80, Ephraim p. 78, George p. 80, Jerose C. p. 81, John p. 81, John Allison p. 78, Marcellus p. 78, Mary J. p. 78, Thomas C. Jr. p. 78, Thomas C. Sr. p. 78, Wiley A. p. 78
KNOWLS — Georgie A. p. 16
LANGRALL — Alice P. p. 88, Ella J. p. 92, M. I. p. 22, Mary J. p. 92, Milbourn W. p. 92, Missouria B. p. 92, Samuel A. p. 22, 88, 92, Samuel Ray p. 88, W. J. p. 22, William C. p. 92
LANGSDALE — Annie M. p. 20, Elizabeth E. J. p. 27, Henry J. p. 20, James R. p. 27, Laura E. p. 17, Levin E. p. 20, Maude T. p. 20, Robert p. 13
LANKFORD — Albert W. p. 66, Attaline p. 66, Caroline p. 66, Edward J. p. 66, Elizabeth P. p. 66, Emily Crockett p. 5, George H. p. 66, John T. p. 81, Mary p. 66, 81
LARAMORE — Caroline p. 92, D. N. Gilbert p. 92, Isaac L. p. 92, Mary E. A. p. 92
LARMAR — Caroline p. 88, Isaac p. 88, Isaac B. p. 88, Virginia p. 66, William T. p. 66, Willie H. p. 66
LARMORE — George H. p. 88, Henry C. p. 88, Hezron D. p. 27, James p. 74, James S. E. p. 27, John of Elijah p. 22, John D. p. 27, Louisa p. 27, M. F. p. 22, Marcellus W. J. p. 24, Margaret p. 22, Mary A. p. 88, Mary E. p. 24, 88, Mary Ellen p. 24, Nancy p. 27, Reuben D. p. 27, Samuel H. W. p. 24, Susan C. B. p. 74, Susannah M. p. 22, William P. M. p. 22, Willie p. 88
LARMOUR — Angie p. 89, G. H. p. 89, Hannah p. 89
LAURENCE — Celia A. Bounds p. 55, John p. 55
LAWRENCE — Benjamin E. J. p. 66
LAWS — Alice p. 48, Allen Lee p. 48, Annie p. 48, Catharine p. 42, Cornelia p. 48, George W. p. 36, Gertrude p. 48, Grace p. 48, Herman p. 48, James p. 48, John p. 48, John William p. 48, L. C. Williams p. 48, L. L. p. 48, M. V. p. 48, Margaret A. p. 48, Maria J. p. 48, Mary B. p. 48, Mary E. p. 48, 48, Rosie p. 48, Sallie M. p. 48, William L. p. 48, William p. 47, William P. p. 48
LAYFIELD — Esther E. p. 66, George B. p. 30, George W. p. 30, Hetty p. 36, Ida M. p. 30, Iva Maria p. 53, John H. p. 30, Julia Ann p. 30, Laura A. Parsons p. 30, Leah p. 53, Maria p. 30, Martha J. p. 30, Mary A. p. 16, Mary H. p. 42, Mary Jane p. 36, Oscar C. p. 30, Richard p. 36, Rufus H. p. 16, Samuel T. p. 30, Thomas R. p. 66, William p. 53, William J. p. 16, William W. p. 30
LAYTON — John J. p. 95, Mary E. p. 96, Milbourn A. p. 95, 95, Rebecca E. p. 95
LEATHERBURY — Sarah Ann p. 22
LECATES — Eliza J. p. 32, Homer W. p. 32, Ida F. p. 32, James H. p. 32, James R. p. 32, Jerry M. p. 32, Joseph H. p. 40, Maggie P. Smith p. 40
LEDNUM — Elizabeth A. p. 66, Nellie F. p. 36
LEMMON — Dr. Richard p. 36
LEMON — John T. p. 44, Leven J. p. 44, Mary Alice p. 44, Oltes L. p. 44
LEONARD — Albert Windsor p. 67, Clara A. p. 39, Elinor Jane p. 67, Eliza E. p. 43, Elizabeth p. 75, Elizabeth S. p. 67, Esther Anne p. 77, Elzey p. 39, Emory J.

INDEX (Continued)

p. 39, George p. 44, George P. p. 67, George W. of B. p. 67, George W. p. 67, Giden p. 39, Greensbury p. 75, Isabel White p. 67, Isabella W. p. 67, John H. p. 75, Joseph p. 43, Joseph III p. 66, Joseph Daniel p. 44, Joshua p. 75, Lizzie p. 65, M. E. p. 67, M. G. p. 67, Margaret p. 39, Maria J. p. 67, Marion C. p. 67, Mary Dashiell p. 66, Mary Jane p. 67, Mattie E. p. 67, Mildred Treakle p. 67, Rebecca E. p. 44, Sallie p. 39, Samuel J. p. 67, Sarah A. p. 71, Col. William J. p. 67, William T. p. 67
LEVINGSTON — Henry F. p. 101, Mary F. p. 101
LEWIS — A. F. p. 50, Alma L. p. 95, Isaac W. p. 95, Lizzie p. 95, Mary E. Adkins p. 48, Nancy p. 48, Robert p. 48, Sydney p. 95, William Selby p. 48, Zadok p. 49
LIBBY — Emiline p. 81, Sally p. 81
LITTLETON — Albert James p. 50, Alvin Raymond p. 31, Isaac p. 50, John H. p. 50, Martha C. Davis p. 96, Mary p. 50, 96, Minos C. p. 96, Sallie E. p. 50, Sarah Maria p. 31, Thomas p. 96, 97, Thomas Asbury p. 31
LLOYD — Eleanora E. p. 18, John p. 11, John T. p. 5, Martha A. p. 11
LONG — Annie E. Williams p. 52, Martha Ann p. 44, William J. p. 44
LORD — Alexander p. 39, Charley p. 39, Edith p. 39, Emmi I. p. 52, Harrie p. 39, Joseph A. p. 52, Mary C. p. 39, Mary Etia p. 39, William F. p. 52
LOREMAN — I. E. p. 67, Irenia p. 67, James p. 39, Louisa A. p. 67, Martha E. p. 39, Walter P. p. 39
LOWE — Annie E. p. 83, Biddy B. p. 10, Dorothy p. 23, Elizabeth p. 10, 23, Esther p. 23, George p. 36, Helen H. p. 18, Henry p. 23, Hettie p. 18, Ida Isabella p. 100, Isabella p. 10, Isabella H. p. 100, J. S. p. 100, James L. p. 10, James R. p. 10, James W. p. 100, Levin D. p. 10, Major Ralph p. 10, Marvil p. 83, Mary A. p. 36, Mary C. p. 100, Matilda A. p. 100, Rebecca p. 83, Mrs. Shady p. 36, W. S. p. 18, William B. p. 10, William Wallace p. 100, Zipporah L. p. 10
LUCAS — Catherine N. p. 67, Edwin M. p. 67, Garden D. p. 67
LURTON — Charlotte E. p. 96, Milbourn A. p. 96
LYNCH — Joseph E. p. 19, Joseph M. p. 19, Sallie E. p. 19, Samuel W. p. 19, Sarah E. p. 19, Thomas J. p. 19
McALLISTER — Eliza E. p. 67, James W. p. 67
McBRIDE — Sarah p. 66
McBRIETY — Joshua p. 67, Mary Anne p. 67
McBRYDE — Elizabeth p. 77
McCALISTER — Jane James p. 5, Maggie Agnes p. 5, Samuel James p. 5, Spencer E. p. 5
McCLESTER — Capt. John p. 90, Capt. John II p. 90
McCOMBS — Sallie p. 65
McCREE — Dr. James p. 77
McDANIEL — Esther G. p. 57
McGLAUGHLIN — Jennie E. p. 103, Joseph W. p. 103
McGRATH — Columbus R. p. 105, Elenora C. p. 105, Elizar Ann p. 103, Emaline Causey p. 57, Josiah p. 105, Louis James p. 57, Sarah R. p. 103, Thomas p. 57, William p. 57, 103, William J. p. 103
McKENZIE — Columbus W. p. 39, Ellenor B. p. 101, Stephen A. p. 101
McMAKIN — Charles p. 67
McNELIA — Florence E. p. 86, J. F. p. 86
McWILLIAMS — Annie p. 78, Gertrude Ellen p. 78, Zora p. 78
MADDIX — Hetty p. 36
MADDOX — Goldie Hatton p. 7, Thedosia E. p. 40
MADDUX — Alice Emma p. 67, Arrietta p. 38, John W. p. 67, Julia Anne p. 67, Levin p. 67
MAGEE — Maria p. 46
MAGERS — Ernest Williams p. 67, Levin A. p. 67, M. p. 67, M. A. p. 67
MAJORS — A. p. 7, Arila p. 67, Bertha M. p. 5, Earl B. p. 86, Elizabeth J. p. 86, Hester E. p. 7, J. J. p. 7, Kendle p. 67, Laura V. p. 69, Lily B. p. 69, Mary p. 7, Mattie Marie p. 7, Noah W. p. 86, Otis p. 5, Ross p. 7, S. E. p. 7, Silas D. p. 5, Susan P. p. 7, W. C. p. 7, W. R. p. 7, William A. p. 69
MALONE — Annie S. Ross p. 101, Effie G. p. 101, Eliza E. p. 52, Elizabeth p. 55, 101, Emma C. p. 52, George W. p. 52, John S. p. 55, Juliet F. Gunby p. 67, Lemuel p. 67, Louis p. 52, Mary L. Marthy p. 55, Mary V. M. p. 52, Robert Lillian p. 101, Robert T. p. 101, Sallie V. p. 52, William p. 52
MARINE — James p. 83, Matthew p. 78, 79, Matthew W. p. 79, Nancy p. 78, 79, Rhoda p. 83
MARSHALL — Albert G. p. 34, 35, Eliza Brenizer p. 35, Julia T. p. 34, 35, Mary Virginia p. 34, Robert Lee p. 34
MARTINDALE — Rev. Thomas E. p. 67

INDEX (Continued)

MARVEL — Priscilla P. p. 81, Thomas A. p. 81, William J. p. 81
MASSEY — Edwin p. 95, Laura J. p. 95, William E. D. p. 95
MATTHEWS — Daniel p. 59, Laura Ann p. 60, Nancy p. 59, William Thomas p. 59
MELSON — Beulah p. 77, Daniel F. p. 77, Elijah p. 34, Eliza p. 34, Ella A. Catlin p. 34, Grace p. 33, Henrietta M. p. 30, John H. p. 32, Levin S. p. 34, Lizzie p. 34, Maggie A. p. 34, Mahala Lizzie p. 34, Margaret E. p. 81, Mary C. p. 34, Rebecca p. 32, Rebecca A. p. 34, Robert Newton p. 77, Rev. Samuel p. 33, Sarah E. White p. 77, Sophia A. p. 73, Thomas A. p. 77, William R. p. 79
MELVIN — Rev. A. F. p. 7, Ira Oswald p. 7, S. R. p. 7
MESSICK — A. D. p. 88, Annie E. p. 89, Benjamin F. p. 52, Edgar J. p. 52, George p. 89, Henry J. p. 89, Herbert p. 5, John p. 52, Lillie B. p. 5, Louis F. p. 52, Mabel p. 89, Mahlon S. p. 89, Margaret p. 89, Martha p. 52, Mary I. p. 52, Minus Dd. p. 89, Oliver M. p. 24, Phillip p. 52, Ritty A. p. 89
MEZICK — Addie Grace p. 101, Albert Preston p. 22, Albert T. p. 89, Amos p. 23, Ann p. 28, Annie p. 28, Clara p. 18, Delius p. 89, Elizabeth A. p. 23, Elizabeth I. p. 101, Esther p. 26, Etta May p. 23, F. A. p. 23, Francis p. 28, Francis Asbury p. 23, Ira Willis p. 23, Isaac F. p. 101, J. F. p. 60, John p. 22, John S. p. 22, Margaret S. p. 27, Martin Jackson p. 23, Mary p. 22, Mary E. p. 60, Octavia E. p. 18, Ruby p. 28, Thomas L. p. 28, Vaughn p. 28, Warren p. 18, William p. 60
MIDDLETON — George A. p. 31, Maria p. 31, William T. p. 31
MILES — N. Matilda p. 65
MILLER — Dorothy p. 67, Eleanor W. p. 67, Matilda p. 37, William D. p. 67
MILLS — Ann Eliza p. 52, Annie E. p. 98, Annie W. p. 52, Charles H. p. 98, Clayton H. p. 40, Ernest Albert p. 67, George D. p. 98, Isaac E. p. 5, Laura E. p. 98, Lemuel M. p. 98, Levinah p. 98, Mary M. p. 98, Matilda E. p. 40, Maurice E. p. 98, S. D. p. 52, Sarah E. p. 5, Stephen p. 98, Stephen Dow p. 67, Stephen Dow, Jr. p. 67, William W. p. 52
MITCHELL — Agnes R. p. 25, Ann A. p. 25, E. L. p. 25, Elizabeth p. 25, Eloise Gertrude p. 67, George p. 33, George Henry p. 25, Dr. George L. p. 25, George T. p. 67, Hattie V. p. 25, I. W. p. 25, Rev. J. M. p. 74, James p. 25, James A. p. 67, James E. p. 67, James H. p. 46, Joseph W. p. 25, Justina p. 67, Lelia B. Insley p. 91, Mary E. p. 67, Minnie Augusta p. 25, Priscilla F. Slemons p. 67, Ralph Dashiell p. 74, Robert James p. 25, Sarah p. 19, 33, Sarah E. p. 25, Sarah Ellen White p. 74, Susan p. 67, Susan Anner p. 67, Thomas Sr. p. 19, Thomas W. H. p. 74, Virginia E. Wright p. 7, W. W. p. 7, W. Wesley p. 67, Watson D. p. 91
MOONEY — Arcada Q. p. 80, Bertie E. p. 80, Charlie J. p. 80, James H. p. 79, Jennie T. p. 79
MOORE — Charles M. p. 67, Delia p. 22, Edna p. 35, Elizabeth L. p. 67, George E. p. 103, George M. p. 67, George M. Jr. p. 67, George W. p. 28, Gertrude p. 22, Hettie L. H. p. 23, Ida M. p. 67, John W. p. 16, 22, Joshua p. 16, Laura H. p. 16, Levin W. p. 39, Margaritt P. p. 16, Mary Christianna p. 28, Mary Elizabeth p. 21, Minnie Howard p. 67, Naaman William p. 28, Nellie p. 67, Rachel W. p. 21, Sallie E. p. 61, Sallie L. p. 35, Sally p. 101, Stephen P. D. p. 35, Thomas B. p. 21, Thomas B. Jr. p. 21, Thomas Howard p. 67, Virginia J. p. 67, William p. 67, William Lee p. 31, Willie E. p. 16
MORGAN — Charles W. p. 39, Fountain p. 39, Frank p. 79, Margaret p. 39, Susie E. p. 79
MORRIS — Ann B. p. 37, Ann Elizabeth p. 67, Annie A. p. 67, Annie E. p. 52, Benjamin p. 36, Catharin p. 47, Drucilla p. 36, Elijah p. 67, Eliza C. Williams p. 74, Hannah A. p. 59, Isaac W. p. 79, Isabel E. p. 59, Jacob p. 52, Capt. James p. 52, James H. p. 86, Jerry p. 67, John L. p. 59, Joseph J. p. 67, Julia D. p. 67, Levenia J. p. 86, Levin p. 56, Levin W. P. p. 79, Dr. Louis White p. 101, Lucinda F. E. p. 79, Mary A. Ward p. 67, Mary E. B. p. 101, Mary Jane p. 67, Nancy p. 47, Perry A. W. p. 52, Philander Jr. p. 67, Ratlif p. 47, Sallie A. p. 36, Sallie W. p. 52, Sarah Anne p. 101, Sarah E. p. 67, Thomas J. p. 67, T. R. p. 37, Thomas C. p. 74, Vicey p. 30, William C. p. 67, William P. p. 58, 101
MULLIN — Timothy p. 74
MUMFORD — Annie p. 43, W. Herman p. 43, W. T. p. 43
MURPHY — Albert J. p. 37, Elvira p. 39, John T. p. 39, Keturah p. 5, Mary E. p. 39
MURRAY — Frona M. p. 102, Hettie J. p. 102, I. J. p. 102
MURRELL — Alexander R. p. 52, Leah J. p. 52, Lewis J. p. 52, Mary E. p. 52, Sallie A. L. p. 52, Theophilus p. 52, William J. p. 52, 67, William S. p. 52
NAYLOR — Robert p. 67
NEILLE — Nathaniel Miller M. p. 96
NELSON — Bulah M. p. 74, J. L. p. 74, Mary p. 39, Samuel p. 74, Sarah T. p. 74
NEWMAN — Thomas p. 53

(120)

INDEX (Continued)

NEWTON — Levin B. p. 23, Sarah J. p. 23
NIBLETT — Luther H. p. 32
NICHOLS — Albert S. p. 40, Amanda Hearn p. 40, Bertha C. p. 40, Dora J. p. 67, Elijah E. p. 40, Elijah E. Jr. p. 40, Elizabeth Walker p. 80, G. W. p. 67, George H. p. 40, George T. p. 67, George W. p. 40, Isaac p. 68, Isaac M. p. 40, Isaac W. p. 40, John p. 40, 80, Mariah J. p. 40, Mary A. p. 68, Mary Parker p. 40, Ruth Isabelle p. 40, Sarah J. p. 67, Thedosia E. Maddox p. 40, Washington p. 80
NICHOLSON — Elias p. 53, Emma H. p. 53, George M. p. 53, Hester A. p. 53, John W. p. 68, John Walter p. 53, Sara p. 9, Sophia p. 53
NOCK — Littleton H. p. 68, Rosie p. 68
NORTH — Charlotte A. p. 88, John p. 88, John H. p. 93, Rebecca p. 88, Sarah V. p. 93
NUTTER — Phillis p. 58, William p. 58
OLIPHANT — E. M. p. 41, 68, James P. p. 43, Levenia C. p. 43, Lizzie T. Twilley p. 68, Maggie E. p. 41, Mary p. 43, Thomas W. p. 41, William A. p. 43
ORGAN — Nancy p. 64
OWENS — Angeline p. 68, Ebenezer p. 39, 68, Elisha G. p. 24, Emma p. 79, Homer H. p. 82, Hulda p. 36, Irving S. p. 80, John Purnell p. 68, Mamie M. p. 82, Martha J. p. 68, Mary p. 51, Mary Virginia p. 68, Rachel A. p. 80, Sallie M. p. 80, Uriah p. 79, Verdie Emma p. 79, Willie Purnell p. 68
PALMORE — Mary C. L. p. 28
PARKER — A. p. 30, Alexander W. p. 43, Allen B. p. 33, Annie p. 68, Annie P. p. 30, Annie R. p. 42, Ares P. p. 50, Ayrs p. 74, Benjamin p. 39, Cathy C. p. 33, Catty M. p. 29, Charlotte W. p. 43, Clayton C. p. 43, Clifford p. 42, E. H. p. 68, E. L. p. 42, Elijah p. 42, Elijah J. p. 42, Elisha p. 60, Elisha E. p. 29, 68, Elisha P. p. 43, Eliza p. 60, Elizabeth p. 31, Ella p. 43, Emeline p. 43, Esther E. p. 43, Esther R. p. 33, G. H. p. 30, George E. U. p. 43, George T. p. 29, 68, George W. p. 68, Henney p. 74, Henry S. p. 33, Hetty p. 43, Hiram D. p. 68, J. Wesley p. 42, Jacob p. 43, Jacob F. p. 43, Capt. John p. 23, John H. p. 43, John T. p. 33, John W. p. 29, Joshua R. p. 29, Laura A. p. 42, Mahala J. p. 60, Mahala W. p. 43, Margaret Ann p. 42, Margaret E. p. 29, Margaret M. p. 68, Maria p. 43, Maria E. p. 39, Mary p. 40, Mary C. p. 33, Mary E. p. 42, 68, Mary H. p. 30, Mary J. H. H. p. 39, Matilda p. 33, Nancy p. 23, Olevia E. p. 43, Orlando T. p. 39, Paul H. p. 68, Phoebe p. 68, Quinton p. 45, Rosa E. Wimbrow p. 48, Sallie p. 74, Samson p. 50, Samuel p. 68, Samuel W. p. 60, Sarah E. p. 42, Sarah Jane p. 45, Scarborough p. 43, Stansbury C. p. 60, Susanna M. p. 58, Tabitha p. 34, Thomas J. p. 45, Thomas M. p. 31, 68, William H. p. 30, 33, William R. p. 33
PARKS — Elizabeth p. 94, Hannah W. p. 89, J. Carl p. 89, Jesse H. p. 89, Jesse S. p. 89, John W. p. 89, Sarah V. p. 89, William L. p. 94
PARSONS — Ada B. p. 30, Alison C. p. 68, Alonzo F. p. 68, Amelia p. 68, Amelia A. p. 44, Annie E. p. 30, 30, 68, Benjamin p. 68, Benjamin H. p. 68, Caroline T. Williams p. 68, Clarence W. p. 48, Cora A. p. 96, D. J. p. 46, Daniel L. p. 30, Denard B. p. 30, E. W. p. 48, Elijah p. 44, Elijah A. p. 35, Elisha G. p. 30, Elizabeth p. 30, 44, Elizabeth A. p. 30, Elizabeth Ellen Rider p. 68, Elizabeth P. p. 35, Emma p. 30, Emory p. 45, Esther Anna p. 62, Esther Sommers p. 62, 68, George A. p. 68, George B. p. 30, George H. p. 97, George L. p. 31, George Thomas p. 68, George W. p. 30, 68, Gertie E. p. 31, Guy H. p. 30, Harold Loncaster p. 30, Hazel G. p. 30, Henrietta M. Melson p. 30, Hettie A. p. 66, Horace W. p. 30, Hubert A. p. 30, Isaac H. p. 30, Isaac W. p. 95, James A. p. 30, James Mc. p. 31, James S. p. 30, Jehu p. 62, 68, 68, Jennie A. p. 30, Jiddah D. p. 30, John A. p. 32, John R. p. 35, John S. p. 30, Jonathan S. p. 30, Joseph W. p. 29, Joseph W. R. p. 46, Julia A. p. 96, Kate p. 30, Laura A. p. 30, Leah N. p. 68, Leila p. 30, Levin p. 68, Lillie A. p. 96, Lizzie M. p. 30, M. E. p. 48, Margaret p. 68, Margaret E. Bell p. 36, Maria Magee Adkins p. 46, Martha p. 68, Martha J. p. 42, Mary p. 30, 30, 68, Mary A. C. p. 29, Mary C. p. 95, Mary H. p. 64, Mary J. p. 74, Nancy p. 36, 68, Nancy M. p. 35, Nancy T. Holloway p. 30, Nort Ethel p. 30, Peter E. p. 30, Peter R. p. 35, R. G. p. 74, Rosa M. p. 29, Sallie A. p. 32, Sallie W. p. 36, Samuel P. p. 30, Sidney Marion p. 68, Stanton J. p. 35, Theodore p. 36, Thomas A. p. 96, Virginia p. 30, William p. 68, William B. p. 68, William Byrd p. 68, William E. p. 95, William H. p. 30, William P. p. 32, William Sidney p. 68, William W. p. 30, 68, Zenia S. p. 30
PARVIN — Charles Alfred p. 68, Hester Anne p. 68, John William p. 68, Thomas p. 68
PATEY — John M. p. 95, Sarah M. p. 95
PATRICK — Allison E. p. 74, Nellie B. p. 74, Rosa p. 74, Sarah Ann p. 76, Capt. Thomas William p. 76, Capt. William p. 76
PEARL — Lottie p. 79

(121)

INDEX (Continued)

PENNEWELL — Isaac G. p. 47
PENUEL — Ellen M. p. 68, Harry N. p. 68, Josiah W. p. 68, William T. p. 32
PERDUE — Ann Mariah p. 30, E. A. p. 47, Eligah B. p. 45, Ernest F. p. 45, George K. p. 30, John B. p. 45, John D. p. 45, Julia A. p. 45, Katherine p. 30, Louie p. 45, Margaret A. p. 47, Martha p. 45, Sarah A. p. 45, R. A. p. 30, Samuel J. p. 95, Willis p. 47
PERRY — George B. p. 68, George W. p. 68, Mary Eleanor p. 68
PETERS — Sarah M. p. 102
PHILLIPS — A. J. p. 69, A. W. p. 80, Anna Ruth p. 69, Annie C. p. 69, Asa p. 26, Asa Jonathan p. 26, Asenith W. p. 80, C. L. p. 39, Catherine H. Williams p. 68, Catherine Jackson p. 69, Clarence p. 69, Earnest L. p. 5, Eleanor p. 26, Eliza p. 7, Elizabeth p. 5, Elizabeth A. p. 87, Elizabeth D. p. 98, Elizabeth M. p. 20, Emma p. 102, Emmeline E. p. 5, Esther Anna p. 26, Ezekiel J. p. 11, Fannie p. 98, Fannie B. p. 79, Frankie p. 69, G. W. p. 80, George A. p. 80, 86, Goldsborough W. p. 80, Hartley W. p. 79, Holiday H. p. 8, Homer Pollitt p. 69, Hugh J. p. 69, Ida E. p. 80, Dr. Isaac B. p. 69, J. W. p. 33, J. Wilmer p. 98, Jacob C. p. 69, James H. p. 5, James S. p. 33, John p. 33, John Richard p. 14, Jonathan B. p. 20, Joseph A. p. 9, 18, Joshua of J p. 50, Lavenia R. p. 33, Letitia A. p. 18, Levin p. 14, Lizzie T. p. 39, Lucy p. 39, Lula May p. 39, M. A. p. 39, Major p. 68, Marcellus p. 87, Margaret E. p. 26, Maria E. p. 98, Mariah D. p. 11, Mariah E. p. 33, Martha E. p. 81, Martha J. p. 86, Mary A. p. 5, Mary A. J. p. 14, Mary Ann p. 8, Mary D. p. 9, Mary E. p. 83, Mattie J. p. 103, Nat T. p. 33, Nellie Hudson p. 69, Nelly p. 80, Noah J. E. p. 80, Rachel p. 26, Rosa E. p. 86, S. Ernest p. 98, Sallie p. 33, Sallie A. J. p. 39, Sallie E. p. 8, Sallie E. V. p. 14, Samuel J. p. 98, Samuel W. p. 20, Sarah A. p. 98, Sidney H. Jr. p. 69, Sidney H. Sr. p. 69, Sina E. p. 80, 81, Theodore A. p. 86, Thomas C. p. 80, Thomas W. p. 39, Thomas W. Jr. p. 39, U. Christopher p. 69, Urias p. 26, Virginia E. p. 8, W. Harley p. 23, William F. p. 33, William I. J. p. 80, 81, William L. p. 79, William M. p. 8, William O. D. p. 11, William S. p. 86, Zachariah S. p. 83
PHIPPIN — Clayton C. p. 74, Guy p. 74, Jennie L. p. 74, John C. p. 74, Nan E. p. 74, Sarah p. 74, Wolsey p. 74
PHOEBUS — Allen p. 53, Elizabeth p. 53, Mary E. p. 53 Paran J. p. 53, Thornton C. p. 53
PINKETT — Elijah p. 39, 69, Libby p. 39, 69, Wilson p. 39
PIPER — Elizabeth p. 77, George p. 36, Lourama G. p. 36
POLEYETT — Franky p. 74, Nelson p. 74
POLK — Sallie p. 65, William T. p. 69
POLLETT — Jonathan P. p. 30
POLLITT — Anna M. Ralph p. 19, Anthony p. 53, Charlotte A. p. 19, Eleanor E. p. 45, Henrietta p. 53, Hollis White p. 102, Lafayette R. p. 53, Leah J. p. 102, Levin Irving p. 19, Lewis p. 102, Louis A. p. 102, Marion S. p. 53, Martha J. Williams p. 102, Mary A. p. 102, Mary Ann p. 45, William p. 45, William C. p. 5
POPE — Ella L. p. 69, Katie L. p. 69, Milton H. p. 69
PORTER — A. S. p. 53, Elizabeth A. p. 53, George Bryan p. 53, George J. p. 53, Hattie Garland p. 53, Letitia E. p. 53, Levi C. p. 53, Levin A. p. 53, Lizzie B. p. 53, Mary p. 14, Mary E. p. 53, Mary F. p. 14, Mary Handy p. 53, Nancy p. 12, Nettie J. p. 53, Richard R. p. 14, William T. p. 53
POTTER — Henry W. p. 53, Levin p. 53, Mary Simms p. 53
POTTS — M. J. p. 30, S. W. p. 30, Zora p. 30
POWELL — Birdie Henry p. 69, Elisha A. p. 48, Fannie p. 49, Henry D. p. 49, 69, John L. p. 49, Lambert C. p. 48, Laura G. Burbage p. 48, Margaret R. p. 48, Martha J. p. 69, Mary Kate p. 49, Nancy A. p. 95, Peter of P p. 95, Sallie E. p. 49, Thomas L. p. 69, William L. p. 48
PRETTYMAN — John A. p. 69
PRICE — George C. p. 19, Henry p. 54, Lemuel M. p. 53, Levin B. p. 53, Lizzie Lee p. 69, Mary J. p. 53, Mary Ruth p. 69, Rufus McKenney p. 69
PRIOR — Amelia A. p. 54, John p. 58, Milley p. 58, Molley p. 58
PRYOR — Annie A. V. E. p. 58, Daisy p. 58, Dewitt J. p. 58, Francis p. 53, Harriet p. 53, John B. p. 53, Josephine p. 58, Margaret F. p. 58, Matilda Jane, p. 53, Sallie A. p. 58, Thomas Walter p. 58, William P. p. 58
PULLETT — Rev. Charles p. 39, Sarah Ann p. 39
PURNELL — Euphemia p. 48, Euphemia O. p. 48, Jefferson D. p. 48, Margaret A. R. p. 48, Maria J. Laws p. 48, Matthew p. 48, Stephen D. p. 48, Ralph C. p. 48
PUSEY — Elihu J. p. 74, Henry p. 102, Irma Hartwell p. 53, Isaac Merrill p. 74, Margaret J. p. 74, Olevia p. 69, S. A. p. 53, Sally A. p. 102, T. W. p. 53, Tersia p. 69, William S. p. 69

INDEX (Continued)

QUINTON — Horace E. p. 82, John H. p. 82, Mary A. p. 82, Mary Ann p. 84, Noah F. p. 82, Richard p. 82, 84, Richard A. p. 82, Sarah E. p. 82, Sophia A. p. 82
RALPH — Anna M. p. 19, Charles T. p. 5, Phillis p. 85
RAYNE — Gilley p. 49, Henry T. p. 49, Joal p. 95, John p. 49, John G. p. 49, Maggie A. p. 49, Martha p. 49, Mary p. 49, Noah p. 95, Peter B. p. 49, Sarah B. p. 49, Seamere T. p. 95
RECORDS — Clifford L. p. 69, Willard S. p. 36, William D. p. 69
REDDISH — Ella F. p. 69, Hester A. p. 69, John p. 58, John F. p. 69, William Decatur p. 69
REESE — Julia A. p. 81, William H. p. 81
REICHENBERG — A. p. 69, Bosina p. 69
RENCHER — Alpheus p. 26, 91, Anna S. p. 26, 91, Clarence Elmswood p. 26, Elizabeth p. 26, Ephraim H. p. 26, Ettrick S. p. 91, Humbert p. 91, John p. 26, Mary Ellen p. 26, Ora Elvira p. 91
REVELL — Mary M. D. p. 53
RHODES — Columbus J. W. p. 81, Lizzie E. p. 81, Susan A. p. 81
RIALL — Albert H. p. 24, Eugenia p. 69, George p. 22, 27, George H. p. 22, 22, John W. J. p. 22, Julius p. 22, Luisa M. p. 22, 27, Martha Davis p. 24, Mary p. 22, Sarah E. A. p. 22, Sarah Rebecca p. 27, William p. 22
RICHARDSON — Alice Davis p. 31, Ann p. 47, Charles W. p. 42, Daniel J. p. 53, Dolly, p. 53, Ella V. p. 53, Firm Clarence p. 31, George M. p. 53, Harry R. p. 69, Ida M. p. 53, James R. p. 42, 53, John W. p. 53, Leah Lavinia p. 53, Lida H. p. 42, Mary E. p. 53, Nancy W. p. 53, Sarah V. p. 53
RIDER — Alice Byrd p. 69, Amelia S. p. 69, Anne M. p. 18, Charles p. 8, 18, Charles Wilson p. 69, Eleanor p. 69, Elizabeth p. 105, Elizabeth Ellen p. 69, Elizabeth p. 69, Emily Frances p. 69, Emma E. p. 105, Granville Ross p. 69, Granville Ross Jr. p. 69, Helen Ross p. 69, Henry Harrison p. 105, John p. 69, John Byrd p. 105, Josephine A. p. 69, Letitia Lofland p. 69, M. Augusta Whitelock p. 69, Margaret Ann p. 69, 105, Margaret Whitelock p. 69, Mary Lofland p. 69, Mary T. p. 69, Matilda G. p. 69, Noah p. 21, 69, 105, Dr. Noah S. p. 105, Dr. T. W. P. p. 105, Wilhelmina p. 8, Dr. William Hearn p. 69, 105, Williamanna p. 69
RIGGIN — Amelia p. 35, Ebenezer W. p. 44, Edna Mae p. 31, Emily p. 24, George H. p. 7, George W. p. 35, Jacob p. 37, 69, Jacob W. p. 30, 35, John H. p. 105, Jonathan p. 21, Jonathan J. B. p. 81, Joseph W. p. 105, Margaret H. p. 105, Marion E. p. 24, Martha p. 35, Martha A. S. p. 30, Martha T. p. 69, Mary C. p. 7, Matelda J. p. 81, Nance S. p. 69, Nancy p. 36, Priscilla F. p. 105, Rebecca Cathell p. 69, Roxie p. 7, Samuel J. p. 24, Sarah A. p. 44, Thomas E. p. 7, William Clifton p. 69, William T. p. 69
RILEY — James D. p. 34
RITCHEY — Robert T. p. 53
RITCHIE — James p. 74
RITZEL — Augustus p. 74, Elizabeth p. 74, George M. p. 74
ROBERSON — F. B. p. 8
ROBERTS — B. O. p. 24, Charles E. p. 82, Charlotte J. p. 88, Elen p. 24, Eliza A. p. 87, Glen F. p. 92, John p. 92, John E. p. 92, Laura V. Majors p. 69, Lily B. p. 69, Lucy E. p. 82, Maggie E. p. 24, Martha p. 92, Nora G. p. 82, Nora G. Jr. p. 82, S. Edward p. 92, Thomas p. 92, Underwood p. 92, William A. p. 69, William F. T. p. 88, William S. p. 87, William U. p. 92
ROBERTSON — Annie S. p. 88, Caroline L. Catlin p. 28, Charles F. p. 93, Dolly Richardson p. 53, Elenor W. p. 15, Elizabeth Ann Cathell p. 102, Emily M. p. 93, Esther A. p. 90, George B. p. 15, George H. p. 90, George T. p. 5, George W. p. 90, Harry D. p. 5, J. S. p. 53, J. W. T. p. 28, John M. p. 90, Leah E. p. 14, Lizzie E. p. 93, McHenry p. 88, Margaret A. p. 91, Martha F. p. 93, Mary E. p. 93, Matilda Susan Holt p. 10, Otis M. p. 102, R. G. p. 5, Rebecca C. p. 5, Rebecca E. p. 90, Sadie L. p. 93, Samuel p. 91, Samuel T. p. 15, Samuel Walter p. 15, Samuel Walter Jr. p. 10, Thomas p. 14, Thomas Richard p. 15
ROBINSON — Alice Ayer H. p. 81, Augustus A. p. 69, Charles Edmond p. 84, Charley W. p. 79, Edmond C. p. 81, Eli p. 83, Eli H. p. 83, Eli J. p. 81, Elijah p. 84, Elizabeth p. 81, Elizabeth A. p. 81, Elley M. p. 81, Emeline E. p. 81, Gilbert T. p. 79, George W. p. 79, Henry C. p. 79, Isaac W. p. 83, James p. 81, John p. 38, 79, 81, Lorenzo D. p. 81, Major A. p. 79, Mary E. p. 69, 83, Mary J. p. 84, Nancy E. p. 79, Olevia B. Brown p. 38, Olivia H. p. 38, Sallie Viola p. 79, Samuel Edwin p. 38, Sarah p. 81
ROCK — Sallie Elizabeth p. 70
ROLLINS — H. F. p. 81, Hester E. p. 81, M. A. p. 81
ROUNDS — Charles T. p. 69, E. Purnell p. 69, Emma F. p. 69, Emma G. p. 69,

(123)

INDEX (Continued)

George p. 42, Kate E. p. 69, 70, Margaret P. p. 69, Mary E. A. p. 69, T. Jackson p. 69, 70, Walter T. p. 70
ROXBURGH — Elizabeth p. 37
RUARK — Anna M. E. p. 42, George H. W. p. 70, Georgia A. p. 70, Hugh Henry p. 103, John H. p. 103, John L. p. 57, M. T. p. 103, Mary Ellen p. 70, Mayhew T. p. 70, Nancy Hooper p. 70, Patty Ann p. 101, Paul D. p. 57, Eallie E. p. 57, Sarah D. p. 103, Sarah P. p. 103, Suson p. 70, Susan Elizabeth p. 70, William J. p. 103, William Mayhew p. 70, William T. p. 70, Winfield p. 70
RUKE — James H. p. 103
RUSSELL — Aljah p. 12, Alva W. p. 79, Elizabeth p. 12, Everlon p. 79, Hetty p. 7, Leah A. p. 79, Robert p. 7, Thomas J. R. p. 12, Capt. William p. 12, William E. p. 12
RYALL — Caroline M. p. 102, John W. p. 102
SAVAGE — Kate p. 36
SCOTT — Alice p. 28, Day p. 28, Emma J. p. 88, Esther p. 28, George E. p. 88
SEABREASE — Henry C. p. 14, John C. p. 70, Sarah E. p. 70
SELBY — James E. p. 81, John W. p. 81, Margaret E. Melson p. 81, Sarah E. A. J. p. 81
SERMAN — Esther Anna Batts p. 70, George Edward p. 70, George W. p. 70, John Sr. p. 36, John A. p. 70, Mariah L. p. 70, Theodosia E. p. 36
SEWELL — Florence M. p. 5, Levin A. p. 7
SHEPPARD — John D. p. 86, Lavinia p. 86, Mary Ellen p. 86
SHIELDS — Elizabeth S. p. 98
SHIPLEY — Catharine T. p. 70, Dr. George S. D. p. 70, Georgie B. p. 70, Kate O. p. 72, Mary J. p. 71
SHOCKLEY — Rev. A. R. p. 39, Amelia p. 70, Annie E. p. 39, Arensy C. p. 39, Bessie M. p. 41, Burton p. 70, Carrie L. p. 88, Creek Elijah p. 47, Della p. 41, Eleanor p. 11, Gordon p. 70, Laura p. 88, Margaret E. p. 6, Mary E. p. 41, Thomas B. p. 5, 6, William F. p. 88, Zelpha p. 47
SIMMS — Albert p. 55, Albert H. p. 55, James p. 54, 55, Martha J. p. 54, Mary p. 55, Mary p. 53, Matilda p. 55, P. p. 55, R. E. p. 55, Samuel J. p. 54, Sarah p. 54, 55, Thomas James p. 55, William M. p. 55
SIMPSON — Martha p. 17
SIRMAN — Martha Ellen Augusta p. 42, William L. p. 42
SLEMONS — Anne M. p. 37, Annie Louis p. 37, Bettie Morris p. 37, Clara Estelle p. 37, Edwin p. 106, Eleanor p. 106, Dr. Francis Marion p. 37, James M. p. 106, John B. p. 106, John L. p. 106, Rev. John B. p. 106, John Brown p. 106, McBryde p. 106, Marion Edith p. 37, Martha Jane p. 106, Mary Elizabeth p. 106, Mary Elizabeth H. p. 37, Mary Frances p. 37, Matilda p. 106, Matilda Miller, p. 37, Mattie Morris p. 37, Priscilla F. p. 67, Robert W. p. 106, Sydney Barwick p. 37, Dr. Thomas p. 106, Thomas Francis p. 37, William Herman p. 37, William M. p. 37
SMITH — A. A. p. 30, Albert Francis p. 70, Alice M. p. 70, Anna W. p. 31, Bertie Lee p. 7, Betsy A. p. 104, C. F. p. 103, C. W. p. 103, Cap S. p. 104, Charles E. p. 70, Charles p. 70, Charley L. p. 103, Charlie H. J. p. 46, E. p. 103, E. L. p. 103, Eliza A. p. 24, Elizabeth p. 39, Ella p. 43, Ellen H. p. 7, G. Price p. 103, George L. p. 103, George W. p. 70, 103, Henry C. p. 24, Henry I. B. p. 34, Ida May p. 31, Isaiah p. 34, Isaiah T. L. p. 34, J. W. S. p. 46, Jacob p. 30, James p. 30, 42, John Franklin p. 43, John H. p. 7, 39, John T. p. 98, John W. p. 31, 44, 70, L. M. p. 103, Laura T. p. 70, Levin G. p. 24, Livenia E. p. 58, Louis A. p. 70, Luther C. p. 70, Maggie P. p. 40, Margaret Ann p. 42, Margaret E. p. 38, Margaret Louise p. 70, Maria J. p. 30, Marian L. p. 74, Martha A. p. 103, Martha J. p. 42, Mary E. p. 70, Mary L. p. 103, Mary M. p. 74, 104, Mary P. p. 70, Mary T. p. 81, Miranda p. 104, Nancy p. 70, Olevia C. p. 70, Rhonda A. p. 46, Richard S. p. 104, Robert H. p. 30, Robert Thomas p. 36, S. S. p. 103, Samuel W. p. 70, Sarah p. 34, 42, Sarah A. p. 30, 70, Sophia p. 70, Thomas A. p. 70, Thomas B. p. 38, Vandermount p. 103, W. Paul p. 103, Wade H. p. 70, William I. p. 40, William R. p. 102, William S. p. 58, Dr. William T. p. 70
SMULLEN — Birdie A. p. 70
SMYTH — Rev. J. J. p. 37, Rebecca R. p. 37
SNELLING — Fannie E. p. 51, Mary E. p. 51, Richard A. p. 51
SOMERS — Nancy p. 102, Sally Ann p. 102, Samuel p. 102, Samuel R. p. 102, William p. 102
SOMMERS — Esther p. 68
SPEARE — Harley A. p. 79
SPICER — Branston D. p. 70, Elizabeth S. p. 70
SPRAGUE — Frank K. p. 86, George R. p. 86

INDEX (Continued)

STANFORD — Amelia p. 103, Constant D. p. 103, Isaac H. W. p. 39, Maria p. 39, Tempy p. 103, Winfield S. p. 39
STATON — John L. p. 57, Joseph L. p. 57, Louisa J. p. 57
STAYTON — Sally McCuddy p. 70
STEVENS — Annie p. 70, B. E. p. 70, Charles p. 70, George Edward p. 70, Henrietta M. p. 54, Isaac p. 39, Jane p. 39, John D. p. 70, Samuel A. p. 70, Samuel A. Jr. p. 70, Thomas M. p. 54, Tura M. p. 70
STEVENSON — Leah p. 36, Zadock p. 36
STEVINSON — Sophia p. 36
STEWART — Capt. Alexander p. 25, Elizabeth p. 25, Col. John p. 25, Margaret E. p. 70, Nancy J. p. 26, Col. Robert p. 26, T. F. p. 70
STONE — Ann p. 70, Bishop William Murray p. 70
STORKS — Irvin p. 70, Mary p. 70, Mary E. Evans p. 70, Mary Nichols p. 70, Phillip p. 70, Samuel H. p. 70
STRATTNER — Frederick p. 70, Georgie B. Shipley p. 70
STRAUGHN — John Acworth p. 70
STREET — Ann p. 27, Thomas C. p. 27
STURGIS — Charles H. p. 40, Elijah P. p. 33, Gurnie B. p. 33, Harry p. 40, Hilary P. p. 40, Laura C. p. 33, Laura May p. 33, Margaret p. 40, 40, Peter W. p. 47, Sallie p. 40, Thomas p. 40, William p. 40, Winnia A. P. p. 33
SUMMERS — Alice J. Evans p. 92, John P. p. 102
SWEET — Paul Grafton p. 70
TARR — Joseph Hopkins p. 70, Maggie p. 7, Sallie Elizabeth Rock p. 70
TAYLOR — A. Sydney p. 76, Acenith J. p. 85, Amanda E. p. 83, Anna p. 20, Asbury p. 76, Aurelia T. p. 55, Aurunda T. p. 81, Benjamin p. 13, Benjamin F. B. p. 83, Betsey p. 85, Calvin M. p. 6, Caroline E. H. p. 15, Cecilia A. p. 18, Cina p. 85, E. May p. 9, Eleanor p. 18, Elizabeth p. 76, 85, Elizabeth A. p. 83, Elizabeth K. Turner p. 76, Emelyne p. 76, Eugene N. p. 16, Eunice O. p. 85, Franklin W. p. 7, George W. p. 70, 81, 83, 85, Gillis T. p. 83, 85, Gillis T. Jr. p. 85, Ichabod p. 76, Isaac p. 83, Isaac T. p. 15, Isabella p. 16, J. B. p. 6, James I. p. 76, James T. p. 16, John p. 76, John of William p. 20, John B. p. 79, 81, John C. p. 15, John R. p. 24, John W. p. 6, Dr. John W. p. 20, John W. Jr. p. 20, Joseph W. p. 83, Josephus A. p. 79, Julius J. p. 55, Leah p. 85, Leander p. 83, Levi D. p. 85, Loretta A. p. 79, M. p. 39, Maggie p. 76, Mary p. 79, Mary Alice p. 83, Mary Alice p. 79, Mary A. B. p. 6, Mary D. p. 76, Mary E. p. 85, Mary J. D. p. 76, Mary Malisa p. 39, Mary W. p. 20, Matthias p. 70, Minnie A. p. 6, Mollie A. p. 16, Nancy p. 12, 13, Nettie C. p. 6, Nina p. 6, Pearl C. p. 16, Priscilla Walker p. 81, Purnell p. 54, R. W. p. 85, Rebecca E. p. 85, Rhodella G. p. 16, Richard V. p. 83, Roland B. p. 20, S. Jane p. 7, S. Jane Jr. p. 7, Sarah A. p. 39, Sarah B. p. 15, Sarah C. p. 16, Sarah White p. 70, Sarah Wright p. 85, Sina Griffith p. 54, Sophronia K. p. 83, 85, Thomas M. p. 7, Walter p. 6, William p. 85, 85, William Albert p. 15, William H. p. 16, William L. p. 81, William N. p. 85, William P. p. 7, 18, William W. p. 20
THORINGTON — Mary J. p.   , William W. p.
THOROUGHGOOD — Maria P. p. 71, William p. 71
THRIFT — Leonard M. p. 88
TILGHMAN — Anna E. p. 71, Clifford p. 41, Cyrus H. p. 41, E. J. p. 71, Emma E. p. 58, Eva E. p. 57, F. M. p. 58, Hannah E. p. 59, Helen Margaret p. 71, Howard p. 27, Hugh G. p. 71, Jason P. p. 44, Jennie F. p. 57, John p. 59, 59, John H. p. 59, 71, Joshua J. p. 59, Laura E. p. 59, Lee A. p. 71, Littleton P. p. 44, Louisa J. p. 57, Louise F. p. 44, M. J. p. 58, Marion L. p. 59, Mary p. 57, Mary Collins p. 71, Mary Elizabeth p. 41, Mary J. Shipley p. 71, Mary Maria p. 44, Merrill H. p. 71, Nettie B. p. 71, Noah p. 41, Noah L. p. 57, 57, Oliver W. p. 36, Olivia B. p. 71, Polly p. 59, Rosa C. p. 41, Ross p. 71, Sarah C. p. 41, Sarah M. p. 59, Sophia p. 59, Sylvanus J. p. 41, Thomas H. p. 59, Virginia E. p. 49, William B. p. 51, William Beauchamp p. 71
TIMMONS — John W. p. 42, Ralph p. 31
TINGLE — Manaan p. 34, Mary p. 34
TOADVINE — Alexander G. p. 76, Amanda p. 71, Clara Helen p. 76, Edith M. p. 89, Elijah p. 57, Elmira Ann p. 53, Esther p. 57, Gordon H. p. 71, Greensbury A. p. 24, H. T. p. 53, Henry T. p. 24, Idabell p. 53, Iva Marie Layfield p. 53, James P. p. 37, John p. 60, Laura F. p. 24, Louis C. p. 89, Lucretia A. p. 76, M. E. p. 53, Martha J. Williams p. 71, Martha V. p. 71, Matthias J. p. 18, 71, Matthias O. p. 76, Paul Bruce p. 24, Polly p. 57, Polly O. p. 57, Purnell p. 71, S. Frank p. 71, Sally p. 60, Stephen P. p. 71, Sydney p. 60, Theodora p. 76, Virginia F. p. 71, Ware p. 89, William Anor p. 18

INDEX (Continued)

TODD — Agnes P. p. 38, Ann p. 38, Catharine Nairne p. 38, Catherine E. p. 38, Ciss p. 38, Edward Nevins p. 38, Eliza A. p. 37, Ella p. 38, Ernest C. p. 38, Eugene L. p. 38, Francis Spencer p. 71, George p. 38, Dr. George W. p. 37, H. Laird p. 38, H. S. p. 38, Henry T. p. 103, Jonathan p. 37, Julia p. 38, Julia S. p. 38, Julia May p. 38, Kate Ellen p. 38, Leah p. 37, Lorena E. p. 103, Mary A. p. 103, Michel p. 90, R. S. p. 38, Reginald p. 38, Robert Nairne p. 71, Spencer p. 38, Tryphena H. p. 71, Virgil p. 38, Willard D. p. 38, William J. p. 103, Wilson Irving p. 38
TORBERT — Robert W. p. 96
TOWNSEND — Jesse p. 71
TRADER — A. P. p. 71, Adaline p. 77, Arabella p. 71, B. A. p. 39, Christopher p. 77, Christopher C. p. 71, Elizabeth p. 98, Freeborn p. 77, Joshua S. H. p. 71, Leah p. 77, Levin W. p. 99, Mary A. p. 71, Mary E. p. 39, Mary E. A. p. 39, Matilda E. J. p. 99, Miranda J. C. Smith, p. 71, Olevia R. p. 71, Purnell p. 77, Robert I. C. p. 71, Rollinson W. p. 71, Sidney L. p. 71, Thomas G. p. 77, Thomas H. p. 71
TRAVERS — Alice J. p. 89, Charles p. 98, Edward, p. 89, Dr. Edward F. p. 71, Eliza Ellen Fowler p. 71, Francis M. p. 89, Ida Grace p. 71, Lucy E. A. p. 89, Margaret p. 89, Mitchell Wallace p. 71, 98, Priscilla p. 89, Sallie J. p. 59
TRUITT — Anna p. 29, Arthur Griffin p. 71, Benjamin W. p. 16, Bessie V. p. 33, Charles W. p. 95, Clarance P. p. 33, Dora p. 29, Eliza M. p. 31, Elizabeth p. 59, Elizabeth I. p. 33, Emma C. p. 32, Ethel Clarence p. 16, George p. 59, George Anna p. 32, George T. p. 71, Hannah M. p. 33, Henrietta B. p. 33, Henrietta E. p. 71, Horace C. p. 32, Howard B. p. 79, Howard E. p. 33, J. C. p. 13, James S. p. 31, James T. p. 71, John D. p. 38, Kendal p. 32, L. T. p. 32, Laura J. p. 32, Lavinia C. p. 38, Lee p. 13, Lucy B. p. 34, Lulo Edna p. 16, Maggie E. p. 13, Margaret A. p. 81, Martha W. p. 16, Mary Ann p. 36, Mary L. p. 33, Queen L. p. 16, Rufus K. p. 36, Sallie E. p. 95, Samuel P. p. 31, Silas J. p. 33, Solomon G. p. 33, Southey L. p. 33, Stephen P. p. 38, Virgel p. 29, Walter B. p. 32, William S. p. 32, William Talbot p. 95, Willie p. 29
TRUITTE — Isaac H. p. 33, Olevia E. p. 33, S. J. p. 33, Sally A. p. 33
TULL — Laura W. p. 71, Thomas H. p. 71
TURNER — Alice H. p. 89, Alice L. p. 89, Alice P. p. 89, Alice Rebecca p. 89, 89, Alexander F. p. 89, Caroline R. p. 89, Clarissa p. 103, Cornelia A. p. 89, E. S. S. p. 89, Edith p. 89, Edward p. 103, Elizabeth p. 55, Elizabeth K. p. 76, Emma B. p. 89, George F. p. 90, George L. p. 96, George W. p. 55, Hettie p. 103, James p. 24, James H. p. 96, John p. 55, John p. 89, 89, John W. p. 89, Lelia p. 24, Maggie S. p. 24, Mathew p. 89, Naaman Price p. 71, Naaman Price Jr. p. 71, Nellie p. 71, Polly p. 89, Roger Keene p. 89, Samuel J. p. 103, Sarah R. p. 89, Sarah Virginia Evens p. 71, Tabitha p. 89, William K. p. 24, William Richardson p. 90
TURPIN — Albion p. 18, Ellmandia p. 18, Thomas James p. 18, Walter Clifton p. 18, Zenophine p. 18
TWIFORD — Amanda P. p. 84, Elenderal p. 81, Elenor A. M. p. 84, Eliza E. p. 81, Elizabeth p. 84, Emma P. p. 81, Hiram J. p. 81, John p. 84, John B. p. 84, Major D. p. 81, Sampel P. p. 81, Sina J. p. 84
TWILLEY — Alison E. p. 85, Amelia A. p. 71, Annie Frances p. 53, Bessie C. p. 71, Bessie D. p. 71, Carrie Etta p. 53, Daniel J. p. 9, Emily E. p. 9, Eva C. p. 53, Fannie A. p. 58, George W. p. 11, 53, Grace p. 79, Hallie E. p. 81, Harry C. p. 58, Hattie E. p. 79, Hester P. p. 71, Hester A. Wright p. 11, J. R. p. 79, J. Harlen p. 6, John B. p. 81, John L. p. 53, John R. p. 9, 58, John W. p. 19, 85, Joseph J. p. 79, Joseph P. p. 11, Leah Caroline p. 19, 85, Lee Alice p. 53, Levin W. p. 58, Lizzie E. p. 9, Lizzie T. p. 68, Maggie Blanch p. 53, Maggie J. p. 58, Mamie K. p. 58, Mary E. p. 53, Minnie B. p. 6, Myrtle B. p. 9, Nancy W. p. 79, Oba p. 81, Olevia p. 58, Rebecca p. 11, Robert p. 79, Rosa B. p. 53, Ruby p. 9, S. C. p. 53, Samuel Marion p. 53, Sarah J. p. 79, Thomas J. p. 79, Una p. 79, Williamanna p. 53, William p. 58, William H. p. 58, Willie M. p. 79
TYRE — Nancy E. S. p. 42
VANCE — David p. 71, Martha H. p. 71, Rosanna p. 71, Sallie A. S. p. 71, Thomas H. p. 71
VAUGHN — Ann A. p. 54, James R. p. 54, W. G. p. 54
VEASEY — Austin Henry p. 38, Emily H. p. 38, William F. p. 38
VENABLES — Annie M. p. 86, Bridget p. 18, Catharine p. 86, Elizabeth p. 18, Elizabeth Gordon p. 18, George Ballard p. 18, H. A. p. 8, James A. p. 71, James B. p. 86, James R. p. 18, James W. p. 86, Jefferson D. p. 18, Mary Elizabeth p. 71, Richard p. 18, Robert p. 18, Rosa A. p. 8, Samuel B. p. 18
VICKERS — Annie p. 62, Margaret H. p. 99

INDEX (Continued)

VINCENT — Elizabeth S. p. 39, George p. 39, Isaac J. p. 81, Mary Jane p. 39, Sallie p. 57
WADDELL — Rev. D. F. p. 33, D. R. p. 33, Ettie V. p. 33
WAILES — Arcadia E. p. 99, Ebenezer Leonard p. 38, Eleanor T. p. 98, Henry Clay p. 72, Margaret H. p. 40, Mary E. p. 99, Samuel J. p. 40, Sarah A. Leonard p. 71, 72, Sarah Ellen p. 98, William p. 98, Dr. William H. p. 71, 72
WAINRIGHT — Joshua p. 93, Joshua C. p. 93, Mary p. 93
WAINWRIGHT — Biddy p. 27, Charlie Washington p. 72, Delina I. p. 72, George H. p. 27, George W. p. 72, Hetty p. 27, John A. p. 27, Levin p. 27, Margaret E. p. 91, Matthias D. p. 27, Washington p. 27, William H. p. 72
WALKER — Arthur C. p. 83, Charles p. 12, Charles W. p. 12, Elizabeth p. 80, Elizabeth p. 12, James H. p. 83, Jesse C. p. 79, John J. W. p. 84, Margaret J. W. p. 82, Mark p. 12, Mary p. 38, Mary A. p. 12, Mary G. p. 84, Mary I. p. 83, Nancy L. p. 82, Priscilla p. 81, Samuel S. p. 82, Samuel S. p. 79, Sarah A. p. 10, Thomas W. p. 79, Walter p. 10
WALL — Nancy p. 82
WALLER — Adaline W. p. 72, Alexander P. p. 53, Charles N. p. 53, Eliza S. Huston p. 72, Elizabeth Z. Bounds p. 6, Emilia V. p. 53, George p. 72, George A. p. 40, Handy p. 14, Isaac J. p. 14, J. J. p. 98, James T. p. 6, Joseph p. 40, Julia Ann p. 72, Leah Jane p. 40, Martha Helen p. 23, Mary E. p. 53, 72, Mary E. W. p. 98, Peter S. p. 72, Rachel p. 63, Rosa E. p. 40, Samuel J. p. 53, Thomas Hendricks p. 23, Wallis L. p. 53, William p. 72
WALSTON — Alexander J. p. 76, Ann Eliza p. 76, Anne E. p. 76, Charles A. p. 76, Charles G. p. 76, Charles H. p. 76, Charlotte T. p. 44, David J. p. 44, Elenora Catherine p. 44, Elexzean p. 72, Elizabeth p. 44, Eugene M. p. 44, George p. 44, George Larid p. 44, Hester E. p. 76, James M. p. 72, Laura Grace p. 76, Mary F. p. 76, Millia A. p. 44, Thomas A. p. 44, Willard E. p. 72
WALTER — Alice Ida p. 90, Andrew p. 6, Rev. Andrew J. p. 6, Ann M. D.. p. 22, Annie Gertrude p. 22, Annie L. p. 22, Elizabeth p. 22, George p. 22, George A. C. p. 88, George D. p. 92, George D. Jr. p. 92, Georgia L. B. p. 22, Hampton p. 6, Col. James p. 22, James H. p. 28, Jesse p. 11, Lafemia p. 6, Levin p. 23, 28, Levin A. H. p. 13, Margaret E. p. 22, Maria p. 23, Mary C. p. 88, Mary J. p. 92, Priscil'la p. 23, Rachael M. p. 11, Robert p. 91, Robert F. p. 22, Rosa J. p. 91, Rosa K. p. 28, Sarah E. p. 92, Ware C. p. 90, Ware Thomas p. 90, William p. 22, William A. E. p. 13
WALTON — Sarah D. p. 72, Wilbur Fisk p. 72, Rev. William B. p. 72
WARAM — E. E. p. 72, Harry p. 72, P. p. 72
WARD — Arrena C. p. 46, Edith p. 46, Ernie N. C. p. 46, George H. p. 45, 46, George J. p. 46, George R. p. 88, J. W. p. 72, Jenkins p. 45, John P. p. 46, Larania E. p. 72, Lula p. 88, Mary p. 45, Mary A. p. 67, Mary E. p. 46, Mary Etta p. 48, Mary Eugene p. 72, Mary J. p. 45, 46, Sallie E. H. p. 46, 48, Stella P. p. 48, William F. p. 46, 48, William Kinzer p. 72, Willie N. p. 88, Willie Slemons p. 72
WAREHAM — Biddie J. p. 91, James p. 91
WARREN — Albert W. p. 47, Edward H. p. 35, Henry S. p. 35, John S. p. 47, Julia C. Parsons p. 35, Martha A. p. 47
WASHBURN — Althea p. 53, Columbus C. p. 102, Ella p. 103, Ethel p. 53, George Annie p. 102, George H. p. 16, John W. p. 103, Josephus p. 103, Lenard T. p. 16, Rebecca p. 16, Sallie p. 104, Sarah E. p. 103, Thomas p. 53, Capt. William F. p. 104, William J. p. 16
WATERS — Elizabeth p. 21, John p. 21
WATSON — Ethel C. p. 63, Mary G. p. 90, William H. p. 102
WAY — Rev. E. J. p. 11, Elizabeth A. p. 11
WEATHERLY — Edward K. p. 40, Eliza E. p. 100, Elizabeth p. 100, Esther A. p. 100, Hester A. p. 100, James p. 100, John A. p. 100, Leah p. 84, Littleton p. 72, Peter D. p. 100, Sarinda G. p. 7, Thomas p. 7, 84
WEBB — John H. p. 47, Mary A. p. 47, Mary E. p. 47
WEBSTER — Fredie W. p. 90, James W. p. 90, Mary J. p. 90
WEEDON — Ella p. 103
WELLS — Julia p. 33
WEST — Alfred L. p. 33, Byrd T. p. 40, Charlie S. p. 40, Ernest C. O. p. 33, Frankie p. 40, James H. p. 34, Kenova H. p. 40, Larey B. p. 33, Levenia E. B. p. 40, Mary A. p. 40, Mary E. p. 34, Mary E. Jr. p. 34, Mary Gordy p. 34, Mary J. p. 33, Melissa C. p. 40, Nancy E. p. 47, Ralph p. 34, W. S. p. 53, William S. p. 34, William T. p. 40
WESTON — Sallie Ann p. 90

INDEX (Continued)

WHARTON — Owen T. p. 72, Ronie M. Collier p. 72
WHAYLAND — Columbia Ellen p. 54, Ebenezer p. 56, Elizabeth p. 56, Henry J. p. 56, James E. p. 54, Jane p. 56, John p. 56, John W. p. 54, Margaret J. p. 102, Mary E. p. 56, Mary Williamanna p. 54, Reetta p. 54, Thomas J. p. 54, Volina p. 54, Wesley p. 56, William J. p. 102, Winfield p. 56
WHEATLEY — Bertha p. 82, Henry C. p. 54, Mahala F. p. 54
WHITE — Adeline p. 72, Albertie T. p. 92, Annie E. p. 33, Archelaus p. 72, Arthur K. p. 49, Beauchamp p. 54, Benjamin F. p. 25, 42, 88, Betsey A. p. 28, C. C. p. 92, C. T. p. 92, Charles O. p. 41, Cora E. p. 72, Cordelia J. p. 33, Cyrus S. p. 41, David G. p. 36, Ebenezer p. 41, Edith p. 36, Edna M. p. 72, Edward p. 41, Eh N. p. 33, Elijah A. p. 33, Elisha J. p. 31, Elizabeth H. p. 33, Mrs. Ellen p. 36, Ellen D. p. 72, Ernest J. p. 72, Ernest Tyson p. 72, Fannie L. p. 72, Garretson H. p. 33, George W. C. p. 35, Gustavus p. 23, 72, Capt. Henry p. 104, Rev. Henry p. 47, Henry J. p. 28, Henry V. p. 49, James p. 72, James B. p. 41, James E. p. 23, James F. p. 26, James T. p. 33, James W. p. 72, John p. 72, John O. p. 91, John T. p. 28, Joseph G. p. 33, King V. p. 49, Lauisa p. 26, Laura p. 23, 72, Laura A. p. 33, Laura V. p. 23, Leah A. p. 41, Lena p. 36, Levenia A. B. p. 33, Levin P. p. 72, Lida C. Burbage p. 49, Lida L. A. p. 49, Lillie p. 104, Louisa p. 88, Louisa Ann Fooks p. 104, Louisa E. p. 41, Lula B. p. 25, Mahala p. 41, Mahala A. p. 41, Margaret F. p. 28, Martha E. p. 41, Mary A. p. 72, Mary E. p. 23, 25, Mary E. Banks. p 54, Mary Elizabeth p. 41, Mary Emeline p. 104, Mary G. p. 47, Mary J. p. 25, Mary Jane p. 41, Mary V. C. p. 28, Matilda Jane p. 54, Matilda Jane Pryor p. 54, Milbourn J. p. 35, Minerva p. 41, Minnie Garnett p. 23, Nancy J. p. 41, Nellie B. p. 72, Noah H. p. 25, Noah W. p. 72, Oscar H. p. 42, Polly p. 41, Robert C. p. 33, Rosella E. p. 25, S. Elizabeth p. 25, Sally p. 104, Sally Ann Esther Hughes p. 104, Sally S. p. 72, Sally Stewart p. 72, Capt. Samuel p. 28, Samuel H. p. 41, Samuel Q. p. 41, Sarah C. p. 26, Sarah E. p. 33, 77, Sarah E. B. p. 35, Sarah Ellen p. 67, Sarah J. p. 72, Sharlott Ann Esther p. 104, Sharlotte J. p. 26, Spicer M. p. 33, Thomas p. 41, Thomas H. p. 35, Capt. Thomas W. H. p. 104, Victoria E. p. 88, Virginia E. Tilghman p. 49, Virginia W. p. 91, W. F. Rodney p. 88, Virginia A. p. 54, William B. p. 33, William H. p. 49, William L. p. 72, William M. p. 47, Willie I. p. 41
WHITELOCK — Charles I. p. 64, 72, Charles II p. 72, M. Augusta p. 69, Maggie p. 64, Martha R. p. 64, 72
WHITTINGTON — John R. p. 49, Martha E. p. 49
WILKINS — B. Galvin p. 95, Ida p. 95, John W. p. 95
WILLEY — Alonzo B. p. 24. Lola F. p. 24
WILLIAMS — Adaline p. 72, Annie E. p. 52, Annie F. p. 38, Caple p. 40, Caroline T. p. 68, Catherine Laws p. 42, 72, Charles B. p. 72, Charlotte H. p. 103, Charlotte Alice Evans p. 90, Clarence p. 40, Clarissa E. p. 95, Eleanor Warren Wootten p. 74, Eliza Ann Fooks p. 104, Eliza C. p. 74, Eliza Jane p. 40, Ella C. p. 72, Emory L. p. 72, Fannie Martha p. 49, Frank p. 72, Ida G. p. 72, Irma Laws p. 72, J. E. McKnight p. 44, James F. p. 72, Jannie p. 40, John Jr. p. 42, 72, John Sr. p. 42, John D. p. 38, 44, John H. p. 42, 72, 72, John P. p. 104, John W. p. 87, Johnnie p. 42, Julia Katherine p. 72, Kate O. Shipley p. 72, L. C. p. 42, 48, Lizzie C. p. 81, Luther Martindale p. 74, Martha J. p. 74, 102, Mary p. 42, Mary E. p. 38, Mary I. p. 75, Mary J. p. 54, Matilda E. p. 74, Matilda G. Rider p. 72, Matthias S. D. p. 54, Maud p. 81, Mollie Hammon p. 42, Molly D. p. 54, Perley M. C. p. 81, Robert D. p. 75, Ruth p. 81, Samuel p. 74, 94, 103, William p. 54, William H. p. 81, William L. p. 42
WILLIAMSON — Isaac H. p. 86, Isaac M. p. 86, Mary C. p. 86
WILLIN — Auther p. 90
WILLING — Annie S. p. 90, Auburnia C. p. 90, Chandler A. p. 91, Cora May p. 23, Frederick A. J. p. 90, George W. W. p. 88, Georgia p. 90, James A. p. 88, Dr. James A. J. p. 23, James R. p. 90, John W. p. 90, Lillian p. 88, Margaret E. p. 91, Mary A. p. 23, Mary Elizabeth p. 23, Maurice B. p. 23, Rachael p. 90, Rebecca p. 23, 90, W. J. L. p. 90, Ware p. 23, 90, 90
WILSON — Alice Donalson p. 15, Anne M. p. 15, Arelia V. p. 6, Bell p. 16, Benjamin F. p. 7, Charley Strachun p. 16, Covington p. 16, Edna Lee p. 16, Eliza A. p. 15, Elizabeth p. 100, Esther K. p. 6, I. Watson p. 7, Ida E. p. 6, James p. 100, James W. p. 98, John p. 15, John B. p. 16, John W. p. 6, Joseph F. p. 6, Julia W. p. 6, Levin M. p. 6, Mary V. p. 23, Mathias p. 102, Nancy M. p. 7, Nellie p. 77, Olevia M. E. Hitch, p. 18, 77, Samantha E. p. 6, Samuel H. Bell p. 18, Samuel J. p. 6, Samuel W. p. 18, Sinia A. p. 102, Thomas Cecil p. 23, Thomas W. p. 15, William H. p. 23, William T. p. 6, 15
WIMBROW — Bessie K. p. 47, David P. p. 48, Della M. p. 31, Earnest T. p. 48, Har-

INDEX (Continued)

land V. p. 18, Henrietta p. 72, James Westly p. 50, John W. p. 31, Lafayette Covington p. 48, Leah p. 50, Letitia A. p. 18, Loisa Caroline Howard p. 48, Mary E. p. 31, Peter p. 46, R. T. p. 18, Robert T. p. 46, Sallie p. 50, Sarah Tubbs p. 46, Susan C. p. 31, Thomas P. p. 50, William p. 50, William J. p. 48

WINDSOR — Albert M. p. 72, Alfred M. p. 79, Biard C. p. 82, Elizabeth E. p. 79, George E. p. 79, George Lee p. 79, Hattie I. p. 24, Marcellus p. 24, Mattie p. 24, Theodora p. 72, Theodora J. Holloway p. 72, Taylor p. 24

WINGATE — George E. p. 23, Georgia p. 16, John p. 16, Nancy p. 16, Sadie p. 16, Sally p. 87

WITHAM — James B. p.

WOOD — Alfred J. p. 38, Joshua Columbus p. 87, Julia Ann Hearn p. 87, Thomas Summerfield p. 87, William T. p. 87

WOOLFORD — Eleanor p. 19, George Levin H. p. 18, 19, Mary Adeline Amanda p. 19

WOOTTEN — Eleanor Warren p. 74, James E. p. 33, Levia A. p. 33

WORKMAN — G. J. p. 96, Isaac W. T. p. 96, Lavenia M. p. 96, Rosa L. E. p. 96, Sallie A. M. p. 96

WRIGHT — Albion R. p. 11, Clarence E. p. 72, Clement M. p. 7, Elizabeth p. 7, Elizabeth M. p. 7, Enoch K. p. 83, George p. 79, Henrietta p. 85, Henry D. p. 85, Hester A. p. 11, Hettie p. 7, Isaac p. 85, Isaac J. p. 7, Isaac K. p. 11, Joseph N. p. 85, Laura Eleanor p. 11, Levin p. 79, Levin W. p. 12, 83, Martha B. p. 79, Martha E. p. 83, Mary C. p. 85, Mary Hester Jane p. 11, Nancy p. 7, 9, 83, Noah B. p. 7, Patience W. p. 11, Rachael Anna p. 12, Robert Clarence p. 72, Robert V. p. 79, Rolen C. p. 79, Sarah p. 85, Sarah E. p. 72, T. J. p. 82, Virginia E. p. 7, William p. 9, 83, William P. p. 7

WROTEN — Augustus Washington p. 73, David S. p. 72, John Summerfield p. 73, Margaret p. 73, Martha J. p. 72, Capt. Thomas H. p. 73

JOHN E. JACOB
(Author of Graveyards and Gravestones of Wicomico)

Graveyards and Gravestones of Wicomico

PATRONS

MISS BERTHA S. ADKINS
MRS. H. EDWARD ANDREW
MR. AND MRS. E. AUSTIN BAKER
MR. & MRS. E. AUSTIN BAKER
MARION S. BLADES
EMMA G. BREWINGTON
ROBERT ENNALLS POWELL CANNON
GEORGE P. CHANDLER
EDGAR CHILD
MRS. RAYMOND CHRISTIAN
JOSEPH M. COUCH
MRS. MERRILL G. CULVER
MRS. ANNE DESMOND
MR. AND MRS. J. McFADDIN DICK, JR.
MR. AND MRS. R. P. DRYDEN
RALPH O. DULANY
MRS. HELEN SMITH FORD
DAVID GRIER
MRS. ROSALIE FREENEY GRIFFITH
BLANCHE ENGLISH HANSEN
MRS. LLOYD C. HOPKINS SR.
WILLIAM H. JACKSON
MRS. J. HOWARD JOHNSON
EDWARD H. LANGRALL
THOMAS C. McCABE
DORIS ENNIS McCURDY
DR. ROBERT L. McFARLIN
A. W. MELSON
EMILY W. MERCER
ROY F. MOORE
WILLIAM S. MOORE

DR. AND MRS. ALBERT W. MORRIS
MRS. EMILY C. MORRIS
CHARLES M. NOBLE
MR. AND MRS. J. WESLEY NOTTINGHAM
ALISON J. PARSONS
REV. AND MRS. E. S. PERDUE
C. RAY PHILLIPS
MR. AND MRS. PRATT PHILLIPS, JR.
MR. AND MRS. CRAWFORD A. RAYNE, JR.
MR. AND MRS. RICHARD W. RAYNE, SR.
MRS. H. BRITTINGHAM ROBERTS
MRS. CAMILLA D. ROGERS
WILLIAM V. SIPPLE, JR.
RAYMOND SMETHURST, JR.
MRS. FRED P. SUIRPKUES
JUDGE REX A. TAYLOR
MRS. IRMA TILGHMAN
F. PHELPS TODD
MRS. EMMA HOLLOWAY VAN AUKEN
MRS. RONIE VENABLES
ERNEST O. WHEATLEY
WICOMICO COUNTY FREE LIBRARY
D. HERBERT WILLEY
MR. AND MRS. HOWARD WILLING
MR. AND MRS. PAUL M. WILSON
C. ROBERT WITHEY

www.ingramcontent.com/pod-product-compliance
Lightning Source LLC
Chambersburg PA
CBHW070501100426
42743CB00010B/1719